中等职业教育教辅用书

浙江省"面向人人"数学赛项点对点精准导航

主　编　林建仁　吴松英
副主编　季明华　王柳娟　叶建武
　　　　胡李伟
参　编　黄艳梅　叶燕燕　赵槐珠
　　　　潘爱军　王　颖　赵雪娇
　　　　徐彩英　刘天祥　高振红
　　　　任晨雨　张春梅　陈庆芬
　　　　纪凤艳　张国强

北京理工大学出版社
BEIJING INSTITUTE OF TECHNOLOGY PRESS

内 容 提 要

本书按照《中职数学课程标准》中学业水平一的要求，并结合最新的考核要求，将知识细分为10个章节、76个考点，主要内容包括集合、不等式、函数、三角函数、指数函数与对数函数、直线与圆的方程、立体几何、概率与统计初步、圆锥曲线、数列．其中每个考点单独成节，每节设置考点解析、真题在线、全真模拟、能力拓展等栏目．全书精简扼要，习题难易适度．每章后配有单元测试卷，用于复习或测试，最后配有12份全真模拟测试卷，书末附有所有练习题的答案和大部分练习题的提示或详解．

本书可作为浙江省中职学校高二年级全体学生备考浙江省中职"面向人人"数学赛项的教学用书，也可作为高一年级学生同步练习或高三年级学生的基础训练用书．

版权专有　侵权必究

图书在版编目（CIP）数据

浙江省"面向人人"数学赛项点对点精准导航 / 林建仁，吴松英主编． -- 北京：北京理工大学出版社，2024.1

ISBN 978-7-5763-3005-2

Ⅰ.①浙…　Ⅱ.①林…②吴…　Ⅲ.①数学课－中等专业学校－教学参考资料　Ⅳ.①G634.603

中国国家版本馆CIP数据核字（2023）第253995号

责任编辑：钟　博		文案编辑：钟　博	
责任校对：周瑞红		责任印制：王美丽	

出版发行 / 北京理工大学出版社有限责任公司
社　　址 / 北京市丰台区四合庄路6号
邮　　编 / 100070
电　　话 /（010）68914026（教材售后服务热线）
　　　　　（010）68944437（课件资源服务热线）
网　　址 / http://www.bitpress.com.cn
版 印 次 / 2024年1月第1版第1次印刷
印　　刷 / 河北鑫彩博图印刷有限公司
开　　本 / 787 mm×1092 mm　1/16
印　　张 / 14
字　　数 / 333千字
定　　价 / 38.00元

图书出现印装质量问题，请拨打售后服务热线，负责调换

前言 PREFACE

近年来，国家大力发展职业教育，中共中央办公厅、国务院办公厅印发的《关于推动现代职业教育高质量发展的意见》中指出，要大力提升中等职业教育办学质量，注重为高等职业教育输送具有扎实技术技能基础和合格文化基础的生源．浙江省自2018年开始试点公共基础课"面向人人"赛项，旨在进一步规范公共基础课教学，夯实学生的文化基础，提升人才培养质量．

为进一步加强中职学生数学核心素养，同时为学生可持续发展奠定更加坚实的基础，我们组织部分骨干教师编写了《浙江省"面向人人"数学赛项点对点精准导航》一书．本书按照《中职数学课程标准》中学业水平一的要求，并结合最新的考核要求，将知识细分为76个考点，每个考点单独成节，每节设置考点解析、真题在线、全真模拟、能力拓展等栏目．考点解析栏目主要阐述该考点考查情况，以及涉及的题型、解法剖析；真题在线栏目包括往年考查的真题，旨在让师生对考查情况有直观了解，提高教与学的针对性和有效性；全真模拟栏目包括5道题目，题型和难易程度与真题基本一致，进一步巩固考点知识；能力拓展栏目包括3道题目，在全真模拟的基础上在题型、解法等方面适当拓展，提升学生的应变能力，发展学生的数学思维．每章都有历年考查情况汇总统计表，且配有单元测试卷，同时包括12份全真模拟测试卷．

本书主要有以下特色．一是基础性：每个考点以《中职数学课程标准》中学业水平一为纲，绝大部分题目考点单一、题目简洁，属于容易题，适合中职学生的数学学习能力；二是精准性：每章都在认真研究往年考题的基础上，以表格形式呈现历年考查情况，同时紧扣考试真题，编制全真模拟题和模拟检测卷；三是发展性：每讲都编写了能力拓展题，在考试题型、考查侧重、解题方法等方面进行适度拓展，同时将往年没有考查但课标要求的知识点编写成"知识拓展"内容，培养学生的数学思维，发展学生解决问题的能力．

本书可作为浙江省中职学校高二年级全体学生备考浙江省中职"面向人人"数学赛项的教学用书，也可用于高一年级学生同步练习或高三年级学生的基础训练用书．

前言

　　本书由林建仁、吴松英担任主编,由季明华、王柳娟、叶建武、胡李伟担任副主编,黄艳梅、叶燕燕、赵槐珠、潘爱军、王颖、赵雪娇、徐彩英、刘天祥、高振红、任晨雨、张春梅、陈庆芬、纪凤艳、张国强等参与编写.本书得到了相关中职学校和数学同人们的大力支持,在此一并致谢!

　　由于编者知识水平有限,书中难免存在疏漏之处,恳请读者批评指正,以便修订完善.

编　者

目录 CONTENTS

第一章　集合 ·· 1
　　考点1：元素与集合的关系 ·· 1
　　考点2：集合之间的关系 ·· 2
　　考点3：集合交运算 ·· 3
　　考点4：集合并运算 ·· 4
　　考点5：集合补运算 ·· 4
　　第一章　集合单元测试卷 ·· 6

第二章　不等式 ·· 8
　　考点6：不等式的基本性质 ·· 8
　　考点7：区间的概念 ·· 9
　　考点8：一元一次不等式（组） ··· 10
　　考点9：一元二次不等式 ·· 11
　　考点10：含绝对值的不等式 ·· 12
　　第二章　不等式单元测试卷 ··· 14

第三章　函数 ·· 16
　　考点11：函数求值 ·· 16
　　考点12：函数的定义域 ··· 17
　　考点13：函数的图像 ··· 18
　　考点14：一次函数的图像 ·· 21
　　考点15：二次函数的图像与性质 ·· 23

考点16：函数的实际应用⋯⋯⋯⋯⋯⋯⋯⋯⋯⋯⋯⋯⋯⋯⋯⋯⋯24

第三章　函数单元测试卷⋯⋯⋯⋯⋯⋯⋯⋯⋯⋯⋯⋯⋯28

第四章　三角函数⋯⋯⋯⋯⋯⋯⋯⋯⋯⋯⋯⋯⋯⋯⋯⋯⋯⋯⋯⋯⋯⋯30

考点17：角的概念⋯⋯⋯⋯⋯⋯⋯⋯⋯⋯⋯⋯⋯⋯⋯⋯⋯⋯⋯30

考点18：象限角和终边相同的角⋯⋯⋯⋯⋯⋯⋯⋯⋯⋯⋯⋯31

考点19：弧度制与角度制⋯⋯⋯⋯⋯⋯⋯⋯⋯⋯⋯⋯⋯⋯⋯32

考点20：任意角三角函数的定义⋯⋯⋯⋯⋯⋯⋯⋯⋯⋯⋯⋯33

考点21：特殊角三角函数值⋯⋯⋯⋯⋯⋯⋯⋯⋯⋯⋯⋯⋯⋯34

考点22：同角三角函数的基本关系式⋯⋯⋯⋯⋯⋯⋯⋯⋯⋯35

考点23：诱导公式⋯⋯⋯⋯⋯⋯⋯⋯⋯⋯⋯⋯⋯⋯⋯⋯⋯⋯36

考点24：三角函数的最值⋯⋯⋯⋯⋯⋯⋯⋯⋯⋯⋯⋯⋯⋯⋯37

第四章　三角函数单元测试卷⋯⋯⋯⋯⋯⋯⋯⋯⋯⋯⋯⋯⋯39

第五章　指数函数与对数函数⋯⋯⋯⋯⋯⋯⋯⋯⋯⋯⋯⋯⋯⋯⋯⋯40

考点25：指数幂的运算⋯⋯⋯⋯⋯⋯⋯⋯⋯⋯⋯⋯⋯⋯⋯⋯40

考点26：根式运算⋯⋯⋯⋯⋯⋯⋯⋯⋯⋯⋯⋯⋯⋯⋯⋯⋯⋯41

考点27：指数函数⋯⋯⋯⋯⋯⋯⋯⋯⋯⋯⋯⋯⋯⋯⋯⋯⋯⋯42

考点28：对数的概念⋯⋯⋯⋯⋯⋯⋯⋯⋯⋯⋯⋯⋯⋯⋯⋯⋯43

考点29：对数函数⋯⋯⋯⋯⋯⋯⋯⋯⋯⋯⋯⋯⋯⋯⋯⋯⋯⋯44

第五章　指数函数与对数函数单元测试卷⋯⋯⋯⋯⋯⋯⋯⋯46

第六章　直线与圆的方程⋯⋯⋯⋯⋯⋯⋯⋯⋯⋯⋯⋯⋯⋯⋯⋯⋯⋯48

考点30：两点间距离公式⋯⋯⋯⋯⋯⋯⋯⋯⋯⋯⋯⋯⋯⋯⋯48

考点31：中点坐标公式⋯⋯⋯⋯⋯⋯⋯⋯⋯⋯⋯⋯⋯⋯⋯⋯49

考点32：直线的倾斜角和斜率⋯⋯⋯⋯⋯⋯⋯⋯⋯⋯⋯⋯⋯50

考点33：直线方程⋯⋯⋯⋯⋯⋯⋯⋯⋯⋯⋯⋯⋯⋯⋯⋯⋯⋯51

考点34：两条直线平行⋯⋯⋯⋯⋯⋯⋯⋯⋯⋯⋯⋯⋯⋯⋯⋯52

考点35：两条直线垂直⋯⋯⋯⋯⋯⋯⋯⋯⋯⋯⋯⋯⋯⋯⋯⋯53

考点36：两条直线的交点⋯⋯⋯⋯⋯⋯⋯⋯⋯⋯⋯⋯⋯⋯⋯54

考点37：圆的标准方程⋯⋯⋯⋯⋯⋯⋯⋯⋯⋯⋯⋯⋯⋯⋯⋯55

考点38：直线与圆的位置关系⋯⋯⋯⋯⋯⋯⋯⋯⋯⋯⋯⋯⋯56

考点39：点与圆的位置关系 ···58

第六章 直线与圆单元测试卷 ···60

第七章 立体几何 ···62

考点40：棱柱 ···62

考点41：棱锥 ···63

考点42：圆柱 ···63

考点43：圆锥 ···64

第七章 立体几何单元测试卷 ···66

第八章 概率与统计初步 ···67

考点44：计数原理 ···67

考点45：概率 ···68

第八章 概率与统计初步单元测试卷 ···70

第九章 圆锥曲线 ···72

考点46：椭圆的定义与标准方程 ···72

考点47：椭圆的性质 ···72

考点48：双曲线的定义与标准方程 ···73

考点49：双曲线的性质 ···74

考点50：抛物线的定义与标准方程 ···74

考点51：抛物线的性质 ···75

第九章 圆锥曲线单元测试卷 ···77

第十章 数列 ···79

考点52：数列的概念 ···79

考点53：数列的通项公式 ···80

考点54：等差数列的概念 ···81

考点55：等差数列通项公式 ···82

考点56：等差数列求和 ···82

考点57：等比数列的概念 ···85

考点58：等比数列通项公式 ···86

考点59：等比数列求和 87

第十章 数列单元测试卷 89

知识拓展 91

*考点1：作差比较法 91

*考点2：函数的单调性 91

*考点3：函数的奇偶性 92

*考点4：对数的运算 93

*考点5：三角函数值符号判定 93

*考点6：正弦函数的图像与性质 94

*考点7：已知三角函数值求角 95

*考点8：点到直线的距离公式 95

*考点9：平面的概念及性质 96

*考点10：球 97

*考点11：三视图 97

*考点12：随机事件 98

*考点13：抽签法 99

*考点14：系统抽样 100

*考点15：分层抽样 100

*考点16：频率分布直方图 101

*考点17：样本均值与样本方差 103

第一章 集 合

考点	题型	历年考查情况			
		2019年	2021年	2022年	2023年
元素与集合的关系	判定元素与集合的关系	√		√	√
集合之间的关系	1. 求给定集合的子集	√			
	2. 给定两个集合的关系求参数			√	√
集合交运算	求给定两个集合的交集			√	√
集合并运算	求给定两个集合的并集	√	√	√	√
集合补运算	求给定集合在全集中的补集		√		

考点1：元素与集合的关系

【考点解析】

本考点主要考查元素与集合的关系判定. 元素与集合的关系只有两种可能，即属于和不属于. 若元素 a 是集合 A 的元素，则称元素 a 属于集合 A，记作 $a\in A$；若元素 a 不是集合 A 的元素，则称元素 a 不属于集合 A，记作 $a\notin A$.

【真题在线】

1. [2019年第3题] 已知集合 $A=\{x|x-1=0\}$，则下列关系式正确的是(　　).

　　A. $1\in A$　　　　B. $1\notin A$　　　　C. $1\subseteq A$　　　　D. $\{1\}\in A$

2. [2022年第2题] 已知 $\pi\approx 3.14$，集合 $A=\{x|x>4\}$，则 π 与集合 A 的关系正确的是(　　).

　　A. $\pi\in A$　　　　B. $\pi\notin A$　　　　C. $\pi\subseteq A$　　　　D. $\pi=A$

3. [2023年第2题] 已知 $a=\sqrt{3}$，集合 $A=\{x|x<4\}$，则 a 与 A 的关系正确的是(　　).

　　A. $a\in A$　　　　B. $a\notin A$　　　　C. $a=A$　　　　D. $\{a\}=A$

【全真模拟】

1. 圆周率 π 与自然数集 $\mathbf{N}$ 的关系正确的是(　　).

　　A. $\pi\in\mathbf{N}$　　　　B. $\pi\notin\mathbf{N}$　　　　C. $\pi=\mathbf{N}$　　　　D. $\pi\subseteq\mathbf{N}$

2. 已知 $\sqrt{3}\approx 1.73$，集合 $A=\{x|x>2\}$，则 $\sqrt{3}$ 与集合 A 的关系正确的是(　　).

　　A. $\sqrt{3}\in A$　　　　B. $\sqrt{3}\notin A$　　　　C. $\sqrt{3}\subseteq A$　　　　D. $\sqrt{3}=A$

3. 若集合 $M=\{x\,|\,x\leqslant\sqrt{10}\}$，则下列关系式正确的是（　　）．
   A. $3\subseteq M$ B. $\{3\}\in M$ C. $3\notin M$ D. $3\in M$

4. 下列关系式中正确的是（　　）．
   A. $0=\varnothing$ B. $0\in\varnothing$ C. $0=\{0\}$ D. $0\in\{0\}$

5. 已知集合 $A=\{x\,|\,x^2-1=0\}$，则下列关系式正确的是（　　）．
   A. $\varnothing\in A$ B. $-1\in\{A\}$ C. $1\in A$ D. $\{-1,1\}\in A$

【能力拓展】

1. 若 $2\in\{-1,a,1\}$，则 $a=$（　　）．
   A. -1 B. 0 C. 2 D. 1

2. 集合 $M=\{x\,|\,1<x\leqslant 4,x\in\mathbf{N}\}$ 中的元素有（　　）．
   A. 2 个   B. 3 个   C. 4 个   D. 无数多个

3. 已知集合 $A=\{x\,|\,x^2<1\}$，且 $a\in A$，则 a 的值可能为（　　）．
   A. -2 B. -1 C. 0 D. 1

考点 2：集合之间的关系

【考点解析】

本考点主要考查子集的关系与集合子集的个数．若集合 A 是集合 B 的子集，即 $A\subseteq B$，则需满足集合 A 中的每一个元素都属于集合 B．若集合 A 含有 n 个元素，则它的子集个数为 2^n 个．特别要注意，空集和集合 A 本身都是它的一个子集．

【真题在线】

1.[2019 年第 31 题] 集合 $\{1,2\}$ 的所有子集个数为_____．
2.[2022 年第 31 题] 集合 $A=\{1,2\}$，$B=\{1,a,3\}$，若 $A\subseteq B$，则 $a=$_____．
3.[2023 年第 31 题] 集合 $A=\{97,25\}$，$B=\{97,99,t\}$，若 $A\subseteq B$，则 $t=$_____．

【全真模拟】

1. 设集合 $A=\{a,b,c\}$，则集合 A 的子集个数是（　　）．
   A. 10 B. 8 C. 7 D. 3

2. 集合 $M=\{1,2,3\}$ 的所有真子集的个数为_____个．

3. 集合 $A=\{-1,2\}$，$B=\{a,2,3\}$，若 $A\subseteq B$，则实数 a 的值为（　　）．
   A. -1 B. 1 C. 2 D. 3

4. 下列表示正确的是（　　）．
   A. $2\subseteq\{2,4\}$ B. $\{2\}\in\{2,4\}$ C. $\{2\}\subsetneq\{2,4\}$ D. $2=\{2\}$

5. 已知集合 $A=\{$平行四边形$\}$，$B=\{$正方形$\}$，则 A 与 B 的关系为（　　）．
   A. $A=B$ B. $B\in A$ C. $A\subseteq B$ D. $B\subseteq A$

【能力拓展】

1. 集合 $A=\{1,a\}$，$B=\{1,2,3\}$，若 $A\subseteq B$，则实数 a 的值为（　　）．
   A. 1 B. 1 或 2 C. 1 或 3 D. 2 或 3

2. 已知集合 $A=\{a, b, c\}$，则其含有元素 a 的所有真子集的个数为(　　).
   A. 1个　　　　B. 2个　　　　C. 3个　　　　D. 4个
3. 已知集合 $A=\{x|x>2\}$，$B=\{x|x>a\}$，若 $A\subseteq B$，则实数 a 的取值范围是(　　).
   A. $a\leqslant 2$　　　B. $a<2$　　　C. $a\geqslant 2$　　　D. $a>2$

考点3：集合交运算

【考点解析】
本考点主要考查求两个集合的交集. 两个集合的交集运算，即 $A\cap B$，就是求由既属于集合 A 又属于集合 B 的所有元素组成的集合.

【真题在线】
1. [2022年第1题] 已知集合 $A=\{1, 9\}$，集合 $B=\{9, 0\}$，则 $A\cap B=$(　　).
   A. $\{0\}$　　　　　　　　　　B. $\{1\}$
   C. $\{9\}$　　　　　　　　　　D. $\{0, 1, 9\}$
2. [2023年第1题] 若 $A=\{2, 0\}$，集合 $B=\{2, 3\}$，则 $A\cap B=$(　　).
   A. $\{2, 0, 3\}$　　　　　　　B. $\{2, 0\}$
   C. $\{2, 3\}$　　　　　　　　D. $\{2\}$

【全真模拟】
1. 若 $A=\{1, 2, 3\}$，$B=\{2, 3, 4\}$，则 $A\cap B$ 等于(　　).
   A. $\varnothing$　　　　B. $\{1, 4\}$　　　C. $\{2, 3\}$　　　D. $\{1, 2, 3, 4\}$
2. 若 $A=\{1, 2, 3, 4\}$，$B=\{3, 4, 5, 6\}$，则 $A\cap B$ 等于(　　).
   A. $\{1, 2, 3, 4, 5, 6\}$　　　　B. $\{3, 4\}$
   C. $\varnothing$　　　　　　　　　D. $\{3, 4, 5, 6\}$
3. 若 $A=\{-1, 0, 1, 2, 3\}$，$B=\mathbf{N}$，则 $A\cap B$ 等于(　　).
   A. $\{0, 1, 2, 3\}$　　　　　　B. $\{1, 2, 3\}$
   C. $\{-1, 0, 1, 2, 3\}$　　　　D. $\mathbf{N}$
4. 设集合 $A=\{x|-1<x<3\}$，$B=\{1, 2, 3, 4\}$，则 $A\cap B=$(　　).
   A. $\{1\}$　　　　　　　　　　B. $\{1, 2\}$
   C. $\{1, 2, 3\}$　　　　　　　D. $\{2, 3, 4\}$
5. 下列关系正确的是(　　).
   A. $\mathbf{Z}\cap\mathbf{N}=\varnothing$　　　　　　　　B. $\mathbf{Z}\cap\mathbf{N}=\mathbf{Z}$
   C. $\mathbf{Z}\cap\mathbf{N}=\mathbf{N}$　　　　　　　　D. $\mathbf{Z}\cap\mathbf{N}=\mathbf{R}$

【能力拓展】
1. 若 $A=\{1, 2, 3\}$，$A\cap B=\{1, 2\}$，则 B 可能为(　　).
   A. $\{1, 4\}$　　　B. $\{2, 3\}$　　　C. $\{1, 3, 4\}$　　　D. $\{1, 2, 4\}$
2. 设 $A=\{x|x>1\}$，$B=\{x|x>2\}$，则 $A\cap B=$ _____.
3. 集合 $A=\{1, 2, 3\}$，$B=\{a, 3, 4\}$，若 $A\cap B=\{2, 3\}$，则 $a=$ _____.

考点4：集合并运算

【考点解析】

本考点主要考查求给定两个集合的并集. 两个集合的并集运算, 即 $A \cup B$, 就是求由所有属于集合 A 或属于集合 B 的元素组成的集合. 特别注意: 求出两个集合的并集时, 不能出现重复的元素.

【真题在线】

1. [2019年第1题] 已知集合 $A=\{1, 2\}$, 集合 $B=\{1, 3\}$, 则 $A \cup B=$ (　　).
   A. $\{1, 3\}$　　　　B. $\{1, 2\}$　　　　C. $\{1\}$　　　　D. $\{1, 2, 3\}$

2. [2021年第15题] 已知集合 $A=\{x | x>2\}$, $B=\{x | x>3\}$, 则 $A \cup B=$ (　　).
   A. $\{x | x>2\}$　　B. $\{x | x>3\}$　　C. $\{x | 2<x<3\}$　　D. $\varnothing$

3. [2022年第34题] 集合 $A=\{x | x<1\}$, $B=\{x | x<2\}$, 则 $A \cup B=$ ＿＿＿＿.

4. [2023年第39题] 集合 $A=\{x | x>2\}$, $B=\{x | x>3\}$, 则 $A \cup B=$ ＿＿＿＿.

【全真模拟】

1. 若 $A=\{1, 3\}$, $B=\{2, 3\}$, 则 $A \cup B$ 等于 (　　).
   A. $\{2, 3\}$　　　　B. $\{3\}$　　　　C. $\{1, 3\}$　　　　D. $\{1, 2, 3\}$

2. 已知集合 $A=\{x | -1 \leqslant x<2\}$, $B=\{x | 0<x<3\}$, 则 $A \cup B=$ (　　).
   A. $\{x | x \geqslant -1\}$　　B. $\{x | x<3\}$　　C. $\{x | 0<x<2\}$　　D. $\{x | -1 \leqslant x<3\}$

3. 集合 $A=\{x | x>-1\}$, $B=\{x | x>2\}$, 则 $A \cup B=$ ＿＿＿＿.

4. 集合 $A=\left\{x \mid x<\dfrac{1}{2}\right\}$, $B=\{x | x<3\}$, 则 $A \cup B=$ ＿＿＿＿.

5. 集合 $M=\{x | -1 \leqslant x<4\}$, $N=\{x | x \leqslant 3\}$, 则 $M \cup N=$ ＿＿＿＿.

【能力拓展】

1. 已知集合 $A=\{x | -1 \leqslant x<2, x \in \mathbf{N}\}$, $B=\{x | 0<x<3, x \in \mathbf{N}\}$, 则 $A \cup B=$ (　　).
   A. $\{x | 0<x<2\}$　　　　　　　B. $\{x | -1 \leqslant x<3\}$
   C. $\{1, 2\}$　　　　　　　　　　D. $\{0, 1, 2\}$

2. 集合 $A=\{1, 2, 3\}$, $B=\{a, 3\}$, 若 $A \cup B=\{1, 2, 3\}$, 则 $a=$ ＿＿＿＿.

3. 若 $A=\{a, b\}$, $A \cup B=\{a, b, c\}$, 则 B 可能为 ＿＿＿＿.

考点5：集合补运算

【考点解析】

本考点主要考查给定全集求集合的补集. 集合 A 的补集, 即 $\complement_U A$, 就是全集 U 中不属于集合 A 的所有元素组成的集合, 称为集合 A 相对于全集 U 的补集.

【真题在线】

[2021年第31题] 设全集 $U=\mathbf{R}$, 集合 $A=\{x | x<0\}$, 则 $\complement_U A=$ ＿＿＿＿.

【全真模拟】

1. 设全集 $U=\mathbf{R}$，集合 $A=\{x|x<1\}$，则 $\complement_U A=$ _____．
2. 设全集 $U=\mathbf{R}$，集合 $A=\{x|x>-1\}$，则 $\complement_U A=$ _____．
3. 设全集 $U=\mathbf{R}$，集合 $A=\{x|x\geqslant 2\}$，则 $\complement_U A=$ _____．
4. 设全集 $U=\mathbf{R}$，集合 $\{x|x\leqslant 3$ 或 $x\geqslant 4\}$，则 $\complement_U A=$ _____．
5. 设全集 $U=\mathbf{R}$，集合 $A=\{x|1<x\leqslant 2\}$，则 $\complement_U A=$ _____．

【能力拓展】

1. 已知集合 $U=\{x|0\leqslant x<5, x\in\mathbf{N}\}$，$A=\{x|1<x<4, x\in\mathbf{N}\}$，则 $\complement_U A=$ (　　).

  A. $\{2, 3\}$ B. $\{1, 4\}$ C. $\{0, 1, 4\}$ D. $\{0, 1, 2\}$

2. 已知全集 $U=\{1, 2, 3, 4, 5\}$，$A=\{1, 2, 3\}$，$\complement_U B=\{1, 2\}$，则 $A\cap B=$ _____．

3. 设全集 $U=\{1, 2, 3, 4\}$，$A=\{2, a\}$，$\complement_U A=\{1, 3\}$，则 $a=$ _____．

第一章 集合单元测试卷

一、选择题(本题共 6 小题,每小题 4 分,共计 24 分)

1. 下面各项中,能组成集合的是(　　).
   A. 某班个子较高的同学　　　　　　B. 我国著名数学家
   C. 接近 0 的数　　　　　　　　　　D. 倒数等于它本身的数

2. 下列关系中正确的是(　　).
   A. $\varnothing \in \{a\}$　　　　　　　　　　B. $a \subseteq \{a\}$
   C. $a \in \{a, b\}$　　　　　　　　D. $\{a\} \in \{a, b\}$

3. 已知集合 $M = \{1, 2, 3, 4\}$,则含有元素 1 的真子集个数为(　　).
   A. 8 个　　　　B. 7 个　　　　C. 6 个　　　　D. 5 个

4. 已知 $A = \{(x, y) | x + y = 1\}$,$B = \{(x, y) | x - y = 5\}$,则 $A \cap B = ($　　$)$.
   A. $(3, -2)$　　　　　　　　　　B. $\{3, -2\}$
   C. $\{(3, -2)\}$　　　　　　　　D. $\{(-3, 2)\}$

5. 集合 $A = \{x | -7 < x < 3\}$,集合 $B = \{x | 1 < x < 7\}$,则 $A \cup B = ($　　$)$.
   A. $\{x | -7 < x < 7\}$　　　　　B. $\{x | 1 < x < 7\}$
   C. $\{x | -7 < x < 3\}$　　　　　D. $\{x | 1 < x < 3\}$

6. 已知集合 $A = \{-1, 0, 1\}$,集合 $B = \{x | x < 3, x \in \mathbf{N}\}$,则 $A \cap B = ($　　$)$.
   A. $\{-1, 0, 1, 2\}$　　　　　　　B. $\{-1, 1, 2, 3\}$
   C. $\{0, 1, 2\}$　　　　　　　　　D. $\{0, 1\}$

二、填空题(本题共 4 小题,每小题 4 分,共计 16 分)

1. 用适当的符号($\in$,$\notin$,$=$,$\subseteq$,$\supseteq$)填空.
   (1) a _____ $\{a, b, c\}$;
   (2) $\{2, 3, 4\}$ _____ $\{4, 3, 2\}$;
   (3) $\{x | x \text{ 是平行四边形}\}$ _____ $\{x | x \text{ 是矩形}\}$;
   (4) $\varnothing$ _____ $\{1, 2, 3\}$.

2. 已知集合 A 有两个元素 3 和 $a + 1$,且 $4 \in A$,则实数 $a = $ _____.

3. 设全集 $U = \mathbf{R}$,集合 $A = \{x | x > 2\}$,则 $\complement_U A = $ _____.

4. 已知集合 $A = \{x | x \leq 3\}$,$B = \{x | x > 1\}$,则 $A \cap B = $ _____.

三、解答题(本题共 2 小题,每小题 10 分,共计 20 分)

1. 设全集 $U = \{x | 0 \leq x < 10, x \in \mathbf{N}\}$,$A = \{1, 3, 4, 5\}$,$B = \{3, 5, 7, 8\}$.
   求:(1) $A \cap B$;(2) $\complement_U (A \cup B)$.

2. 已知集合 $A=\{0, 2, a^2\}$，$B=\{1, a\}$，若 $A \cup B=\{0, 1, 2, 4\}$，求实数 a 的值.

第二章 不 等 式

考点	题型	历年考查情况			
		2019 年	2021 年	2022 年	2023 年
不等式的基本性质	根据给定量的大小关系判定不等式是否成立	√	√	√	√
区间的概念	将描述法表示的集合转换为区间表示	√		√	√
一元一次不等式(组)	给定一元一次不等式(组)求解集	√	√	√	√
一元二次不等式	给定两根型一元二次不等式求解集	√	√	√	√
含绝对值的不等式	给定简单含绝对值不等式求解集	√	√	√	√

考点 6：不等式的基本性质

【考点解析】

本考点主要考查不等式的传递性、加法和乘法性质，即 $a>b$，$b>c \Rightarrow a>c$；$a>b \Rightarrow a+c>b+c(c \in \mathbf{R})$；$a>b \Rightarrow ac>bc(c>0)$；$a>b \Rightarrow ac=bc(c=0)$；$a>b \Rightarrow ac<bc(c<0)$. 特别要注意的是当 $c<0$ 时，不等式的两边同乘以 c，不等号方向要改变.

【真题在线】

1. [2019 年第 4 题] 若 $a>b$，则下列式子不正确的是(　　).
   A. $a+2>b+2$　　B. $a-2>b-2$　　C. $2a>2b$　　D. $-a>-b$

2. [2021 年第 4 题] 若 $a>b>0$，则下列式子不正确的是(　　).
   A. $a+1>b+1$　　B. $2a>2b$　　C. $a+b>0$　　D. $\dfrac{1}{a}>\dfrac{1}{b}$

3. [2022 年第 6 题] 若 $a>b>0$，则下列式子不正确的是(　　).
   A. $a-2>b-2$　　B. $a-b>0$　　C. $a+b>0$　　D. $-3a>-3b$

4. [2023 年第 6 题] 若 $a>b$，则下列式子正确的是(　　).
   A. $a+2>b+2$　　B. $a-3<b-3$　　C. $-a>-b$　　D. $a-b<0$

【全真模拟】

1. 下列不等式中恒成立的是(　　).
   A. $2+a>1+a$　　B. $2a>a$　　C. $4a^2>3a^2$　　D. $2+a>2a$

2. 若 $a>b>0$，则下列式子不正确的是(　　).
   A. $a+1>b+1$　　B. $3a<3b$　　C. $a+b>0$　　D. $-2a<-2b$

3. 已知 $a<b$，则下列不等式不成立的是（　　）.
   A. $3+a<3+b$　　B. $a-3<b-3$　　C. $3a<3b$　　D. $-3a<-3b$

4. 若 $a>b$，则下列式子成立的是（　　）.
   A. $\dfrac{1}{a}>\dfrac{1}{b}$　　B. $\dfrac{1}{a}<\dfrac{1}{b}$　　C. $a^2>b^2$　　D. $a-3>b-3$

5. 若 $a>b$，则下列式子正确的是（　　）.
   A. $a-3>b-3$　　B. $2a<2b$　　C. $-a>-b$　　D. $\dfrac{1}{2}a<\dfrac{1}{2}b$

【能力拓展】

1. 若 $a>b$，则下列式子成立的是（　　）.
   A. $\dfrac{1}{a}<\dfrac{1}{b}$　　B. $a^2>b^2$　　C. $1-a<1-b$　　D. $ac^2>bc^2$

2. 若 $a>b>0$，则下列式子不正确的是（　　）.
   A. $\dfrac{1}{a}<\dfrac{1}{b}$　　B. $a^2>b^2$　　C. $-3a<-3b<0$　　D. $ab<b^2$

3. 若 $a>b>0$，$c>d>0$，则下列式子不成立的是（　　）.
   A. $a+c>b+d$　　B. $a-c>b-d$　　C. $a-d>b-c$　　D. $ac>bd$

考点 7：区间的概念

【考点解析】

本考点主要考查区间与描述法表示的集合之间的转换．关键是把握开、闭区间与端点取值之间的关系，若端点值取得到则用中括号，若端点值取不到则用小括号，特别注意无穷大的地方一律用小括号．

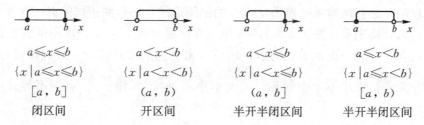

$a\leqslant x\leqslant b$	$a<x<b$	$a<x\leqslant b$	$a\leqslant x<b$
$\{x\mid a\leqslant x\leqslant b\}$	$\{x\mid a<x<b\}$	$\{x\mid a<x\leqslant b\}$	$\{x\mid a\leqslant x<b\}$
$[a,b]$	(a,b)	$(a,b]$	$[a,b)$
闭区间	开区间	半开半闭区间	半开半闭区间

【真题在线】

1. [2019年第2题] 集合 $\{x\mid -1\leqslant x\leqslant 2\}$ 写成区间的形式是（　　）.
   A. $[-1,2]$　　B. $(-1,2]$　　C. $[-1,2)$　　D. $(-1,2)$

2. [2022年第3题] 集合 $\{x\mid 1\,991\leqslant x\leqslant 2\,000\}$ 写成区间的形式是（　　）.
   A. $(1\,991,2\,000)$　　B. $(1\,991,2\,000]$　　C. $[1\,991,2\,000)$　　D. $[1\,991,2\,000]$

3. [2023年第3题] 集合 $\{x\mid -2<x\leqslant 3\}$ 写成区间的形式是（　　）.
   A. $[-2,3]$　　B. $(-2,3]$　　C. $[-2,3)$　　D. $(-2,3)$

【全真模拟】

1. 集合 $\{x|-2<x\leqslant 5\}$ 写成区间的形式是(　　).
   A.$(-2,5)$　　　B.$(-2,5]$　　　C.$[-2,5)$　　　D.$[-2,5]$

2. 集合 $\{x|5<x\leqslant 20\}$ 写成区间的形式是(　　).
   A.$(5,20)$　　　B.$[5,20]$　　　C.$[5,20)$　　　D.$(5,20]$

3. 集合 $\{x|-2\leqslant x\leqslant 3\}$ 写成区间的形式是(　　).
   A.$[-2,3]$　　　B.$(-2,3]$　　　C.$[-2,3)$　　　D.$(-2,3)$

4. 集合 $\{x|-2\leqslant x<5\}$ 用区间可表示为(　　).
   A.$(-2,5)$　　　B.$(-2,5]$　　　C.$[-2,5]$　　　D.$[-2,5)$

5. 集合 $\{x|-3<x<5\}$ 用区间可表示为(　　).
   A.$[-3,5]$　　　B.$[-3,5)$　　　C.$(-3,5)$　　　D.$(-3,5]$

【能力拓展】

1. 集合 $\{x|2\,012\leqslant x\leqslant 2\,022\}$ 写成区间的形式是(　　).
   A.$[2\,012,2\,022]$　　　　　　　B.$(2\,012,2\,022]$
   C.$[2\,012,2\,022)$　　　　　　　D.$(2\,012,2\,022)$

2. 集合 $\{x|x>2\}$ 用区间可表示为(　　).
   A.$(-\infty,2)$　　B.$(-\infty,2]$　　C.$[2,+\infty)$　　D.$(2,+\infty)$

3. 集合 $\{x|x\leqslant 5\}$ 用区间可表示为(　　).
   A.$(-\infty,5)$　　B.$(-\infty,5]$　　C.$[5,+\infty)$　　D.$(5,+\infty)$

考点8：一元一次不等式（组）

【考点解析】

本考点主要考查求解一元一次不等式(组)．一元一次不等式的解法如下：去分母、去括号、移项、合并同类项变形为 $ax>b$ 的最简形式，然后两边同除以一次项系数 a 求得不等式的解，特别要注意若 $a<0$，不等号方向要改变．一元一次不等式组的解法如下：先求得各个一元一次不等式的解，然后求出它们的公共部分，口诀可简记为"大大取大，小小取小，大小小大中间找，大大小小不可找"，如 $\begin{cases}x>2\\x>4\end{cases}$，则不等式组的解为 $x>4$．

【真题在线】

1. [2019年第5题] 不等式组 $\begin{cases}x<1\\x+2>0\end{cases}$ 的解集是(　　).
   A.$\{x|x<1\}$　　　　　　　　B.$\{x|x>-2\}$
   C.$\{x|-2<x<1\}$　　　　　　D.$\{x|x<1\}\cup\{x|x>2\}$

2. [2021年第6题] 不等式 $3x+4<0$ 的解集是(　　).
   A.$\left(-\infty,\dfrac{4}{3}\right)$　　B.$\left(\dfrac{4}{3},+\infty\right)$　　C.$\left(-\infty,-\dfrac{4}{3}\right)$　　D.$\left(-\dfrac{4}{3},+\infty\right)$

3. [2022年第4题] 不等式 $2x-4>0$ 的解集是(　　).

　　A. $(-\infty, 2)$　　B. $(2, +\infty)$　　C. $(-\infty, -2)$　　D. $(-2, +\infty)$

4. [2023年第4题] 不等式 $x-3<0$ 的解集是(　　).

　　A. $\{x|x<3\}$　　B. $\{x|x<-3\}$　　C. $\{x|x>3\}$　　D. $\{x|x>-3\}$

【全真模拟】

1. 不等式 $2x-6>0$ 解集是(　　).

　　A. $\{x|x>3\}$　　B. $\{x|x>-3\}$　　C. $\{x|x<3\}$　　D. $\{x|x<-3\}$

2. 不等式 $4x-3<0$ 的解集是(　　).

　　A. $\left(-\infty, -\dfrac{3}{4}\right)$　　B. $\left(-\infty, \dfrac{3}{4}\right)$　　C. $\left(-\dfrac{3}{4}, +\infty\right)$　　D. $\left(\dfrac{3}{4}, +\infty\right)$

3. 不等式 $-1\leqslant 2x-1<3$ 的解集是(　　).

　　A. $(-1, 2)$　　B. $(0, 2)$　　C. $[-1, 1)$　　D. $[0, 2)$

4. 不等式组 $\begin{cases}-x-3<0\\x-5\leqslant 0\end{cases}$ 的解集是(　　).

　　A. $\{x|-3<x\leqslant 5\}$　　　　　　B. $\{x|-3\leqslant x<5\}$
　　C. $\{x|x<-3\}$　　　　　　　　D. $\varnothing$

5. 不等式组 $\begin{cases}-x-3\geqslant 0\\x-5<0\end{cases}$ 的解集是(　　).

　　A. $\{x|x<5\}$　　　　　　　　B. $\{x|-3\leqslant x<5\}$
　　C. $\{x|x\leqslant -3\}$　　　　　　　D. $\varnothing$

【能力拓展】

1. 不等式 $\dfrac{1}{2}x+3>0$ 的解集是(　　).

　　A. $\left\{x\left|x>\dfrac{3}{2}\right.\right\}$　　B. $\left\{x\left|x>-\dfrac{3}{2}\right.\right\}$　　C. $\{x|x>6\}$　　D. $\{x|x>-6\}$

2. 不等式 $-1<1-2x\leqslant 3$ 的解集是(　　).

　　A. $(-1, 2)$　　B. $(0, 2)$　　C. $[-1, 1)$　　D. $[0, 2)$

3. 不等式组 $\begin{cases}3(x+4)\leqslant 10-2(x-1)\\\dfrac{x+1}{2}-\dfrac{x-1}{3}>0\end{cases}$ 的解集是(　　).

　　A. $[-5, 0)$　　B. $(-5, 0]$　　C. $(-\infty, -5)$　　D. $[0, +\infty)$

考点9：一元二次不等式

【考点解析】

　　本考点主要考查一元二次不等式的解法. 一般地, 一元二次不等式的解法如下：求根(求出相应一元二次方程的根), 画图(画出相应二次函数的抛物线和 x 轴, 标出与 x 轴的交点), 截图(若不等式大于零, 截取 x 轴上方图像, 若不等式小于零, 截取 x 轴下方图像), 取值(求出截取的图像对应的 x 的取值范围).

【真题在线】

1. [2019 年第 38 题] 不等式 $(x-1)(x+3)>0$ 的解集为 _____ .

2. [2021 年第 18 题] 不等式 $x(x-1)>0$ 的解集是( ).
   A. $\{x|x<0$ 或 $x>1\}$　　　　　　　B. $\{x|0<x<1\}$
   C. $\{x|x<0\}$　　　　　　　　　　　D. $\{x|x>1\}$

3. [2022 年第 19 题] 不等式 $(x-36)(x-50)<0$ 的解集是( ).
   A. $\{x|36<x<50\}$　　　　　　　　B. $\{x|x<36\}$
   C. $\{x|x>50\}$　　　　　　　　　　D. $\{x|x<36$ 或 $x>50\}$

4. [2023 年第 21 题] 不等式 $(x+4)(x-2)>0$ 的解集是( ).
   A. $(-4, 2)$　　　　　　　　　　　B. $(2, 4)$
   C. $[-4, 2]$　　　　　　　　　　　D. $(-\infty, -4)\cup(2, +\infty)$

【全真模拟】

1. 不等式 $x(x-2)<0$ 的解集是 _____ .

2. 不等式 $(x+1)(x-1)<0$ 的解集是( ).
   A. $\{x|-1<x<1\}$　　　　　　　　B. $\{x|x<1\}$
   C. $\{x|x>-1\}$　　　　　　　　　D. $\{x|x<-1$ 或 $x>1\}$

3. 不等式 $(x+4)(x-2)>0$ 的解集是( ).
   A. $(-4, 2)$　　　　　　　　　　　B. $(-2, 4)$
   C. $[-4, 2]$　　　　　　　　　　　D. $(-\infty, -4)\cup(2, +\infty)$

4. 不等式 $x^2-4x+3<0$ 的解集是( ).
   A. $\varnothing$　　　　　　　　　　　　B. **R**
   C. $\{x|x<1$ 或 $x>3\}$　　　　　　D. $\{x|1<x<3\}$

5. 不等式 $x^2+4x-12>0$ 的解集是 _____ .

【能力拓展】

1. 不等式 $(2+x)(3-x)>0$ 的解集是( ).
   A. $(-2, 3)$　　　　　　　　　　　B. $(-3, 2)$
   C. $[-2, 3]$　　　　　　　　　　　D. $(-\infty, -3)\cup(2, +\infty)$

2. 不等式 $x^2-4\geqslant0$ 的解集是 _____ .

3. 已知不等式 $ax^2+5x+c>0$ 的解集是 $\left\{x\left|\dfrac{1}{3}<x<\dfrac{1}{2}\right.\right\}$，则 $a+c=$ _____ .

考点 10：含绝对值的不等式

【考点解析】

本考点主要考查简单的含绝对值不等式的求解．含绝对值的不等式通常转化为一元一次不等式（组）求解．若 $c>0$，则 $|ax+b|>c$ 转化为 $ax+b<-c$ 或 $ax+b>c$，$|ax+b|<c$ 转化为 $-c<ax+b<c$．特别地，若 $c<0$，则结合绝对值的意义进行分析求解．

【真题在线】

1. [2019年第7题] 不等式 $|x|<1$ 的解集是( ).
   A. $\{x|-1<x<1\}$
   B. $\{x|x>-2\}$
   C. $\{x|-2<x<1\}$
   D. $\varnothing$

2. [2021年第9题] 不等式 $|x-1|<1$ 的解集是( ).
   A. $\{x|x<2\}$
   B. $\{x|-2<x<2\}$
   C. $\{x|0<x<2\}$
   D. $\{x|x<0$ 或 $x>2\}$

3. [2022年第12题] 不等式 $|x|>1$ 的解集是( ).
   A. $\{x|x>1\}$
   B. $\{x|x<1\}$
   C. $\{x|x>-1\}$
   D. $\{x|x<-1$ 或 $x>1\}$

4. [2023年第9题] 不等式 $|x|-2<0$ 的解集是( ).
   A. $\{x|x>2\}$
   B. $\{x|x<2\}$
   C. $\{x|x<-2$ 或 $x>2\}$
   D. $\{x|-2<x<2\}$

【全真模拟】

1. 不等式 $|x|>2$ 的解集是( ).
   A. $\{x|x<\pm 2\}$
   B. $\{x|x<2\}$
   C. $\{x|x>2$ 或 $x<-2\}$
   D. $\{x|-2<x<2\}$

2. 不等式 $|x|\leqslant 2$ 的解集是( ).
   A. $\{x|x\leqslant 2\}$
   B. $\{x|x\leqslant \pm 2\}$
   C. $\{x|-2\leqslant x\leqslant 2\}$
   D. $\{x|x\leqslant -2$ 或 $x\geqslant 2\}$

3. 不等式 $|x-1|>1$ 的解集是( ).
   A. $\{x|x<0$ 或 $x>2\}$
   B. $\{x|x<0\}$
   C. $\{x|x>2\}$
   D. $\{x|x>-2\}$

4. 绝对值不等式 $|x-2|<3$ 的解集是 _____.

5. 不等式 $|x-6|\geqslant 2$ 的解集是( ).
   A. $\varnothing$
   B. $\{x|4\leqslant x\leqslant 8\}$
   C. $\{x|x\leqslant 4$ 或 $x\geqslant 8\}$
   D. $\{x|4<x<8\}$

【能力拓展】

1. 不等式 $|2x-1|-5\geqslant 0$ 的解集是 _____.

2. 不等式 $|3-2x|<1$ 的解集是( ).
   A. $(-2, 2)$
   B. $(2, 3)$
   C. $(1, 2)$
   D. $(3, 4)$

3. 不等式 $|5x-12|\leqslant 9$ 的整数解有 _____ 个.

第二章 不等式单元测试卷

一、选择题(本题共 6 小题,每小题 4 分,共计 24 分)

1. 不等式 $|x|>1$ 的解集是( ).
   A. $\{x|x>1\}$　　　　　　B. $\{x|x>-1\}$
   C. $\{x|-1<x<1\}$　　　D. $\{x|x<-1\text{ 或 }x>1\}$

2. 若 $a>b$,则下列不等式中不成立的是( ).
   A. $a-3>b-3$　　B. $-3a>-3b$　　C. $\dfrac{a}{3}>\dfrac{b}{3}$　　D. $-a<-b$

3. 不等式 $|x|-4\leqslant 0$ 的解集可用区间表示为( ).
   A. $(-\infty,4]$　　　　　　B. $[-4,4]$
   C. $[4,+\infty)$　　　　　　D. $(-\infty,-4]\cup[4,+\infty)$

4. 设 $a,b\in\mathbf{R}$,且 $|a|>|b|$,则下列式子成立的是( ).
   A. $a>b$　　B. $-a>-b$　　C. $a^2>b^2$　　D. $\dfrac{1}{a}<\dfrac{1}{b}$

5. 不等式组 $\begin{cases}2x-1>1\\4-2x\geqslant 0\end{cases}$ 的解集在数轴上表示为( ).

   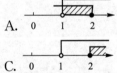

   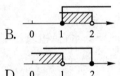

6. 一元二次不等式 $(x+3)(x-4)<0$ 的解集是( ).
   A. $\{x|x>4\}$　　　　　　B. $\{x|x>-3\}$
   C. $\{x|-3<x<4\}$　　　D. $\{x|x<-3\text{ 或 }x>4\}$

二、填空题(本题共 4 小题,每小题 4 分,共计 16 分)

1. 不等式 $3x-1\leqslant 5$ 的解集是_____.(用区间表示)

2. 不等式 $|2x+1|>3$ 的解集是_____.

3. 一元二次不等式 $x^2-x\geqslant 0$ 的解集是_____.

4. 已知点 $P(m-1,3-m)$ 在第二象限,则 m 的取值范围是_____.

三、解答题(本题共 2 小题,每小题 10 分,共计 20 分)

1. 解下列不等式(组).

   (1) $|3-2x|\geqslant 3$;　　(2) $\begin{cases}\dfrac{1}{2}x+3>1\\3(x-1)+2\leqslant 5\end{cases}$.

2. 已知全集 $U=\mathbf{R}$，$A=\{x\mid x^2-2x-8>0\}$，$B=\{x\mid |x+3|<2\}$，求 $A\cup B$，$\complement_U(A\cup B)$.

第三章 函　　数

考点	题型	历年考查情况			
		2019年	2021年	2022年	2023年
函数求值	已知 $f(x)$ 求 $f(a)$	√	√	√	√
函数的定义域	已知 $f(x)$ 求其定义域	√	√	√	√
函数的图像	根据给定的变量关系确定函数图像	√	√	√	√
一次函数的图像	1. 根据给定一次函数自变量范围判定函数图像	√	√	√	√
	2. 判定已知一次函数的图像分布特征	√	√		
二次函数的图像与性质	根据图像信息求二次函数解析式	√			
函数的实际应用	构建二次函数模型求解最值问题	√	√	√	√

考点11：函数求值

【考点解析】

本考点主要考查已知 $f(x)$ 求 $f(a)$. 已知 $f(x)$ 求 $f(a)$ 就是将函数解析式中的自变量 x 换成 a 进行计算求值.

【真题在线】

1. [2019年第8题] 已知 $f(x)=2-3x$，则 $f(-1)=(\quad)$.
   A. -3　　　　　B. 1　　　　　C. 4　　　　　D. 5

2. [2021年第5题] 已知 $f(x)=2x-1$，则 $f(1)=(\quad)$.
   A. 0　　　　　B. 1　　　　　C. -1　　　　　D. 2

3. [2022年第5题] 已知 $f(x)=x^2+2x+1$，则 $f(0)=(\quad)$.
   A. 0　　　　　B. 1　　　　　C. 2　　　　　D. 3

4. [2023年第5题] 已知 $f(x)=2x+1$，则 $f(-1)=(\quad)$.
   A. 1　　　　　B. 3　　　　　C. -1　　　　　D. -3

【全真模拟】

1. 已知 $f(x)=x+1$，则 $f(2)=(\quad)$.
   A. 1　　　　　B. 2　　　　　C. 3　　　　　D. 4

2. 已知 $f(x)=2x^2-1$，则 $f(1)=(\quad)$.
   A. 0　　　　　B. 1　　　　　C. 2　　　　　D. 3

3. 已知函数 $f(x)=2x+1$，则 $f(2)=($ $)$.

  A. 1   B. 3   C. 5   D. 7

4. 已知 $f(x)=x+\dfrac{1}{x}$，则 $f(2)=($ $)$.

  A. 1   B. 2   C. $\dfrac{5}{2}$ D. 3

5. 已知 $f(x)=-x^2+5$，则 $f(2)=($ $)$.

  A. -1 B. 1   C. 3   D. 5

【能力拓展】

1. 已知 $f(x)=x^2-2x$，则 $f(-2)=($ $)$.

  A. 0   B. -4 C. 8   D. 5

2. 已知 $f(x)=1-3x$，则 $f(-a)=($ $)$.

  A. $1-3a$ B. $1+3a$ C. $-2a$ D. $4a$

3. 若函数 $f(x)$ 满足 $f(x+1)=2x+3$，则 $f(0)=($ $)$.

  A. 3   B. 1   C. 5   D. $-\dfrac{3}{2}$

考点 12：函数的定义域

【考点解析】

本考点主要考查求给定简单函数的定义域．求函数的定义域就是求使函数有意义的自变量 x 的取值范围，通常要考虑的条件有：分母不为零、偶次根式的被开方数为非负实数、零次幂和负整数指数幂的底数不为零、对数的真数大于零等．根据函数列出不等式（组），不等式（组）的解集即函数的定义域（注：定义域要写成集合或区间形式）．

【真题在线】

1. [2019 年第 33 题] 函数 $y=\sqrt{2x-1}$ 的定义域是_____．

2. [2021 年第 32 题] 函数 $f(x)=\dfrac{1}{x-1}$ 的定义域是_____．

3. [2022 年第 32 题] 函数 $f(x)=\sqrt{x+2}$ 的定义域是_____．

4. [2023 年第 32 题] 函数 $f(x)=\sqrt{x-3}$ 的定义域是_____．

【全真模拟】

1. 函数 $f(x)=\dfrac{1}{x}$ 的定义域是（   ）.

  A. $\{x|x\neq 0\}$ B. $\{x|x\neq 1\}$ C. $\{x|x=0\}$ D. **R**

2. 函数 $f(x)=\dfrac{2}{x-2}$ 的定义域是_____．

3. 函数 $f(x)=\sqrt{3x-7}$ 的定义域是_____．

4. 函数 $f(x)=\sqrt{x-1}$ 的定义域是_____．

5. 函数 $y=\dfrac{1}{\sqrt{2x-3}}$ 的定义域是_____．

【能力拓展】

1. 函数 $f(x)=\dfrac{x}{\sqrt{x+1}}$ 的定义域是_____．

2. 函数 $f(x)=\sqrt{x^2-4}$ 的定义域是（　　）．
   A. $(2,+\infty)$
   B. $[2,+\infty)$
   C. $(-\infty,-2]\cup[2,+\infty)$
   D. 实数集 $\mathbf{R}$

3. 函数 $y=\sqrt{x+1}+\dfrac{1}{x-2}$ 的定义域是_____．

考点 13：函数的图像

【考点解析】

本考点主要考查实际问题与函数图像之间的关系．关键是确定自变量的取值范围，以及函数值随自变量的变化关系是递增、递减还是不变，若为递增则在自变量相应区间上函数的图像是上升的，若为递减则在自变量相应区间上函数的图像是下降的，若为不变则在自变量相应区间上函数的图像与 x 轴平行．

【真题在线】

1. [2019 年第 1 题] 某种新药服用 x 小时后，血液中药物残留量为 y 毫克，函数 $y=f(x)$ 的图像如图所示，则下列说法错误的是（　　）．

   A. 当 $x=4$ 时，血液中药物残留量最大
   B. 服用 20 小时以后，血液中还有药物残留 0 毫克
   C. 在区间 $[0,4]$ 上，血液中药物残留量逐步增大
   D. 在区间 $[4,20]$ 上，血液中药物残留量逐步增大

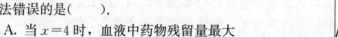

2. [2021 年第 30 题] 小明从家出发去学校，一路匀速骑行，在途中遇到一次红灯，停滞了一段时间．下列所示四个图像中，能大致表达该事件的是（　　）．

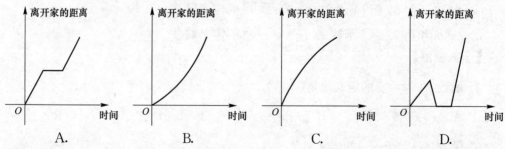

3. [2022 年第 30 题] 往一圆柱形杯子中匀速注水，15 秒能注满杯子，杯满后水会溢出．下列四个图像中，能反映从注水开始，20 秒内注水时间 t 与杯中水体积 V 的图像的是（　　）．

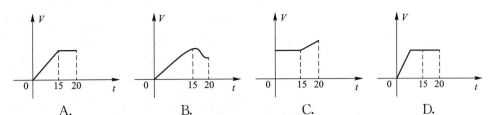

A.　　　　B.　　　　C.　　　　D.

4. [2023年第30题]"健康中国，你我同行"，当前健身已经成为一种生活方式．吴大爷在公园里以相同的速度步行健身，他每行走20分钟休息5分钟，45分钟后步行结束．以下图像中最符合吴大爷步行路程与时间关系的是(　　)．

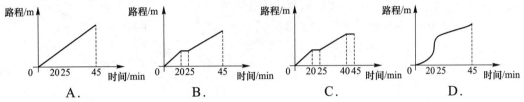

A.　　　　B.　　　　C.　　　　D.

【全真模拟】

1. 某市出租车起步价为5元(起步价内行驶里程为3 km)，以后每1 km收费1.8元(不足1 km按1 km计价)，则乘坐出租车的费用 y(单位：元)与行驶的里程 x(单位：km)之间的函数图像大致为(　　)．

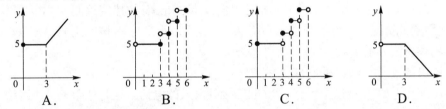

A.　　　　B.　　　　C.　　　　D.

2. 小明往一个空的浇花壶里匀速加满水后离开一段时间，回来后继续匀速浇花，直到壶里的水浇完为止．浇水壶中的水量 V(升)与时间 t(分钟)之间满足某种函数关系，其函数图像大致为(　　)．

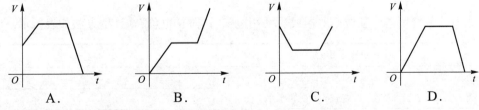

A.　　　　B.　　　　C.　　　　D.

3. 小明早上离开家去学校上学，刚离开家不久，发现自己的作业本忘在家里了，于是返回家里找到作业本再上学．如果用横轴表示小明从家出发的时间，用纵轴表示小明离开家的距离，则下列四个图像比较符合描述的是(　　)．

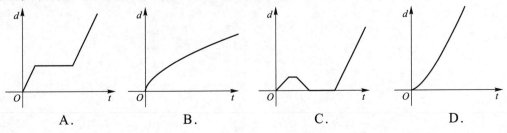

A.　　　　B.　　　　C.　　　　D.

4. 经研究发现，学生的注意力与教师的授课时间有关，开始授课时，学生的注意力逐渐集中，到达理想的状态后保持一段时间，随后学生的注意力逐渐分散，用 $f(x)$ 表示学生的注意力，用 x 表示授课时间(单位：分钟)，实验结果表明 $f(x)$ 与 x 有如下关系：

$$f(x)=\begin{cases} 5x+9, & 0<x<10 \\ 59, & 10\leqslant x\leqslant 16 \\ -3x+107, & 16<x\leqslant 30 \end{cases}$$

那么开始授课后_____分钟时，学生的注意力最集中，能维持_____分钟.

5. 某通信公司采用分段计费的方法计算话费，月通话时间 x(分钟)与相应话费 y(元)之间的函数图像如图所示.

(1)月通话为 50 分钟时，应交话费多少元？

(2)求 y 与 x 之间的函数关系式.

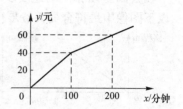

【能力拓展】

1. 住在 A 城的小李早晨 8：00 出发，驾驶小轿车从 A 城以 80 km/h 的速度到距 A 城 200 km 处的 B 城，他在 B 城停留了 3 h 后，再以 100 km/h 的速度返回 A 城，在不考虑堵车等其他因素的情况下，设小李从 A 城出发 x(h)后，小李与 A 城的距离是 y(km).

(1)用解析法表示函数 $y=f(x)$.

(2)画出函数 $y=f(x)$ 的图像.

(3)小李在返回 A 城途中，15：00 刚好接到家人的电话，这时他距离 A 城多少千米？

2. 为了节约用电，某城市对居民生活用电实行"阶梯电价"，计费方法如表所示.

每户每月用电量	电价/(元·度$^{-1}$)
不超过 230 度的部分	0.5
超过 230 度但不超过 400 度的部分	0.6
超过 400 度的部分	0.8

若某居民本月缴纳的电费为 380 元，则此该居民本月用电量是多少度？

3.2019年1月1日起我国实施个人所得税的新政策,其中包括:①个税起征点为5 000元;②每月应纳税所得额(含税)=收入－个税起征点－专项附加扣除;③专项附加扣除包括赡养老人、子女教育、继续教育、大病医疗、住房租金、住房贷款利息,其中前两项的扣除标准为赡养老人专项每月共扣除2 000元,子女教育专项每个子女每月扣除1 000元.新个税政策的税率表部分内容如下.

级数	每月应纳税所得额	税率/%
1	不超过3 000元的部分	3
2	超过3 000元至12 000元的部分	10
3	超过12 000至25 000元的部分	20
…	…	…

现李某月收入为18 000元,膝下有两名子女,需要赡养老人(除此之外,无其他专项附加扣除,专项附加扣除均按标准的100%扣除),则李某每月应缴纳的个税金额为多少元?

考点14:一次函数的图像

【考点解析】

本考点主要考查判定一次函数的图像.一次函数$y=kx+b$的图像是一条直线,若$k>0$,则该直线经过第一、第三象限;若$k<0$,则该直线经过第二、第四象限;直线与y轴交于点$(0,b)$.如果自变量x有限定范围,则其图像可能为线段、射线或离散的点.

【真题在线】

1.[2019年第6题]一次函数$y=x-2$的图像是( ).

  A. 点   B. 直线   C. 圆   D. 抛物线

2.[2021年第22题]函数$f(x)=2x(0\leqslant x\leqslant 6)$,则此函数的图像是( ).

  A. 直线   B. 射线   C. 线段   D. 离散的点

3.[2022年第21题]函数$f(x)=4x+3(2\,001\leqslant x\leqslant 2\,022)$,则此函数的图像是( ).

  A. 直线   B. 射线   C. 线段   D. 离散的点

4.[2023年第24题]下列图像中,与函数$y=2x+1$的图像最符合的是( ).

 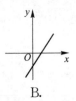 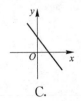 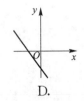

A.   B.   C.   D.

【全真模拟】

1. 下列各点在函数 $f(x)=-3x+2$ 的图像上的是（　　）.
   A. (2, 0)　　　　B. (0, 2)　　　　C. (0, -1)　　　　D. (0, 1.5)

2. 函数 $f(x)=2x+4(-5\leqslant x\leqslant 5)$，则此函数的图像是（　　）.
   A. 直线　　　　B. 线段　　　　C. 射线　　　　D. 离散的点

3. 若一次函数 $y=kx-3$ 的图像经过点 $(-5, 7)$，则 k 的值为（　　）.
   A. 1　　　　B. 2　　　　C. -2　　　　D. 3

4. 函数 $y=2x+1(x\geqslant 1)$ 的图像是（　　）.
   A. 射线　　　　B. 直线　　　　C. 抛物线　　　　D. 双曲线

5. 函数 $y=x+1$ 的图像可能是（　　）.

 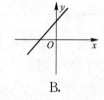

A.　　　　　　　　B.　　　　　　　　C.　　　　　　　　D.

【能力拓展】

1. 已知一次函数的图像与直线 $y=-2x+3$ 平行，且与直线 $y=4x-5$ 交于点 $(2, m)$. 求此一次函数的解析式.

2. 已知直线 $y=kx+b$ 经过点 $A(1, 1)$，$B(-1, -3)$.
   (1) 求此直线的解析式.
   (2) 若点 P 在该直线上，点 P 到 y 轴的距离为 2，求点 P 的坐标.

3. 如图所示，一次函数的图像经过点 $P(6, 4)$ 和 $B(0, -4)$，与 x 轴交于点 A.
   (1) 求一次函数的解析式.
   (2) 在 y 轴上存在一点 M，且 $\triangle ABM$ 的面积为 $\dfrac{15}{2}$，求点 M 的坐标.

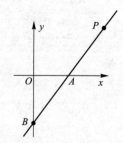

考点15：二次函数的图像与性质

【考点解析】

本考点主要考查二次函数的图像与性质. 二次函数 $y=ax^2+bx+c(a\neq0)$ 的图像是一条抛物线，其对称轴是直线 $x=-\dfrac{b}{2a}$，顶点坐标是 $\left(-\dfrac{b}{2a},\dfrac{4ac-b^2}{4a}\right)$. $a>0$ 时，抛物线有最低点，当 $x=-\dfrac{b}{2a}$ 时，y 取到最小值，$y_{最小值}=\dfrac{4ac-b^2}{4a}$；$a<0$ 时，抛物线有最高点，当 $x=-\dfrac{b}{2a}$ 时，y 取到最大值，$y_{最大值}=\dfrac{4ac-b^2}{4a}$.

【真题在线】

[2019年第43题] 二次函数 $y=ax^2+bx+c(a\neq0)$ 的图像如图所示，根据图像解答下列问题.

(1) 写出此抛物线的顶点坐标和对称轴方程.
(2) 求此二次函数的解析式.
(3) 当 x 为何值时，函数值 $y<0$? 当 x 为何值时，函数值 $y>0$?

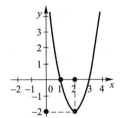

【全真模拟】

1. 函数 $f(x)=x^2-1$ 的(　　).
   A. 最大值为1　　　　　　　　　B. 最小值为1
   C. 最大值为-1　　　　　　　　D. 最小值为-1

2. 二次函数 $y=x^2-5x-6$ 的图像不具有的性质是(　　).
   A. 开口向上　　　　　　　　　　B. 对称轴为 $x=\dfrac{5}{2}$
   C. 对应图像与 x 轴有两个交点　　D. 对应图像与 y 轴无交点

3. 二次函数 $f(x)=2x^2-mx-4$ 的对称轴为 $x=-2$，则 m 的值为(　　).
   A. 4　　　　B. 8　　　　C. -8　　　　D. -4

4. 二次函数 $f(x)=x^2+2x+1$，则该二次函数的顶点坐标为(　　).
   A. $(-1,0)$　　B. $(1,0)$　　C. $(-1,1)$　　D. $(1,1)$

5. 在进行体育测试时，高二一名学生推铅球，已知铅球所经过的路线为抛物线 $y=-\dfrac{1}{8}x^2+x+2$ 的一部分，如图所示，根据关系式回答下列问题.

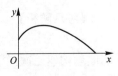

(1)铅球离手时的高度是多少米？
(2)铅球在飞行过程中离地面的最大高度是多少米？
(3)该同学的成绩是多少米？

【能力拓展】

1. 已知二次函数 $y=ax^2+bx+c(a\neq 0)$ 的图像如图所示，现有下列结论：①$a<0$；②$b^2-4ac<0$；③$b<0$；④$b=-2a$．其中结论正确的是(　　)．

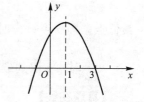

A. ①③
B. ③④
C. ②③
D. ①④

2. 二次函数 $y=ax^2+bx$ 的图像如图所示，若一元二次方程 $ax^2+bx+m=0$ 有实数根．则 m 的最大值为(　　)．

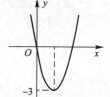

A. -3
B. 3
C. -6
D. 9

3. 如图所示，在平面直角坐标系中，边长为 2 的正方形 $OABC$ 的顶点 A、C 分别在 x 轴、y 轴的正半轴上，二次函数 $y=-\dfrac{2}{3}x^2+bx+c$ 的图像经过 B、C 两点．

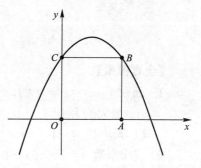

(1)求该二次函数的解析式．
(2)结合函数的图像探索：当 $y>0$ 时，x 的取值范围．

考点16：函数的实际应用

【考点解析】

本考点主要考查二次函数在实际问题中的应用．二次函数的实际应用的关键是根据实际问题构建二次函数模型，求出解析式，并根据定义域和解析式采用顶点坐标公式或配方法求出最值．

【真题在线】

1.[2021年第43题] 已知某种产品的利润 y(元)与售价 x(元)的函数关系式为 $y=-x^2+bx-500$,且售价为20元时,此时的产品利润为300元.

(1)求 b 的值.

(2)当售价 x 为多少时,利润最大？求出最大利润.

(3)求使该产品能盈利($y>0$)的售价 x 的取值范围.

2.[2022年第43题] 已知某种窗户的面积 y 与宽度 x 的函数关系式为 $y=-x^2+px$,且当窗户的宽度 $x=1$ 时,面积 $y=3$.

(1)求 p 的值.

(2)求当窗户的宽度 x 为多少时,窗户的面积 y 最大？求出最大面积.

(3)求使该窗户的面积 y 大于3的宽度 x 的取值范围.

3.[2023年第43题] 据市场调研,某产品利润 y(元)与售价 x(元)之间的函数关系式可表示为 $y=a(x-30)^2+900$,当售价 x 为20元时,产品利润 y 为700元.

(1)求 a 的值.

(2)当售价 x 为多少元时,利润 y 最大？求出最大利润.

(3)求使该产品利润 y 大于100元的售价 x 的取值范围.

【全真模拟】

1. 某小型服装厂生产一款风衣,日销量 x(件)与售价 p(元/件)之间的函数关系式为 $p=160-2x$,生产 x 件风衣所需成本为 $c=500+30x$.

(1)生产20件风衣所需成本是多少元？

(2)日销量为多少时,日获利不少于1 300元？

2. 已知某块矩形菜地的面积 y 与宽度 x 的函数解析式为 $y=-2x^2+mx+100$, 且当矩形菜地的宽度 $x=5$ 时, 面积 $y=250$.

(1)求 m 的值.

(2)求当矩形的宽度 x 为多少时, 矩形菜地的面积 y 最大? 求出最大值.

(3)求使矩形菜地的面积 y 大于 100 的宽度 x 的取值范围.

3. 现有 400 m 长的篱笆材料, 利用已有的一面墙(设长度够用)作为一边, 围成一个矩形菜地, 如图所示, 设矩形菜地的宽为 x(m).

(1)求矩形菜地的面积 y(m²)与矩形菜地的宽 x(m)之间的函数关系式.

(2)当矩形菜地的宽为多少时, 矩形菜地的面积取得最大值? 矩形菜地的最大面积为多少?

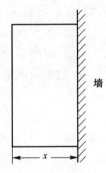

4. 某商品第一天降价 10%, 第二天又涨价 10%, 则两天后的价格与原来的价格的关系是(   ).

    A. 相等   B. 上涨 1%

    C. 下降 1%   D. 原来的 90%

5. 已知某商品平均每三年降价 $\frac{1}{3}$, 目前售价为 90 元, 则六年后此商品的价格为(   ).

    A. 20   B. 40   C. 60   D. 80

【能力拓展】

1. 用长度为 80 m 的护栏围出一个一面靠墙的矩形运动场地, 如图所示, 运动场地的一条边记为 x(单位: m), 面积记为 S(单位: m²).

(1)求 S 关于 x 的函数关系.

(2)求 S 的最大值.

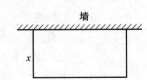

2. 将进货单价为 40 元的商品按 50 元一个出售时,能卖出 500 个,已知这种商品每涨价 1 元,其销售量就减少 10 个,为得到最大利润,售价应为多少元?最大利润为多少?

3. A 市某体育用品商店购进一批滑板,每件进价为 100 元,售价为 130 元,每星期可卖出 80 件. 商家决定降价促销,根据市场调查,每降价 5 元,每星期可多卖出 20 件.
(1)商家降价前每星期的销售利润为多少元?
(2)降价后,商家要使每星期的销售利润最大,应将售价定为多少元?最大销售利润是多少元?

第三章 函数单元测试卷

一、选择题(本题共 6 小题,每小题 4 分,共计 24 分)

1. 下列各点中,在函数 $y=3x-1$ 的图像上的点是( ).
   A. (1,2)   B. (3,4)   C. (0,1)   D. (5,6)

2. 函数 $y=\dfrac{1}{2x-3}$ 的定义域为( ).
   A. $(-\infty,+\infty)$
   B. $\left(-\infty,\dfrac{3}{2}\right)\cup\left(\dfrac{3}{2},+\infty\right)$
   C. $\left[\dfrac{3}{2},+\infty\right)$
   D. $\left(\dfrac{3}{2},+\infty\right)$

3. 二次函数 $f(x)=(x-1)^2+2$ 的顶点坐标为( ).
   A. (1,2)   B. (-1,2)
   C. (1,-2) D. (-1,-2)

4. 函数 $y=4x+3$ 的单调递增区间是( ).
   A. $(-\infty,+\infty)$ B. $(0,+\infty)$
   C. $(-\infty,0)$ D. $[0,+\infty)$

5. 点 $P(-2,1)$ 关于原点 O 的对称点坐标是( ).
   A. (-2,1)   B. (2,1)   C. (2,-1)   D. (-2,-1)

6. 已知函数 $f(x)=x^2-7$,则 $f(-3)=$( ).
   A. -16   B. -13   C. 2   D. 9

二、填空题(本题共 4 小题,每小题 4 分,共计 16 分)

1. 已知函数 $f(x)=x^2-1$,则 $f(-2)=$ _____.

2. 点 $P(-1,3)$ 关于 x 轴的对称点坐标是 _____.

3. 每瓶饮料的单价为 2.5 元,用解析法表示应付款 y 和购买饮料瓶数 x 的函数关系式为 _____.

4. 二次函数 $f(x)=x^2-2x+3$ 的最小值为 _____.

三、解答题(本题共 2 小题,每小题 10 分,共计 20 分)

1. 已知二次函数 $f(x)=a(x-1)(x+2),a\neq 0$.
   (1)若 $f(2)=8$,求 a 的值.
   (2)若 $a=1$,求 $f(x)<0$ 的解集.

2. 旅行社为去广西桂林的某旅游团包飞机去旅游，其中旅行社的包机费为 10 000 元，旅游团中每人的飞机票按以下方式与旅行社结算——若旅游团的人数在 20 或 20 以下，飞机票每人收费 800 元；若旅游团的人数多于 20，则实行优惠方案，每多一人，飞机票收费每张减少 10 元，但旅游团的人数最多为 75，则该旅行社可获得利润的最大值为多少元？

第四章 三角函数

考点	题型	历年考查情况			
		2019年	2021年	2022年	2023年
角的概念	角定义的应用		√		
象限角和终边相同的角	判定角的象限	√		√	√
弧度制与角度制	角度与弧度互换	√	√	√	√
任意角三角函数的定义	已知终边上点的坐标求三角函数值	√	√	√	√
特殊角三角函数值	求特殊角三角函数值				√
同角三角函数的基本关系式	已知正弦或余弦求余弦或正弦	√	√	√	√
诱导公式	诱导公式(直接填写)	√		√	√
三角函数的最值	已知一次型三角函数求最值	√	√	√	√

考点17：角的概念

【考点解析】

本考点主要考查角的定义. 正确把握角的概念本质, 即角的始边旋转方向是解决有关问题的关键. 规定一条射线绕其端点按逆时针方向旋转而成的角是正角, 按顺时针方向旋转而成的角是负角, 不做任何旋转形成的角是零角.

【真题在线】

[2021年第11题] 已知角 $\alpha=30°$, 将其终边绕着原点逆时针旋转 $20°$ 得到角 β, 则角 β 等于( ).

A. $10°$ B. $-10°$ C. $50°$ D. $-10°$

【全真模拟】

1. 下列说法正确的是( ).
   A. 负角一定是第四象限角
   B. 钝角一定是第二象限角
   C. 终边相同的象限角一定相等
   D. 小于 $90°$ 的角一定是锐角

2. 已知角 $\alpha=30°$, 将其终边绕着原点逆时针旋转 $60°$ 得到角 β, 则角 β 等于( ).
   A. $90°$ B. $-10°$ C. $50°$ D. $-10°$

3. 已知角 $\alpha=60°$, 将其终边绕着原点顺时针旋转 $60°$ 得到角 β, 则角 β 等于( ).
   A. $-120°$ B. $-60°$ C. $0°$ D. $120°$

4. 零角的始边与终边_____.(填"重合"或"不重合")

5. $-15°$角是( ).
   A. 第一象限的角　　　　　　　　B. 第二象限的角
   C. 第三象限的角　　　　　　　　D. 第四象限的角

【能力拓展】

1. 若角α是第三象限角，则$\alpha-5\pi$是( ).
   A. 第一象限角　　　　　　　　　B. 第二象限角
   C. 第三象限角　　　　　　　　　D. 第四象限角

2. 角α和角$-\alpha$的终边关于( ).
   A. x轴对称　　　　　　　　　　B. y轴对称
   C. 原点中心对称　　　　　　　　D. 直线$y=x$对称

3. 已知角$\alpha=90°$，将其终边绕着原点先顺时针旋转$180°$，再逆时针转$270°$得到角β，则角β等于_____.

考点18：象限角和终边相同的角

【考点解析】

本考点主要考查象限角的判定．通过与角α的终边相同的角组成的集合$\{\beta|\beta=\alpha+k\cdot 360°, k\in\mathbf{Z}\}$，将角$\beta$化为$\alpha+k\cdot 360°(k\in\mathbf{Z})$，由角$\alpha$的终边来判断角$\beta$的终边位置，规定角的终边在第几象限，就称这个角为第几象限角．特别地，当角的终边落在坐标轴上时该角称为界限角．

【真题在线】

1. [2019年第11题] $240°$角的终边在( ).
   A. 第一象限　　B. 第二象限　　C. 第三象限　　D. 第四象限

2. [2022年第13题] $-50°$角的终边在( ).
   A. 第一象限　　B. 第二象限　　C. 第三象限　　D. 第四象限

3. [2023年第10题] $150°$角是( ).
   A. 第一象限角　B. 第二象限角　C. 第三象限角　D. 第四象限角

【全真模拟】

1. $201°$角的终边在( ).
   A. 第一象限　　B. 第二象限　　C. 第三象限　　D. 第四象限

2. $390°$角的终边在( ).
   A. 第一象限　　B. 第二象限　　C. 第三象限　　D. 第四象限

3. $-150°$角的终边在( ).
   A. 第一象限　　B. 第二象限　　C. 第三象限　　D. 第四象限

4. $360°$角的终边在( ).
   A. 第一象限　　　　　　　　　　B. 第四象限
   C. 第一象限或第四象限　　　　　D. x轴正半轴上

5. 2024°角的终边在( ).

　　A. 第一象限　　　B. 第二象限　　　C. 第三象限　　　D. 第四象限

【能力拓展】

1. 已知角 α 满足 $15°<\alpha+5°<95°$，则角 α 是( ).

　　A. 正角　　　　　　　　　　　　　　B. 第一象限角或第四象限角
　　C. 负角　　　　　　　　　　　　　　D. 第二象限角

2. 下列各角中终边与 $\dfrac{\pi}{2}$ 终边相同的是( ).

　　A. π　　　　　B. 2π　　　　　C. $-\dfrac{3\pi}{2}$　　　　　D. $\dfrac{3\pi}{2}$

3. 终边与 15°角的终边相同的角的集合是_____.

考点 19：弧度制与角度制

【考点解析】

本考点主要考查角度与弧度的互换. 熟记 $180°=\pi$，$1°=\dfrac{\pi}{180}$，$1\,\text{rad}=\left(\dfrac{180}{\pi}\right)°$.

【真题在线】

1. [2019 年第 12 题] 60°角用弧度制可表示为( ).

　　A. $\dfrac{\pi}{2}$　　　　　B. $\dfrac{\pi}{4}$　　　　　C. $\dfrac{\pi}{3}$　　　　　D. $\dfrac{\pi}{6}$

2. [2021 年第 13 题] $\dfrac{\pi}{2}$ 弧度用角度制可表示为( ).

　　A. 30°　　　　　B. 45°　　　　　C. 60°　　　　　D. 90°

3. [2022 年第 9 题] 30°角用弧度制可表示为( ).

　　A. $\dfrac{\pi}{3}$　　　　　B. $\dfrac{\pi}{4}$　　　　　C. $\dfrac{\pi}{6}$　　　　　D. $\dfrac{\pi}{2}$

4. [2023 年第 12 题] $-\dfrac{\pi}{4}$ 弧度用角度制可表示为( ).

　　A. −30°　　　　　B. −45°　　　　　C. −60°　　　　　D. −90°

【全真模拟】

1. $\dfrac{\pi}{4}$ 弧度用角度制可表示为( ).

　　A. 30°　　　　　B. 45°　　　　　C. 60°　　　　　D. 90°

2. 把 $\dfrac{\pi}{2}$ 弧度化成角度为_____.

3. 计算：$120°=$ _____ rad.

4. 把 $\dfrac{2\pi}{15}$ 弧度化成角度，正确的是( ).

　　A. 12°　　　　　B. 24°　　　　　C. 48°　　　　　D. 96°

5. 半径为2，弧长为4rad的扇形的圆心角的弧度数为_____.

【能力拓展】

1. 把 $\dfrac{5}{12}\pi$ 弧度化为角度是(   ).

    A. 30°   B. 75°   C. 150°   D. 135°

2. 在$[0,2\pi]$范围内，下列角属于第二象限角的是(   ).

    A. $\dfrac{\pi}{3}$ B. $\dfrac{2\pi}{3}$ C. $\dfrac{4\pi}{3}$ D. $-\dfrac{\pi}{3}$

3. 扇形的弧长为24π，圆心角为$\dfrac{2}{3}\pi$，则该扇形的半径长为_____.

考点20：任意角三角函数的定义

【考点解析】

本考点主要考查已知角终边上一点的坐标求该角的三角函数值. 已知角α的终边上任意一点$P(x,y)$，求角α的三角函数值时，先由点P的坐标求出该点到原点的距离，即 $r=\sqrt{x^2+y^2}$，然后根据 $\sin\alpha=\dfrac{y}{r}$，$\cos\alpha=\dfrac{x}{r}$，$\tan\alpha=\dfrac{y}{x}$ 求得相应值.

【真题在线】

1. [2019年第17题] 已知角α的终边经过点$P(3,4)$，则 $\sin\alpha=$(   ).

    A. $\dfrac{4}{5}$ B. $\dfrac{3}{5}$ C. $\dfrac{3}{4}$ D. $\dfrac{4}{3}$

2. [2021年第23题] 已知角α的终边经过点$A(3,4)$，则 $\cos\alpha=$(   ).

    A. $\dfrac{3}{5}$ B. $\dfrac{4}{5}$ C. $\dfrac{3}{4}$ D. $\dfrac{4}{3}$

3. [2022年第20题] 已知角α的终边经过点$P(4,3)$，则 $\tan\alpha=$(   ).

    A. $\dfrac{3}{5}$ B. $\dfrac{4}{5}$ C. $\dfrac{3}{4}$ D. $\dfrac{4}{3}$

4. [2023年第20题] 已知角α的终边经过点$(6,8)$，则 $\sin\alpha=$(   ).

    A. $\dfrac{3}{5}$ B. $\dfrac{4}{5}$ C. $\dfrac{3}{4}$ D. $\dfrac{4}{3}$

【全真模拟】

1. 已知角α的终边上一点的坐标$P(3,4)$，则 $\tan\alpha=$_____.

2. 已知角α的终边经过点$P(-4,-3)$，则 $\sin\alpha=$(   ).

    A. $\dfrac{3}{4}$ B. $\dfrac{3}{5}$ C. $-\dfrac{3}{5}$ D. $-\dfrac{4}{5}$

3. 已知角α的终边上的一点$P(4,-3)$，则 $\cos\alpha=$(   ).

    A. $\dfrac{4}{5}$ B. $-\dfrac{4}{5}$ C. $\dfrac{3}{5}$ D. $-\dfrac{3}{5}$

4. 已知角 α 的终边上的一点 $P(0,-3)$，则 $\cos\alpha=$（   ）．

A. -3 B. -1 C. 0 D. 1

5. 已知角 α 的终边经过点 $(6,8)$，则 $\sin\alpha+\cos\alpha=$（   ）．

A. $\dfrac{3}{5}$ B. $\dfrac{4}{5}$ C. $\dfrac{7}{5}$ D. $\dfrac{1}{5}$

【能力拓展】

1. 已知角 α 的终边与射线 $y=2x(x\geqslant 0)$ 重合，则 $\sin\alpha=$（   ）．

A. $\dfrac{1}{2}$ B. $\dfrac{\sqrt{5}}{5}$ C. $\dfrac{2\sqrt{5}}{5}$ D. 2

2. 已知角 α 的终边经过点 $(6,a)$，且 $\cos\alpha=\dfrac{3}{5}$，则 $a=$（   ）．

A. $\dfrac{4}{5}$ B. ± 4 C. ± 6 D. ± 8

3. 已知角 α 的终边经过点 $(3,4)$，则 $\sin\alpha-\cos\alpha=$（   ）．

A. $\dfrac{3}{5}$ B. $\dfrac{4}{5}$ C. $\dfrac{7}{5}$ D. $\dfrac{1}{5}$

考点 21：特殊角三角函数值

【考点解析】

本考点主要考查特殊角的三角函数值．熟记特殊角的三角函数值是关键．

α（角度）/(°)	0	30	45	60	90	120	135	150	180	270	360
α（弧度）/rad	0	$\dfrac{\pi}{6}$	$\dfrac{\pi}{4}$	$\dfrac{\pi}{3}$	$\dfrac{\pi}{2}$	$\dfrac{2\pi}{3}$	$\dfrac{3\pi}{4}$	$\dfrac{5\pi}{6}$	π	$\dfrac{3\pi}{2}$	2π
正弦 $\sin\alpha$	0	$\dfrac{1}{2}$	$\dfrac{\sqrt{2}}{2}$	$\dfrac{\sqrt{3}}{2}$	1	$\dfrac{\sqrt{3}}{2}$	$\dfrac{\sqrt{2}}{2}$	$\dfrac{1}{2}$	0	-1	0
余弦 $\cos\alpha$	1	$\dfrac{\sqrt{3}}{2}$	$\dfrac{\sqrt{2}}{2}$	$\dfrac{1}{2}$	0	$-\dfrac{1}{2}$	$-\dfrac{\sqrt{2}}{2}$	$-\dfrac{\sqrt{3}}{2}$	-1	0	1
正切 $\tan\alpha$	0	$\dfrac{\sqrt{3}}{3}$	1	$\sqrt{3}$	不存在	$-\sqrt{3}$	-1	$-\dfrac{\sqrt{3}}{3}$	0	不存在	0

【真题在线】

[2023 年第 7 题] $\sin 90°=$（   ）．

A. $\dfrac{1}{2}$ B. $-\dfrac{1}{2}$ C. 1 D. -1

【全真模拟】

1. $\sin 60°$ 的值为( ).

   A. $-\dfrac{1}{2}$　　　B. $\dfrac{1}{2}$　　　C. $-\dfrac{\sqrt{3}}{2}$　　　D. $\dfrac{\sqrt{3}}{2}$

2. $\cos 30°$ 的值为( ).

   A. $-\dfrac{1}{2}$　　　B. $\dfrac{1}{2}$　　　C. $-\dfrac{\sqrt{3}}{2}$　　　D. $\dfrac{\sqrt{3}}{2}$

3. $\sin 150°$ 的值为( ).

   A. $-\dfrac{1}{2}$　　　B. $\dfrac{1}{2}$　　　C. $-\dfrac{\sqrt{3}}{2}$　　　D. $\dfrac{\sqrt{3}}{2}$

4. $\cos 120°$ 的值为( ).

   A. $-\dfrac{1}{2}$　　　B. $\dfrac{1}{2}$　　　C. $-\dfrac{\sqrt{3}}{2}$　　　D. $\dfrac{\sqrt{3}}{2}$

5. $\tan 135°$ 的值为( ).

   A. $-\dfrac{\sqrt{2}}{2}$　　　B. $\dfrac{\sqrt{2}}{2}$　　　C. -1　　　D. 1

【能力拓展】

1. $\sin 45° \cdot \cos 60° =$ _____.

2. 已知 $\alpha \in \left(0, \dfrac{\pi}{2}\right)$，且 $\sin\alpha = \dfrac{1}{2}$，则 $\alpha =$ _____.

3. 计算 $\sin 30° + \cos 45° + \tan 60° =$ ( ).

   A. 1　　　B. $1+\sqrt{3}$　　　C. $\dfrac{1+\sqrt{2}+2\sqrt{3}}{2}$　　　D. $\dfrac{1+\sqrt{2}+\sqrt{3}}{2}$

考点22：同角三角函数的基本关系式

【考点解析】

本考点主要考查利用平方关系式求三角函数值. 通常，根据同角三角函数的平方关系式的变形，即 $\sin\alpha = \pm\sqrt{1-\cos^2\alpha}$ 或者 $\cos\alpha = \pm\sqrt{1-\sin^2\alpha}$ 进行求值，特别注意要根据 α 所在象限判定三角函数值的正负号.

本考点涉及的主要公式：$\sin^2\alpha + \cos^2\alpha = 1$，$\dfrac{\sin\alpha}{\cos\alpha} = \tan\alpha$.

【真题在线】

1. [2019年第39题] 已知 $\cos\alpha = \dfrac{\sqrt{3}}{2}$，且 α 为锐角，则 $\sin\alpha =$ _____.

2. [2021年第39题] 已知 $\sin\alpha = \dfrac{\sqrt{2}}{2}$，且 α 为锐角，则 $\cos\alpha =$ _____.

3. [2022年第39题] 在 $\triangle ABC$ 中，已知 $\cos A = \dfrac{1}{2}$，则 $\sin A =$ _____.

4. [2023年第40题] 在平行四边形 $ABCD$ 中，已知 $\cos A = \dfrac{\sqrt{3}}{2}$，则 $\sin A =$ _____.

【全真模拟】

1. 已知 $\sin\alpha = \dfrac{3}{5}$，$\alpha$ 是第一象限角，则 $\cos\alpha$ 的值为 _____.

2. 已知 $\sin\alpha = \dfrac{\sqrt{3}}{2}$，且 α 为锐角，则 $\cos\alpha =$ _____.

3. 已知 $\cos\alpha = \dfrac{1}{2}$，且 α 是第一象限角，则 $\sin\alpha$ 的值为 _____.

4. 若 $\sin\alpha = \dfrac{4}{5}$，且 α 为钝角，则 $\cos\alpha = ($).

   A. $-\dfrac{4}{5}$　　　B. $\dfrac{4}{5}$　　　C. $\dfrac{3}{5}$　　　D. $-\dfrac{3}{5}$

5. 已知角 α 是第一象限角，若 $\sin\alpha = \dfrac{5}{13}$，则 $\cos\alpha = ($).

   A. $-\dfrac{12}{13}$　　　B. $-\dfrac{5}{12}$　　　C. $\dfrac{12}{13}$　　　D. $\dfrac{5}{12}$

【能力拓展】

1. 若 $\sin\alpha = -\dfrac{4}{5}$，且 $\tan\alpha > 0$，则 $\cos\alpha =$ _____.

2. 已知 $\tan\alpha = 3$，则 $\dfrac{2\sin\alpha - \cos\alpha}{2\sin\alpha + \cos\alpha}$ 的值是( ).

   A. $\dfrac{5}{7}$　　　B. $\dfrac{1}{3}$　　　C. 2　　　D. 5

3. 已知 $\alpha \in \left(\pi, \dfrac{3\pi}{2}\right)$，且 $\cos\alpha = -\dfrac{3}{5}$，求 $\sin\alpha$ 和 $\tan\alpha$ 的值.

考点 23：诱导公式

【考点解析】

本考点主要考查诱导公式的识记．诱导公式遵循"函数名不变，符号看象限"的原则，即把 $\alpha + 2k\pi$，$\pi - \alpha$，$\pi + \alpha$，$-\alpha$ 分别视为第一象限、第二象限、第三象限和第四象限的角，结合三角函数值在各象限的正负号进行识记．

诱导公式：

$\sin(\alpha + 2k\pi) = \sin\alpha$，$\cos(\alpha + 2k\pi) = \cos\alpha$，$\tan(\alpha + 2k\pi) = \tan\alpha$ $(k \in \mathbf{Z})$.

$\sin(\pi - \alpha) = \sin\alpha$，$\cos(\pi - \alpha) = -\cos\alpha$，$\tan(\pi - \alpha) = -\tan\alpha$.

$\sin(\pi + \alpha) = -\sin\alpha$，$\cos(\pi + \alpha) = -\cos\alpha$，$\tan(\pi + \alpha) = \tan\alpha$.

$\sin(-\alpha) = -\sin\alpha$，$\cos(-\alpha) = \cos\alpha$，$\tan(-\alpha) = -\tan\alpha$.

【真题在线】

1. [2019年第18题] 化简 $\sin(180°-\alpha)$ 的结果是（　　）．
   A. $\cos\alpha$　　　　B. $-\cos\alpha$　　　　C. $\sin\alpha$　　　　D. $-\sin\alpha$

2. [2021年第7题] 化简 $\sin(360°+\alpha)$ 的结果是（　　）．
   A. $\cos\alpha$　　　　B. $-\cos\alpha$　　　　C. $\sin\alpha$　　　　D. $-\sin\alpha$

3. [2022年第7题] 化简 $\cos(360°+\alpha)$ 的结果是（　　）．
   A. $\cos\alpha$　　　　B. $-\cos\alpha$　　　　C. $\sin\alpha$　　　　D. $-\sin\alpha$

4. [2023年第17题] 化简 $\cos(\pi+\alpha)$ 的结果是（　　）．
   A. $\sin\alpha$　　　　B. $-\sin\alpha$　　　　C. $\cos\alpha$　　　　D. $-\cos\alpha$

【全真模拟】

1. 化简 $\cos(\alpha+2\pi)$ 的结果是（　　）．
   A. $\cos\alpha$　　　　B. $-\cos\alpha$　　　　C. $\sin\alpha$　　　　D. $-\sin\alpha$

2. 化简 $\sin(180°+\alpha)=\cos\alpha$ 的结果是（　　）．
   A. $-\cos\alpha$　　　　B. $\sin\alpha$　　　　C. $-\sin\alpha$　　　　D. $\cos\alpha$

3. 化简 $\sin(-\alpha)$ 的结果是（　　）．
   A. $-\cos\alpha$　　　　B. $\sin\alpha$　　　　C. $-\sin\alpha$　　　　D. $\cos\alpha$

4. 化简 $\cos(-\alpha)$ 的结果是（　　）．
   A. $-\cos\alpha$　　　　B. $\sin\alpha$　　　　C. $-\sin\alpha$　　　　D. $\cos\alpha$

5. 化简 $\cos(180°-\alpha)$ 的结果是（　　）．
   A. $\cos\alpha$　　　　B. $-\cos\alpha$　　　　C. $\sin\alpha$　　　　D. $-\sin\alpha$

【能力拓展】

1. 化简 $\sin(-30°)$ 的结果是（　　）．
   A. $\dfrac{1}{2}$　　　　B. $-\dfrac{1}{2}$　　　　C. $\dfrac{\sqrt{3}}{2}$　　　　D. $-\dfrac{\sqrt{3}}{2}$

2. 化简 $\cos 240°$ 的结果是（　　）．
   A. $\dfrac{1}{2}$　　　　B. $-\dfrac{1}{2}$　　　　C. $\dfrac{\sqrt{3}}{2}$　　　　D. $-\dfrac{\sqrt{3}}{2}$

3. 化简求值：$\sin(\pi-\alpha)-2\cos(\alpha+2\pi)+\sin(\pi+\alpha)+2\cos(-\alpha)$．

考点24：三角函数的最值

【考点解析】

本考点主要考查 $y=k\sin x+b(k\neq 0)$ 型三角函数的最值问题．

若 $k>0$，则当 $\sin x=1$ 时 y 取得最大值 $k+b$，当 $\sin x=-1$ 时 y 取得最小值 $-k+b$；

若 $k<0$，则当 $\sin x=1$ 时 y 取得最小值 $k+b$，当 $\sin x=-1$ 时 y 取得最大值 $-k+b$．

$\sin x$ 的取值范围：$-1\leqslant \sin x\leqslant 1$．

【真题在线】

1. [2019 年第 32 题] 函数 $y = \sin x + 1$ 的最大值是_____.

2. [2021 年第 37 题] 函数 $y = -\sin x$ 的最小值为_____.

3. [2022 年第 37 题] 函数 $y = 100\sin x$ 的最大值为_____.

4. [2023 年第 37 题] 函数 $y = 100\sin x + 100$ 的最大值为_____.

【全真模拟】

1. 函数 $y = 2 + \sin x$ 的最大值和最小正周期是(   ).

   A. $2, 2\pi$ B. $3, 2\pi$

   C. $3, \pi$ D. $-1, 2\pi$

2. 函数 $y = 3\sin x$ 的最小值为_____.

3. 函数 $y = \sin x - 2$ 的最小值为_____.

4. 函数 $y = -2\sin x + 10$ 的最小值为_____.

5. 函数 $y = 3 - \sin x$ 的最大值为_____.

【能力拓展】

1. 已知 $y = A\sin x + 3(A > 0)$ 的最大值为 5，则 $A =$ _____.

2. 已知 $y = A\sin x + 3(A > 0)$ 的值域为 $[2, 4]$，则 $A =$ _____.

3. 已知函数 $y = a + b\sin x(b > 0)$ 的最大值为 3，最小值为 -1，求实数 a, b 的值.

第四章 三角函数单元测试卷

一、单项选择题(本题共 6 小题,每小题 4 分,共 24 分)

1. $-70°$ 角的终边所在的象限是( ).
   A. 第一象限   B. 第二象限   C. 第三象限   D. 第四象限

2. 在半径为 2 的扇形中,圆心角为 $\dfrac{\pi}{3}$,则该扇形的弧长为( ).
   A. $\dfrac{\pi}{6}$ B. $\dfrac{\pi}{3}$ C. $\dfrac{2\pi}{3}$ D. π

3. 设点 $P(-1, 2)$ 在角 α 的终边上,则 $\cos\alpha$ 等于( ).
   A. $-\dfrac{1}{2}$ B. $-\dfrac{\sqrt{5}}{5}$ C. $\dfrac{\sqrt{5}}{5}$ D. $\pm\dfrac{\sqrt{5}}{5}$

4. 若 α 是第二象限的角,则 $\dfrac{\cos\alpha}{\sqrt{1-\sin^2\alpha}}$ 等于( ).
   A. 1   B. -1 C. ± 1 D. 0

5. 如果 $\sin\theta > 0$ 且 $\cos\theta < 0$,则 θ 是( ).
   A. 第一象限角   B. 第二象限角   C. 第三象限角   D. 第四象限角

6. 已知 $\cos x = \dfrac{1}{2}$,$x \in (0, 2\pi)$,则 x 等于( ).
   A. $\dfrac{\pi}{6}$ 或 $\dfrac{5\pi}{6}$ B. $\dfrac{\pi}{6}$ 或 $\dfrac{11\pi}{6}$ C. $\dfrac{\pi}{3}$ 或 $\dfrac{2\pi}{3}$ D. $\dfrac{\pi}{3}$ 或 $\dfrac{5\pi}{3}$

二、填空题(本题共 4 小题,每小题 4 分,共 16 分)

1. $150° = $ _____(转化为弧度).

2. 已知 $2\sin\alpha + \cos\alpha = 0$,则 $\tan\alpha = $ _____.

3. 函数 $y = \sin 2x$ 的最小正周期为 _____.

4. 已知 $\sin A = \dfrac{1}{2}$,$\angle A$ 是 $\triangle ABC$ 的内角,则 $\angle A = $ _____.

三、解答题(本题共 2 小题,每小题 10 分,共 20 分)

1. 已知角 α 的终边在射线 $y = 3x (x \geqslant 0)$ 上,求 $\tan\alpha$ 和 $\dfrac{3\sin\alpha + \cos\alpha}{2\sin\alpha - \cos\alpha}$ 的值.

2. 已知函数 $y = a\sin x + b (a > 0)$ 的最大值为 4,最小值为 1,求 a, b 的值.

第五章 指数函数与对数函数

考点	题型	历年考查情况			
		2019年	2021年	2022年	2023年
指数幂的运算	1. 简单的幂的运算		✓	✓	✓
	2. 简单的指数方程求解		✓	✓	✓
根式运算	利用性质 $\sqrt{(-a)^2}=\|a\|$ 求值			✓	
指数函数	1. 根据已知条件求函数解析式	✓			
	2. 判定点是否在指数函数图像上		✓	✓	✓
	3. 同底指数幂比较大小	✓	✓		
对数的概念	1. 简单的对数求值	✓	✓	✓	
	2. 将指数式改写为对数式	✓	✓		
对数函数	同底对数式比较大小				✓

考点25：指数幂的运算

【考点解析】

本考点主要考查整数指数幂的意义及幂指数的运算法则. 重点掌握以下性质：$a^0=1$ $(a\neq 0)$，$a^{-n}=\dfrac{1}{a^n}$，$a^n \cdot a^m=a^{n+m}$，$a^n \div a^m=a^{n-m}$，$(a^n)^m=a^{nm}$. 特别要注意：$a^n \neq an$，$a^n+a^m \neq a^{n+m}$，$a^n-a^m \neq a^{n-m}$ 等.

【真题在线】

1. [2021年第14题] 已知 $m=2^2$，$n=2^3$，则 $mn=($ 　　$)$.

　　A. 2^3　　　　B. 2^4　　　　C. 2^5　　　　D. 2^6

2. [2022年第17题] 下列计算正确的是($ 　　$).

　　A. $2^{-2}=-4$　　B. $2^0=1$　　C. $\lg 10^2=10$　　D. $2^2 \times 2^3=2^6$

3. [2023年第8题] 若 $2^x=8$，则 x 的值为($ 　　$).

　　A. 3　　　　B. 4　　　　C. 6　　　　D. 8

【全真模拟】

1. 计算：$3^2+4^{\frac{1}{2}}=$ ＿＿＿＿＿＿＿．

2. 已知 $3^x=a$，$3^y=b$，则 $3^{x+y}=($).

   A. $a+b$ B. ab C. $a-b$ D. $\dfrac{a}{b}$

3. 下列计算结果正确的是( ).

   A. $\lg 0.1=1$ B. $3^2 \times 3^5=3^{10}$ C. $2^{-1}=2$ D. $\left(\dfrac{1}{2}\right)^{-2}=4$

4. 若 $5^x=625$，则 $x=($).

   A. 3   B. 4   C. 5   D. 6

5. 下列计算结果正确的是( ).

   A. $(-1)^0=-1$ B. $(-1)^{-1}=1$

   C. $3a^{-2}=\dfrac{1}{3a^2}$ D. $(a^{-\frac{1}{2}})^2=\dfrac{1}{a}$

【能力拓展】

1. 将 $\dfrac{a^2}{\sqrt{a\sqrt[3]{a^2}}}(a>0)$ 表示成分数指数幂，其结果是( ).

   A. $a^{\frac{1}{2}}$ B. $a^{\frac{5}{6}}$ C. $a^{\frac{7}{6}}$ D. $a^{\frac{3}{2}}$

2. 已知正数 x 满足 $x^{\frac{1}{2}}+x^{-\frac{1}{2}}=\sqrt{5}$，则 $x^2+x^{-2}=($).

   A. 6   B. 7   C. 8   D. 9

3. (1) 已知 $\sqrt{x^2-2x+1}+\sqrt{y^2+6y+9}=0$，试求 y^x 的值.

   (2) 已知 $a^{\frac{1}{2}}+a^{-\frac{1}{2}}=3$，求 $\dfrac{a+a^{-1}+2}{a^2+a^{-2}-2}$.

考点 26：根式运算

【考点解析】

本考点主要考查简单根式运算. 根式运算的重点是掌握性质：$\sqrt[n]{a^n}=\begin{cases}|a|,\ n\text{ 为偶数}\\ a,\ n\text{ 为奇数}\end{cases}$，务必区别 n 的奇偶性. 例如：$\sqrt{3^2}=3$，$\sqrt{(-3)^2}=|-3|=3$，$\sqrt[3]{3^3}=3$，$\sqrt[3]{(-3)^3}=-3$.

【真题在线】

[2021年第35题] 计算：$\sqrt{(-2)^2}=$ _____.

【全真模拟】

1. 计算：$\sqrt[3]{(-3)^3} = $ _____ .

2. 计算：$\sqrt{(2-\pi)^2} = $ _____ .

3. 化简：$(\sqrt[3]{-6})^3 = ($).
   A. 6　　　　　　B. -6　　　　　　C. -2　　　　　　D. 4

4. 求值：$\sqrt[5]{-32} + \sqrt{(3-\pi)^2} = $ _____ .

5. 设 $m<0$，$(\sqrt{-m})^2 = $ _____ .

【能力拓展】

1. 下列式子一定是二次根式的是( ).
   A. $\sqrt{-x-2}$　　　B. $\sqrt{x}$　　　C. $\sqrt{x^2+2}$　　　D. $\sqrt{x^2-2}$

2. 若 $1<x<2$，则 $\sqrt{(x-2)^2} - \sqrt{(1-x)^2}$ 可化简为 _____ .

3. 已知 x、y 为实数，且 $y<\sqrt{x-1}+\sqrt{1-x}+3$，则 $|y-3|-\sqrt{y^2-8y+16}$ 可化简为 _____ .

考点 27：指数函数

【考点解析】

本考点主要考查指数函数模型及利用其单调性比较大小．形如 $y=a^x$（$a>0$，且 $a\neq 1$）的函数就是指数函数．重点掌握指数函数的单调性．当 $a>1$ 时，指数函数在 **R** 上是增函数，即 x 越大 y 越大，反之 y 越大 x 越大；当 $0<a<1$ 时，指数函数在 **R** 上是减函数，即 x 越大 y 越小，反之 y 越大 x 越小．

【真题在线】

1. [2019 年第 29 题] 某种生物的细胞分裂，第一次分裂，由 1 个分裂成 2 个；第二次分裂，由 2 个分裂成 4 个；第三次分裂，由 4 个分裂成 8 个，……按照这个规律，那么 1 个细胞分裂 x 次后的细胞数 y 与分裂次数 x（$x\in\mathbf{N}$）之间的关系式是( ).
   A. $y=2x$　　　B. $y=2^x$　　　C. $y=2^{x-1}$　　　D. $y=2^{x+1}$

2. [2019 年第 34 题] 若 $2^m>2^n$，则 m 与 n 的大小关系是 _____ .

3. [2021 年第 24 题] 以下各点在指数函数 $y=2^x$ 的图像上的是( ).
   A. $(0, 0)$　　　B. $(0, 1)$　　　C. $(1, 1)$　　　D. $(2, 2)$

4. [2022 年第 23 题] 以下各点在指数函数 $f(x)=\left(\dfrac{1}{5}\right)^x$ 的图像上的是( ).
   A. $(0, 0)$　　　B. $(1, 1)$　　　C. $(-1, -5)$　　　D. $(0, 1)$

5. [2022 年第 33 题] 已知 $m>n>0$，则 3^m _____ 3^n．（填"$>$"或"$<$"）

6. [2023 年第 23 题] 以下各点在指数函数 $f(x)=\left(\dfrac{1}{3}\right)^x$ 图像上的是( ).
   A. $(0, 0)$　　　B. $(0, 1)$　　　C. $(1, 3)$　　　D. $(-1, -3)$

【全真模拟】

1. 指数函数 $y=3^x$ 过定点( ).
   A. (0, 0)   B. (0, 1)   C. (1, 3)   D. (1, 0)

2. 若 $\left(\dfrac{1}{3}\right)^m < \left(\dfrac{1}{3}\right)^n$，则 m _____ n．(填">"或"<")

3. 已知 $m>n>0$，则 0.3^m _____ 0.3^n．(填">"或"<")

4. $5^m > 5^n$，则 m，n 的大小关系为( ).
   A. $m<n$ B. $m>n$ C. $m=n$ D. 以上都不正确

5. 比较大小：$3^{-\frac{1}{2}}$ _____ 3^{-1}．(填">"或"<")

【能力拓展】

1. 设 $f(x)=a^x$，且 $f(1)=2$，则 $f(0)+f(2)=$( ).
   A. 4   B. 5   C. 6   D. 7

2. 已知 $a=2^{0.2}$，$b=2^{-1}$，$c=1$，则 a，b，c 的大小关系是( ).
   A. $a>c>b$ B. $b>a>c$ C. $c>a>b$ D. $a>b>c$

3. 已知指数函数 $f(x)=a^x(a>0$，且 $a\neq 1)$ 的图像过点 $(-2, 9)$．
   (1) 求函数 $f(x)$ 的解析式．
   (2) 若 $f(2m-1)-f(m+3)>0$，求实数 m 的取值范围．

考点 28：对数的概念

【考点解析】

本考点主要考查对数式与指数式的互换，即 $a^b=N \Leftrightarrow \log_a N=b(a>0$ 且 $a\neq 1)$；能根据对数的概念和性质，即 $\log_a 1=0$，$\log_a a=1(a>0$ 且 $a\neq 1)$，求最简对数式的值．

【真题在线】

1. [2019年第10题] 下列计算正确的是( ).
   A. $3^0=1$ B. $2^{-1}=-2$ C. $\lg 100=10$ D. $\log_2 4=8$

2. [2021年第8题] 已知 $\log_3 a=1$，则 $a=$( ).
   A. -1 B. 0   C. 1   D. 3

3. [2021年第33题] 指数式 $3^4=81$ 可表示为对数式 $4=\log_3$ _____．

4. [2022年第8题] 已知 $\log_2 a=2$，则 $a=$( ).
   A. 0   B. 1   C. 2   D. 4

【全真模拟】

1. 已知 $\log_4 a=2$，则 $a=$( ).
   A. 1   B. 8   C. 16   D. 64

2. 已知 $\log_2 x = 4$，则 $x = ($ 　 $)$.
　　A. 8　　　　　　B. 12　　　　　　C. 16　　　　　　D. 20

3. 将 $2^x = 16$ 化为对数式可表示为（　）.
　　A. $\log_{16} 2 = x$　　B. $\log_2 x = 16$　　C. $\log_{16} x = 2$　　D. $\log_2 16 = x$

4. 化简 $\log_b b^2 = ($ 　 $)$.
　　A. b^2　　　　　B. 2　　　　　　C. 1　　　　　　D. -1

5. 计算 $\log_2 16$ 的结果是（　）.
　　A. 2　　　　　　B. 3　　　　　　C. 4　　　　　　D. 8

【能力拓展】

1. 计算 $\log_{\sqrt{2}} \dfrac{\sqrt{2}}{2}$ 的结果是（　）.
　　A. -1　　　　　B. 1　　　　　　C. 0　　　　　　D. $\sqrt{2}$

2. 化简 $\log_x (x^{\frac{2}{3}} \cdot x^{\frac{1}{3}}) = ($ 　 $)$.
　　A. x^3　　　　　B. 1　　　　　　C. $\dfrac{1}{3}$　　　　D. x

3. 已知 $\log_2(x+2) = 4$，则 $x = ($ 　 $)$.
　　A. 4　　　　　　B. 8　　　　　　C. 14　　　　　　D. 16

考点29：对数函数

【考点解析】
本考点主要考查对数函数模型及利用函数单调性比较大小. 形如 $y = \log_a x$（$a > 0$ 且 $a \neq 1$）的函数就是对数函数，重点掌握对数函数的单调性，当 $a > 1$ 时，该函数在 $(0, +\infty)$ 上是增函数，即 y 随 x 增大而增大；当 $0 < a < 1$ 时，该函数在 $(0, +\infty)$ 上是减函数，即 y 随 x 增大而减小.

【真题在线】
[2023年第34题] 已知 $m > n > 0$，则 $\log_3 m$ ＿＿＿ $\log_3 n$.（填">"或"<"）

【全真模拟】
1. 以下各点在对数函数 $f(x) = \log_2 x$ 的图像上的是（　）.
　　A. $(2, 0)$　　　　B. $(1, 1)$　　　　C. $(4, 2)$　　　　D. $(2, -1)$

2. 已知 $a > b > 0$，则 $\lg a - \lg b$ ＿＿＿ 0.（填">"或"<"）

3. 若 $\log_2 x = 3$，则 $1 + x = ($ 　 $)$.
　　A. 4　　　　　　B. 7　　　　　　C. 8　　　　　　D. 9

4. 函数 $y = \log_2(x+1)$ 的定义域为 ＿＿＿＿＿＿＿.

5. 已知 $m > n > 0$，则 $\log_{\frac{1}{3}} m$ ＿＿＿ $\log_{\frac{1}{3}} n$.（填">"或"<"）

【能力拓展】

1. 函数 $f(x) = \sqrt{\ln x}$，则函数的定义域为 ＿＿＿＿＿＿＿.

2. 已知 $a>1>b>0$，则 $\log_3 a$ _____ $\log_3 b$．（填">"或"<"）

3. 函数 $y=\log_a(x+1)$ 是单调递增函数，则 a 的取值范围是（　　）．
   A. $(1,+\infty)$　　　　B. $(-1,+\infty)$　　C. $(0,+\infty)$　　D. $(-\infty,0)$

第五章 指数函数与对数函数单元测试卷

一、选择题(本题共 6 小题,每小题 4 分,共计 24 分)

1. 已知 lg2=a,lg 3=b,则 lg12=(   ).
   A. $2a-b$ B. $2b-a$
   C. $2a+b$ D. $a+2b$

2. 下列函数中是指数函数的是(   ).
   A. $y=2x$ B. $y=x^3$
   C. $y=\left(\dfrac{1}{2}\right)^x$ D. $y=3^{x+1}$

3. 已知 $\left(\dfrac{1}{5}\right)^m > \left(\dfrac{1}{5}\right)^n$,则下列各式正确的是(   ).
   A. $m>n$ B. $m<n$
   C. $m=n$ D. m,n 大小不确定

4. 已知函数 $f(x)=\log_2(3x+2)$,则 $f(2)=$(   ).
   A. 3 B. 1 C. $\dfrac{1}{2}$ D. 2

5. 若函数 $y=(t+1)^x$ 是一个在 **R** 上单调递增的指数函数,则 t 的取值范围是(   ).
   A. $(-1,+\infty)$ B. $(0,+\infty)$
   C. $(-2,+\infty)$ D. **R**

6. 关于函数 $y=\log_{\frac{1}{2}}x$ 描述正确的是(   ).
   A. 函数图像经过点$(0,1)$ B. 定义域为 **R**
   C. 值域为$(0,+\infty)$ D. 是$(0,+\infty)$上的单调递减函数

二、填空题(本题共 4 小题,每小题 4 分,共计 16 分)

1. 计算:$\ln e^2 =$ _____ .
2. 若 $m>n>0$,则 $\log_2 m$ _____ $\log_2 n$.(填">"或"<")
3. 化简:$(a^{\frac{1}{3}})^2=$ _____ .
4. 函数 $y=\lg(x-1)$ 的定义域为 _____ .

三、解答题(本题共 2 小题,每小题 10 分,共计 20 分)

1. 计算:$3^0+\lg 2+\lg 5$.

2. 已知指数函数 $f(x)$ 的图像经过点 $(2,4)$.

(1)求指数函数的解析式.

(2)若 $f(x) \geqslant 8$,求 x 的取值范围.

第六章 直线与圆的方程

考点	题型	历年考查情况			
		2019年	2021年	2022年	2023年
两点间距离公式	已知两点坐标求两点间距离		√	√	√
中点坐标公式	已知两点坐标求中点坐标		√	√	√
直线的倾斜角和斜率	已知两点坐标求直线斜率	√			
	已知倾斜角求直线斜率				√
	已知直线方程求直线斜率	√	√	√	
直线方程	已知点坐标和斜率求直线方程	√	√		
	已知斜率和截距求直线方程		√	√	
	已知两点求直线方程				√
两条直线平行	给定直线方程判定两直线平行	√	√		√
两条直线垂直	给定直线方程判定两直线垂直			√	
两条直线的交点	给定两直线方程求交点坐标	√	√	√	√
圆的标准方程	给定圆的标准方程求圆心坐标和半径	√		√	√
直线与圆的位置关系	根据已知条件求出圆的标准方程,并判断已知直线与圆的位置关系	√	√	√	√
点与圆的位置关系	给定圆方程和点判定位置关系		√		

考点30：两点间距离公式

【考点要求】
掌握两点间距离公式.

【考点解析】
本考点主要考查两点间距离的计算,即已知点 $A(x_1, y_1)$,$B(x_2, y_2)$,则 $|AB| = \sqrt{(x_2-x_1)^2+(y_2-y_1)^2}$.

【真题在线】

1. [2021年第20题] $A(2,0)$，$B(0,2)$两点间的距离是( ).

  A. 2   B. $2\sqrt{2}$ C. 4   D. $4\sqrt{2}$

2. [2022年第35题] 已知点 $A(1,3)$，$B(4,-1)$，则线段 AB 的长度为 _____ .

3. [2023年第38题] 已知点 $A(1\,898,7)$，$B(1\,997,7)$，则线段 AB 的长度为 _____ .

【全真模拟】

1. $A(-2,2)$，$B(1,-2)$ 两点间的距离为 _____ .

2. 已知点 $A(2\,011,3)$，$B(2\,023,3)$，则线段 AB 的长度为 _____ .

3. 已知两点 $A(1,2)$，$B(-1,3)$，则线段 AB 的长度为 _____ .

  A. 1   B. $\sqrt{3}$ C. 2   D. $\sqrt{5}$

4. 已知两点 $A(5,9)$，$B(1,1)$，则 A，B 两点间的距离为( ).

  A. $4\sqrt{5}$ B. $2\sqrt{34}$ C. 80   D. 100

5. 已知两点 $P(1,0)$，$Q(-2,0)$，则 $|PQ|=$ _____ .

  A. -1 B. 1   C. 3   D. -3

【能力拓展】

1. 点 $P(1,-3)$ 到原点的距离为 _____ .

2. 已知两点 $A(2,1)$，$B(t,1)$，且 A，B 两点间的距离为 2，则 $t=$ _____ .

3. 代数式 $\sqrt{(a-1)^2+(b+2)^2}$ 可以表示( ).

  A. 点 (a,b) 与点 $(1,-2)$ 之间的距离

  B. 点 (a,b) 与点 $(-1,2)$ 之间的距离

  C. 点 (a,b) 与点 $(1,2)$ 之间的距离

  D. 点 (a,b) 与点 $(-1,-2)$ 之间的距离

考点31：中点坐标公式

【考点解析】

本考点主要考查两点间的中点坐标公式的运用. 已知点 $A(x_1,y_1)$，$B(x_2,y_2)$，则线段 AB 的中点坐标为 $\left(\dfrac{x_1+x_2}{2},\dfrac{y_1+y_2}{2}\right)$.

【真题在线】

1. [2021年第34题] 已知点 $A(3,1)$，$B(4,5)$，则线段 AB 的中点坐标是 _____ .

2. [2022年第24题] 已知点 $A(3,2)$，$B(1,4)$，则线段 AB 的中点坐标是( ).

  A. $(4,6)$ B. $(2,3)$ C. $(1,-2)$ D. $(2,-2)$

3. [2023年第16题] 已知两点 $A(2,3)$，$B(-2,1)$，则线段 AB 的中点坐标是( ).

  A. $(2,2)$ B. $(0,2)$ C. $(-2,4)$ D. $(0,4)$

【全真模拟】

1. 已知点 $P(2,1)$，$Q(-1,1)$，则线段 PQ 的中点坐标是 _____ .

2. 已知点 $A(1,2)$, $B(-1,2)$, 则线段 AB 的中点坐标是(   ).
   A. $(0,2)$　　　　B. $(1,0)$　　　　C. $(-1,0)$　　　　D. $(2,0)$

3. 已知两点 $M(-2,0)$, $N(2,2)$, 则线段 MN 的中点坐标是(   ).
   A. $(2,0)$　　　　B. $(1,1)$　　　　C. $(-2,0)$　　　　D. $(0,1)$

4. 已知两点 $A(1,-1)$, $B(2,3)$, M 是 AB 的中点, 则点 M 的坐标是_____.

5. 已知两点 $A(1,t)$, $B(3,-1)$, $M(2,1)$ 是 AB 的中点, 则 $t=$_____.

【能力拓展】

1. 已知线段 AB 的中点坐标是 $(2,4)$, 点 A 的坐标是 $(-3,2)$, 则点 B 的坐标是(   ).
   A. $(-7,6)$　　　B. $(7,6)$　　　　C. $(7,-6)$　　　　D. $(-7,-6)$

2. 已知线段 PQ 的中点坐标是 $(2,0)$, 点 P 的坐标是 $(2,-1)$, 点 Q 的坐标是 $(m,1)$, 则 $m=$_____.

3. 点 $A(-1,3)$ 关于点 $P(1,0)$ 的对称点 B 的坐标是_____.

考点32：直线的倾斜角和斜率

【考点解析】

本考点主要考查直线的倾斜角与斜率的计算. 通常有以下几种方法：一是定义法，即 $k=\tan\alpha\left(\alpha\neq\dfrac{\pi}{2}\right)$；二是方程法，即直线 $y=kx+b$ 的斜率为一次项系数 k，直线 $Ax+By+C=0$ 的斜率为 $k=-\dfrac{A}{B}(B\neq 0)$；三是两点法，即已知两点 $A(x_1,y_1)$, $B(x_2,y_2)$，则直线 AB 的斜率为 $k=\dfrac{y_2-y_1}{x_2-x_1}(x_1\neq x_2)$.

【真题在线】

1. [2019年第22题] 经过两点 $(2,-1)$, $(4,2)$ 的直线的斜率是(   ).
   A. $\dfrac{2}{3}$　　　　B. $\dfrac{3}{2}$　　　　C. $\dfrac{1}{2}$　　　　D. $-\dfrac{1}{2}$

2. [2019年第23题] 直线 $y=x+1$ 的倾斜角是(   ).
   A. $60°$　　　　B. $135°$　　　　C. $120°$　　　　D. $45°$

3. [2021年第25题] 直线 $y=-x+2$ 的斜率是(   ).
   A. -1　　　　B. 1　　　　C. 2　　　　D. -2

4. [2022年第10题] 已知直线 $y=2x+1$, 则该直线的斜率是(   ).
   A. -1　　　　B. 1　　　　C. 2　　　　D. -2

5. [2023年第14题] 已知直线的倾斜角为 $45°$, 则该直线的斜率是(   ).
   A. $\dfrac{\sqrt{2}}{2}$　　　B. 1　　　　C. $\sqrt{3}$　　　　D. 2

【全真模拟】

1. 已知直线 $y=-3x-1$, 则该直线的斜率是(   ).
   A. 3　　　　B. -3　　　　C. 1　　　　D. -1

2. 直线 $2x-y=0$ 的斜率是( ).

   A. $-\dfrac{1}{2}$ B. $\dfrac{1}{2}$ C. 2   D. -2

3. 已知直线的斜率是 $\dfrac{\sqrt{3}}{3}$,则该直线的倾斜角是( ).

   A. $30°$ B. $60°$ C. $120°$ D. $150°$

4. 直线过两点 $(-1,1)$, $(2,2)$,则该直线的斜率是( ).

   A. 3   B. -3 C. $-\dfrac{1}{3}$ D. $\dfrac{1}{3}$

5. 已知直线 $x-y+2\,024=0$,则该直线的倾斜角是( ).

   A. $0°$ B. $30°$ C. $45°$ D. $60°$

【能力拓展】

1. 已知直线经过两点 $(-1,4)$,$(2,m)$,且直线的斜率为 7,则 $m=$ _____.

2. 已知直线 l 经过原点和点 $(1,1)$,则该直线 l 的倾斜角是( ).

   A. $45°$ B. $135°$ C. $45°$ 或 $135°$ D. $-45°$

3. 已知直线的倾斜角为 $90°$,则该直线的斜率是( ).

   A. -1 B. 1   C. 0   D. 不存在

考点33:直线方程

【考点解析】

本考点主要考查求直线方程. 主要有以下三种类型:已知点 $p(x_0,y_0)$ 和斜率 k,则直线的点斜式方程为 $y-y_0=k(x-x_0)$;已知直线的斜率 k 和直线在 y 轴上的截距 b,则直线的斜截式方程为 $y=kx+b$;直线的一般式方程为 $Ax+By+C=0$.

【真题在线】

1. [2019 年第 37 题] 经过点 $(4,1)$,且斜率为 2 的直线方程为 _____.

2. [2021 年第 38 题] 斜率为 2,且在 y 轴上的截距为 1 的直线方程为 _____.

3. [2022 年第 25 题] 已知直线的斜率为 2,在 y 轴上的截距是 -1,则直线方程是( ).

   A. $y=2x+1$ B. $y=2x-1$ C. $y=-x+2$ D. $y=-x+1$

4. [2022 年第 38 题] 经过点 $(0,1)$,且斜率为 3 的直线方程为 _____.

5. [2023 年第 25 题] 已知直线的斜率为 5,在 y 轴上的截距为 4,则直线方程是( ).

   A. $y=4x-5$ B. $y=4x+5$ C. $y=5x-4$ D. $y=5x+4$

6. [2023 年第 36 题] 经过点 $(1,0)$ 和 $(0,1)$ 的直线方程是 _____.

【全真模拟】

1. 已知直线 l 过点 $(1,3)$,且斜率为 2,则直线方程是 _____.

2. 已知直线的斜率为 -2,在 y 轴上的截距是 3,则直线方程是( ).

A. $y=2x+3$ B. $y=2x-3$ C. $y=-2x+3$ D. $y=-2x-3$

3. 经过点$(1,0)$，且斜率为-3的直线一般式方程为_____.

4. 经过点$(0,-1)$和$(2,1)$的直线方程是_____.

5. 经过点$(0,-1)$和$(2,-1)$的直线方程是( ).
   A. $x+y-1=0$ B. $y+1=0$
   C. $x-y+1=0$ D. $y-1=0$

【能力拓展】

1. 经过点$(1,-1)$和$(1,99)$的直线方程是_____.

2. 已知直线的斜率为1，在x轴上的截距是2，则直线方程是( ).
   A. $x+y-2=0$ B. $x-y-2=0$
   C. $x-2=0$ D. $y-2=0$

3. 倾斜角为$90°$，且经过点$(-1,0)$的直线方程是( ).
   A. $x+y-1=0$ B. $x+1=0$
   C. $x-y+1=0$ D. $y-1=0$

考点34：两条直线平行

【考点解析】

本考点主要考查两条直线平行的判定. 方法一：若$l_1: y=k_1x+b_1$, $l_2: y=k_2x+b_2$，则l_1与l_2平行$\Leftrightarrow k_1=k_2$且$b_1 \neq b_2$. 方法二：$l_1: A_1x+B_1y+C_1=0$, $l_2: A_2x+B_2y+C_2=0$，则$l_1 // l_2 \Leftrightarrow \dfrac{A_1}{A_2}=\dfrac{B_1}{B_2} \neq \dfrac{C_1}{C_2}$.

【真题在线】

1. [2019年第1题] 直线$x-2y-5=0$与$x-2y+1=0$的位置关系是( ).
   A. 平行   B. 垂直   C. 相交但不垂直   D. 重合

2. [2021年第27题] 直线$y=2x-1$与$y=2x+1$的位置关系是( ).
   A. 平行   B. 垂直   C. 相交但不垂直   D. 重合

3. [2023年第27题] 下列直线中，与直线$x-2y-1=0$平行的是( ).
   A. $2x+y+1=0$ B. $x-2y+1=0$
   C. $x+2y+1=0$ D. $2x-4y-2=0$

【全真模拟】

1. 直线$y=3x$与$3x-y+1=0$的位置关系是( ).
   A. 平行   B. 垂直   C. 相交但不垂直   D. 重合

2. 直线$x+3y-3=0$与$x+3y+5=0$的位置关系是( ).
   A. 平行   B. 垂直   C. 相交但不垂直   D. 重合

3. 若直线$y=\dfrac{2}{3}x-1$与直线$y=mx-2$互相平行，则m的值是( ).
   A. $-\dfrac{2}{3}$ B. $\dfrac{2}{3}$ C. $\dfrac{3}{2}$ D. $-\dfrac{3}{2}$

4. 与直线 $y=x-1$ 平行,且过点$(0,1)$的直线方程为_____.
5. 与直线 $2x-3y+5=0$ 平行,且过点$(1,2)$的直线方程为_____.

【能力拓展】
1. 直线 $2x+y-m=0$ 与 $2x+y+m=0$ 的位置关系是( ).
   A. 平行　　　　　　　　　　　　B. 垂直
   C. 相交但不垂直　　　　　　　　D. 不确定,与 m 有关
2. 与直线 $x-1=0$ 平行,且过点$(-1,2)$的直线方程为_____.
3. 直线 $l_1:ax+2y-1=0$ 与直线 $l_2:(a+1)x+y+5=0$ 互相平行,则 a 的值为_____.

考点35:两条直线垂直

【考点解析】
本考点主要考查两条直线垂直的判定.一般情况下,$l_1 \perp l_2 \Leftrightarrow k_1 \cdot k_2 = -1$.

【真题在线】
[2022年第27题] 直线 $y=4x+20$ 与 $y=5x+1$ 的位置关系是( ).
　A. 平行　　　B. 垂直　　　C. 相交但不垂直　　　D. 重合

【全真模拟】
1. 直线 $y=x+1$ 与直线 $y=-x+1$ 的位置关系是( ).
   A. 平行　　　　　　　　　　　　B. 垂直
   C. 相交但不垂直　　　　　　　　D. 重合
2. 直线 $2x-y+3=0$ 与直线 $x+2y+n=0$ 的位置关系是( ).
   A. 平行　　　　　　　　　　　　B. 垂直
   C. 相交但不垂直　　　　　　　　D. 不确定,与 n 有关
3. 直线 $3x-4y+7=0$ 与直线 $4x+3y+2=0$ 的位置关系是( ).
   A. 垂直　　　　　　　　　　　　B. 平行
   C. 相交　　　　　　　　　　　　D. 重合
4. 直线 $y=5x+1$ 与直线 $y=\dfrac{1}{5}x+2$ 的位置关系是( ).
   A. 平行　　　　　　　　　　　　B. 垂直
   C. 相交但不垂直　　　　　　　　D. 重合
5. 与直线 $y=x-2$ 垂直,且过点$(0,1)$的直线方程为_____.

【能力拓展】
1. 与直线 $y=x+1$ 垂直的是( ).
   A. $y=x-1$　　　　　　　　　　B. $y=-x+1$
   C. $y=2x-1$　　　　　　　　　 D. $x-y=0$
2. 与直线 $x+y+2=0$ 垂直,且过点$(1,2)$的直线方程为_____.
3. 直线 $l_1:ax+2y-1=0$ 与直线 $l_2:x+y+5=0$ 互相垂直,则 a 的值为_____.

考点36：两条直线的交点

【考点解析】

本考点主要考查已知两直线方程求交点坐标．求两直线的交点坐标就是联立方程组求解．特别地，如果求直线与 x 轴或 y 轴的交点坐标，只要将直线方程中的 y 或 x 用 0 代入即可．

【真题在线】

1. [2019年第19题] 直线 $x+y-1=0$ 与 y 轴的交点坐标是(　　).
   A.$(-1, 0)$　　　　B.$(0, -1)$　　　　C.$(1, 0)$　　　　D.$(0, 1)$

2. [2021年第10题] 直线 $x-y+1=0$ 与直线 $x+y-1=0$ 的交点坐标是(　　).
   A.$(0, 1)$　　　　B.$(0, -1)$　　　　C.$(1, 0)$　　　　D.$(-1, 0)$

3. [2022年第11题] 直线 $x-y+2=0$ 与 x 轴的交点坐标是(　　).
   A.$(0, -2)$　　　　B.$(-2, 0)$　　　　C.$(0, 1)$　　　　D.$(1, 0)$

4. [2023年第11题] 直线 $x+y+2=0$ 与直线 $y=x$ 的交点坐标是(　　).
   A.$(1, 1)$　　　　B.$(2, 2)$　　　　C.$(-1, -1)$　　　　D.$(2, 4)$

【全真模拟】

1. 直线 $x+2y+1=0$ 与直线 $x+y-1=0$ 交点坐标是(　　).
   A.$(3, -2)$　　　　　　　　　　B.$(3, 2)$
   C.$(2, 3)$　　　　　　　　　　D.$(2, -3)$

2. 直线 $l_1: x-y-3=0$ 与直线 $l_2: x+y+1=0$ 的交点坐标为(　　).
   A.$(1, -2)$　　　　　　　　　　B.$(1, 2)$
   C.$(2, -1)$　　　　　　　　　　D.$(-2, -1)$

3. 直线 $x+y-2=0$ 与直线 $y=x$ 的交点坐标为(　　).
   A.$(1, -1)$　　　　　　　　　　B.$(2, 2)$
   C.$(1, 1)$　　　　　　　　　　D.$(2, 4)$

4. 直线 $x-y+3=0$ 与 x 轴的交点坐标为(　　).
   A.$(3, 0)$　　　　　　　　　　B.$(-3, 0)$
   C.$(0, -3)$　　　　　　　　　　D.$(0, 3)$

5. 直线 $x+y-4=0$ 与 y 轴的交点坐标为(　　).
   A.$(4, 0)$　　　　　　　　　　B.$(-4, 0)$
   C.$(0, -4)$　　　　　　　　　　D.$(0, 4)$

【能力拓展】

1. 直线 $x=2\,024$ 与直线 $x-y-1=0$ 的交点坐标为(　　).
   A.$(2\,024, 2\,023)$　　　　　　　　B.$(2\,024, 2\,025)$
   C.$(2\,023, 2\,024)$　　　　　　　　D.$(2\,023, 2\,025)$

2. 直线 $x-y+m=0$ 与 x 轴的交点坐标为 $(-3, 0)$，则 $m=$ _____．

3. 直线 $x-y+2=0$ 在 y 轴上的截距是 _____．

考点37：圆的标准方程

【考点解析】

本考点主要考查已知圆的方程求圆心坐标和半径. 圆的标准方程为 $(x-a)^2+(y-b)^2=r^2$，则圆心坐标为 (a,b)，半径为 r；圆的一般方程为 $x^2+y^2+Dx+Ey+F=0$ $(D^2+E^2-4F>0)$，则圆心坐标为 $\left(-\dfrac{D}{2},-\dfrac{E}{2}\right)$，半径为 $r=\dfrac{\sqrt{D^2+E^2-4F}}{2}$.

【真题在线】

1. [2019年第21题] 圆 $(x+2)^2+(y-3)^2=5$ 的圆心坐标与半径分别是(　　).

　　A. $(-2,3)$，$\sqrt{5}$　　　　　　　　B. $(-2,3)$，5

　　C. $(2,-3)$，$\sqrt{5}$　　　　　　　　D. $(2,-3)$，5

2. [2022年第26题] 圆 $(x-1)^2+(y-3)^2=16$ 的圆心坐标与半径分别是(　　).

　　A. $(1,3)$，4　　　　　　　　B. $(1,-3)$，4

　　C. $(1,3)$，16　　　　　　　D. $(1,-3)$，16

3. [2023年第26题] 圆 $(x-8)^2+(y-8)^2=9$ 的圆心坐标与半径分别是(　　).

　　A. $(8,8)$，9　　　　　　　　B. $(-8,-8)$，81

　　C. $(8,8)$，3　　　　　　　　D. $(-8,-8)$，3

【全真模拟】

1. 圆 $(x+2)^2+(y+1)^2=8$ 的圆心坐标与半径分别是(　　).

　　A. $(2,1)$，$2\sqrt{2}$　　　　　　　B. $(2,1)$，8

　　C. $(-2,-1)$，$2\sqrt{2}$　　　　　　D. $(-2,-1)$，8

2. 圆 $(x-3)^2+(y+1)^2=4$ 的圆心坐标和半径分别是(　　).

　　A. $(3,-1)$，4　　B. $(-3,1)$，4　　C. $(-3,1)$，2　　D. $(3,-1)$，2

3. 圆 $(x-2)^2+y^2=3$ 的圆心坐标和半径分别是(　　).

　　A. $(2,0)$，3　　B. $(-2,0)$，3　　C. $(2,0)$，$\sqrt{3}$　　D. $(-2,0)$，$\sqrt{3}$

4. 圆 $x^2+(y+1)^2=2$ 的圆心坐标和半径分别是(　　).

　　A. $(0,-1)$，2　　B. $(0,1)$，2　　C. $(0,-1)$，$\sqrt{2}$　　D. $(0,1)$，$\sqrt{2}$

5. 圆 $(x+1)^2+(y-2)^2=4$ 的圆心坐标和半径分别是(　　).

　　A. $(1,-2)$，4　　B. $(-1,2)$，4　　C. $(1,-2)$，2　　D. $(-1,2)$，2

【能力拓展】

1. 圆 $(x-2)^2+(y+2)^2=4$ 的圆心坐标和面积分别是(　　).

　　A. $(2,-2)$，2π　　B. $(-2,2)$，4π　　C. $(2,-2)$，2π　　D. $(2,-2)$，4π

2. 圆 $x^2+y^2-2x+4y-1=0$ 的圆心坐标是(　　).

　　A. $(2,-4)$　　B. $(1,-2)$　　C. $(2,4)$　　D. $(-1,2)$

3. 圆心为 $(1,2)$，半径为3的圆的标准方程是_____.

考点38：直线与圆的位置关系

【考点解析】

本考点主要考查根据已知条件求圆的方程及判定直线与圆的位置关系.

判定直线与圆的位置关系的一般步骤如下.

(1)求出圆心到直线的距离 $d=\dfrac{|Ax_0+By_0+C|}{\sqrt{A^2+B^2}}$.

(2)根据 d 与半径 r 的大小关系判定：若 $d>r$，则直线与圆相离；若 $d=r$，则直线与圆相切；若 $d<r$，则直线与圆相交.

【真题在线】

1.[2019年第42题]如图所示，已知点 $A(-4,6)$，$B(4,0)$.

(1)求以线段 AB 为直径的圆的方程；

(2)判断直线 $x-y-1=0$ 与这个圆的位置关系.

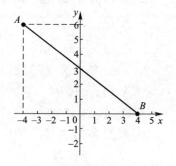

2.[2021年第42题]如图所示，已知圆 C 的圆心坐标是 $(1,1)$，半径为3.

(1)写出圆的方程.

(2)判断直线 $x+y+1=0$ 与圆 C 的位置关系.

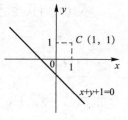

3.[2022年第42题]如图所示，已知圆 C 的圆心坐标是 $(1,0)$，且 $M(1,1)$ 在圆 C 上.

(1)求半径 CM 的长.

(2)写出圆的方程.

(3)判断直线 $x-y+1=0$ 与圆 C 的位置关系.

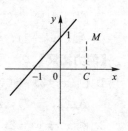

4. [2023年第42题]如图所示,已知点 $N(2,2)$,圆 C 的圆心坐标是 $(a,0)$,CN 为半径,且 $|CN|=2$.

(1)求 a 的值.

(2)写出圆 C 的方程.

(3)判断直线 $x+y+2=0$ 与圆 C 的位置关系.

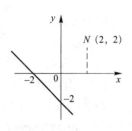

【全真模拟】

1. 直线 $3x+4y+6=0$ 与圆 $(x-2)^2+(y+3)^2=4$ 的位置关系是( ).

   A. 相离 B. 相切

   C. 相交且过圆心 D. 相交且不过圆心

2. 已知圆的方程 $x^2+(y-2)^2=1$.

(1)求该圆的圆心坐标和半径.

(2)判断该圆与直线 $3x-4y+4=0$ 的位置关系.

3. 已知圆 C 的圆心为 $(-2,1)$,半径为 4.

(1)写出圆 C 的方程.

(2)判断直线 $2x-y+1=0$ 与圆 C 的位置关系.

4. 已知直线 $l: 3x+4y+6=0$ 和圆 $C: x^2+y^2-2y-4=0$.

(1)求圆心坐标和半径.

(2)求圆心到直线 l 的距离.

5. 已知圆的圆心在 $(2,0)$,且圆半径为 1.

(1)写出圆的标准方程.

(2)判断直线 $x-\sqrt{3}y=1$ 与该圆的位置关系.

【能力拓展】

1. 圆心为(2，3)，且与 x 轴相切的圆的方程为_____．

2. 已知圆的圆心为(0，2)，且圆经过原点．
(1)写出圆的标准方程．
(2)求直线 $x+y=0$ 被圆所截的弦长．

3. 已知圆 C 的圆心为直线 $x+y-1=0$ 和 $x-y+1=0$ 的交点，且半径为 $\sqrt{2}$．
(1)写出圆的标准方程．
(2)判断直线 $x+y+3=0$ 与圆的位置关系．

考点 39：点与圆的位置关系

【考点解析】

本考点主要考查已知圆的方程和点的坐标判定点与圆的位置关系．

点与圆的位置关系判定主要有两种方法．

一是将点 (x_0,y_0) 代入圆方程，若 $(x_0-a)^2+(y_0-b)^2>r^2$，则点在圆外；若 $(x_0-a)^2+(y_0-b)^2=r^2$，则点在圆上；若 $(x_0-a)^2+(y_0-b)^2<r^2$，则点在圆内．

二是求出该点到圆心的距离 d，并根据距离 d 与半径 r 的大小关系进行判定．

【真题在线】

[2021年第26题] 已知圆 $(x-2)^2+(y+1)^2=4$，点 $P(2,1)$，则下列说法正确的是(　　)．

A. 点 P 为圆心 B. 点 P 不为圆心但在圆内
C. 点 P 在圆上 D. 点 P 在圆外

【全真模拟】

1. 已知圆 $(x-1)^2+(y+1)^2=5$，点 $P(1,1)$，则下列说法正确的是(　　)．

A. 点 P 为圆心 B. 点 P 不为圆心但在圆内
C. 点 P 在圆上 D. 点 P 在圆外

2. 已知圆 $(x-1)^2+(y+1)^2=5$，点 $P(2,1)$，则下列说法正确的是(　　)．

A. 点 P 为圆心 B. 点 P 不为圆心但在圆内
C. 点 P 在圆上 D. 点 P 在圆外

3. 已知圆 $(x-1)^2+(y+1)^2=5$，点 $P(1,-1)$，则下列说法正确的是(　　)．

A. 点 P 为圆心 B. 点 P 不为圆心但在圆内
C. 点 P 在圆上 D. 点 P 在圆外

4. 已知圆 $(x-1)^2+(y+1)^2=5$，点 $P(3,1)$，则下列说法正确的是(　　)．

A. 点 P 为圆心 B. 点 P 不为圆心但在圆内
C. 点 P 在圆上 D. 点 P 在圆外

5. 已知圆 $(x-1)^2+(y+1)^2=4$，点 $P(1,1)$，则下列说法正确的是( ).
   A. 点 P 为圆心
   B. 点 P 不为圆心但在圆内
   C. 点 P 在圆上
   D. 点 P 在圆外

【能力拓展】

1. 下列各点在圆 $(x-1)^2+(y+2)^2=4$ 上的是( ).
   A. $(-1,3)$　　　B. $(1,-4)$　　　C. $(-2,2)$　　　D. $(2,0)$
2. 若圆 $x^2+y^2-2x+c=0$ 经过点 $(1,1)$，则 $c=$ _____.
3. 已知圆的方程 $(x-1)^2+(y+3)^2=16$，点 $P(2,-1)$.
(1)判断点 P 与圆的位置关系.
(2)求圆内过点 P 的最长弦的长度.

第六章 直线与圆单元测试卷

一、选择题(本题共 6 小题,每小题 4 分,共计 24 分)

1. 过点 $(0,1)$,且倾斜角为 $135°$ 的直线方程是( ).
   A. $x+y+1=0$　　　　　　　　B. $x+y-1=0$
   C. $x-y+1=0$　　　　　　　　D. $x-y-1=0$

2. 已知直线 $y=ax$ 与直线 $x-y+4=0$ 平行,则 $a=$( ).
   A. -1　　　　　　　　　　　B. 1
   C. 0　　　　　　　　　　　　D. 2

3. 圆 $(x-1)^2+(y+2)^2=2$ 的圆心与半径分别是( ).
   A. $(1,-2)$,2　　　　　　　B. $(1,-2)$,$\sqrt{2}$
   C. $(-1,2)$,2　　　　　　　D. $(-1,2)$,$\sqrt{2}$

4. 直线 $x-y-1=0$ 与圆 $(x+1)^2+y^2=2$ 的位置关系是( ).
   A. 相离　　　　　　　　　　　B. 相交
   C. 相切　　　　　　　　　　　D. 无法判断

5. 与定点 $(2,-1)$ 的距离等于 2 的点的轨迹方程是( ).
   A. $(x-2)^2+(y+1)^2=4$　　　B. $(x+2)^2+(y-1)^2=4$
   C. $(x-2)^2+(y+1)^2=2$　　　D. $(x+2)^2+(y-1)^2=2$

6. 已知圆 C:$x^2+y^2=2$,则过点 $M(1,1)$ 的圆的切线方程是( ).
   A. $x+y=0$　　　　　　　　　B. $x-y+2=0$
   C. $x-y=0$　　　　　　　　　D. $x+y-2=0$

二、填空题(本题共 4 小题,每小题 4 分,共计 16 分)

1. 经过点 $(-1,0)$ 和 $(1,1)$ 的直线的一般式方程为_____.

2. 直线 $y=kx+3$ 经过点 $(-1,0)$,则 $k=$_____.

3. 圆心为 $(-1,3)$,半径为 5 的圆的方程为_____.

4. 若方程 $x^2+y^2-2x+Ey+1=0$ 表示一个半径为 2 的圆,则 E 的值为_____.

三、解答题(本题共 2 小题,每小题 10 分,共计 20 分)

1. 已知圆 C 的圆心坐标为 $(0,2)$,且圆 C 上有一点 $M(1,-1)$.
   (1)求半径 r 的值.
   (2)求圆 C 的方程.
   (3)判断直线 $x+y+2=0$ 与圆 C 的位置关系,若相交,则求出两交点间的距离.

2. 已知直线 $x+y-c=0$ 与圆 $x^2+(y-2)^2=2$ 相切.

(1)写出圆的圆心坐标和半径.

(2)求 c 的值.

第七章 立体几何

考点	题型	历年考查情况			
		2019年	2021年	2022年	2023年
直线、平面间的位置关系	判定直线与平面相交公共点个数	√			
棱柱	已知长方体(或正方体)的棱长,求表面积和体积	√	√	√	√
棱锥	已知正四棱锥底面边长和高求体积				√
圆柱	已知圆柱底面半径和高求体积	√		√	
圆锥	已知圆锥底面半径和高求体积		√		

考点 40：棱柱

【考点解析】

本考点主要考查直棱柱的侧面积和体积计算. 本考点涉及的主要公式如下.
$S_{直棱柱侧}=Ch$（h 是高，C 为底面周长），$S_{直棱柱全}=Ch+2S_{底}$，$V_{棱柱}=S_{底}h$.

【真题在线】

1. [2019年第40题] 已知长方体铁块的长、宽、高分别为 2、4、8，将它熔化后铸成一个正方体铁块(体积不变)，则该正方体体块的棱长是_____.

2. [2021年第40题] 若将正方体的棱长扩大到原来的 2 倍，则体积扩大到原来的_____倍.

3. [2022年第40题] 已知长方体的长、宽、高分别为 2、3、4，则此长方体的体积为_____.

4. [2023年第28题] 正方体的棱长为 5，则正方体的表面积为(   ).
  A. 100   B. 125   C. 150   D. 175

【全真模拟】

1. 已知正方体的棱长为 4，则此正方体的体积为_____.

2. 棱长为 4 的正方体容器的表面积为_____.

3. 已知正四棱柱的底面边长为 4，高为 2，则此正四棱柱的体积为_____.

4. 已知正方体一条对角线长为 $2\sqrt{3}$ cm，则正方体的棱长为_____.

5. 已知正方体的全面积为 24，则正方体的棱长为_____.

【能力拓展】
1. 已知正方体的棱长为5，则此正方体的体对角线长为_____．
2. 已知正三棱柱的底面边长为2，高为3，则此正三棱柱的侧面积为_____．
3. 已知一个正方体棱长为4，将它熔化后铸成8个正方体铁块(体积不变)，则熔化后正方体的棱长是_____．

考点41：棱锥

【考点解析】
本考点主要考查正棱锥的体积与表面积计算．本考点涉及的主要公式如下．
$S_{\text{正棱锥侧}} = \frac{1}{2}Ch'$（$h'$ 为斜高，C 为底面周长），
$S_{\text{正棱锥全}} = \frac{1}{2}Ch' + S_{\text{底}}$，$V_{\text{正棱锥}} = \frac{1}{3}S_{\text{底}}h$．

【真题在线】
[2023年第35题] 已知正四棱锥的底面边长为4，高为3，则此正四棱锥的体积为_____．

【全真模拟】
1. 正四棱锥底面边长为2 cm，高为9 cm，则正四棱锥的体积为(　　)cm^3．
　　A. 18　　　　B. $\frac{18}{3}$　　　　C. 36　　　　D. 12
2. 各棱长都为2的正三棱锥的表面积为(　　)．
　　A. $\frac{8\sqrt{2}}{3}$　　B. $4\sqrt{3}$　　C. $\frac{4\sqrt{3}}{3}$　　D. $\sqrt{2}$
3. 已知正三棱锥的底面边长为4，高为2，则此正三棱锥的体积为(　　)．
　　A. $\frac{8\sqrt{3}}{3}$　　B. $8\sqrt{3}$　　C. $\frac{4\sqrt{3}}{3}$　　D. $\sqrt{3}$
4. 已知正四棱锥的底面边长为2，斜高为4，则正四棱锥的表面积为_____．
5. 已知正六棱锥的底面积为1，高为3，则此正六棱锥的体积为_____．

【能力拓展】
1. 已知棱柱和棱锥的底面积和高都相等，则棱柱与棱锥的体积之比为(　　)．
　　A．1∶1　　　　B．2∶1　　　　C．3∶1　　　　D．4∶1
2. 已知正三棱锥的底面积为2，高为4，则此正三棱锥的体积为_____．
3. 正三棱锥的底面边长为3，斜高为$2\sqrt{3}$，则此正三棱锥的侧面积为_____．

考点42：圆柱

【考点解析】
本考点主要考查圆柱的体积和侧面积的计算．本考点涉及的主要公式如下．

已知圆柱的底面半径为 r，高为 h，则此圆柱的体积为 $V=\pi r^2 h$，此圆柱的侧面积为 $S=2\pi rh$.

【真题在线】

1. [2019 年第 25 题] 已知圆柱的底面半径为 2，高为 3，则此圆柱的体积为（   ）.
   A. 6π B. 8π C. 12π D. 24π

2. [2022 年第 29 题] 已知圆柱的底面半径为 1，高为 3，则此圆柱的体积为（   ）.
   A. π B. 3π C. 6π D. 9π

【全真模拟】

1. 已知圆柱的高为 3，底面半径为 2，则此圆柱的体积为（   ）.
   A. 4π B. 8π C. 12π D. 15π

2. 已知圆柱的底面半径为 4，高为 2，则此圆柱的体积为（   ）.
   A. 16π B. 32π C. 8π D. 64π

3. 已知圆柱的高为 2，底面直径为 2，则此圆柱的体积为（   ）.
   A. 2π B. 4π C. 6π D. 8π

4. 已知圆柱的底面直径为 4 cm，高为 6 cm，则此圆柱的体积为_____ cm^3.

5. 已知圆柱的底面半径和高都为 2 cm，则此圆柱的体积为_____ cm^3.

【能力拓展】

1. 已知一个圆柱的体积为 8π，底面半径为 2，则此圆柱的高为（   ）.
   A. 1   B. 2   C. 3   D. 4

2. 若圆柱的底面周长为 2π，高为 2，则此圆柱的体积为（   ）.
   A. 8π B. 6π C. 4π D. 2π

3. 若一个圆柱的轴截面是边长为 2 的正方形，则此圆柱的体积为_____，侧面积为_____.

考点 43：圆锥

【考点解析】

该考点主要考查圆锥的体积公式. 主要涉及的公式如下.

已知圆锥的底面半径为 r，高为 h，母线长为 l，则此圆锥的体积为 $V=\dfrac{1}{3}\pi r^2 h$，此圆锥的侧面积为 $S=\pi rl$，同时三个基本量 h，r，l 之间满足关系式 $l^2=h^2+r^2$.

【真题在线】

[2021 年第 29 题] 已知圆锥的底面半径为 3，高为 4，则此圆锥的体积为（   ）.
   A. 48π B. 36π C. 24π D. 12π

【全真模拟】

1. 已知圆锥的底面半径为 2，高为 3，则此圆锥的体积为（   ）.
   A. π B. 2π C. 3π D. 4π

2. 已知圆锥底面半径为 2，高为 6，则此圆锥的体积为（   ）.
   A. 8π B. 16π C. 24π D. 36π

3. 已知圆锥的底面半径为5，高为12，则此圆锥的体积为(　　).
   A. 60π　　　　　B. 90π　　　　　C. 100π　　　　　D. 120π

4. 已知圆锥的底面直径为2，高为6，则此圆锥的体积为(　　).
   A. 6π　　　　　B. 2π　　　　　C. 12π　　　　　D. 36π

5. 已知圆锥的高为$\sqrt{3}$，底面半径为1，则此圆锥的体积为_____.

【能力拓展】

1. 若圆锥的底面半径为1，母线长为2，则此圆锥的体积为(　　).
   A. $\dfrac{\sqrt{3}}{3}\pi$　　　　B. $\dfrac{2\sqrt{3}}{3}\pi$　　　　C. $\dfrac{\pi}{2}$　　　　D. $\sqrt{3}\pi$

2. 已知圆锥的体积为9π，底面半径为3，则此圆锥的高为_____.

3. 已知圆锥的底面半径为3，母线长为4，则此圆锥的侧面积为_____.

第七章 立体几何单元测试卷

一、选择题(本题共 6 小题,每小题 4 分,共计 24 分)

1. 下列说法正确的是( ).
   A. 三点确定一个平面　　　　　　　　B. 两条直线确定一个平面
   C. 一条直线与一个点　　　　　　　　D. 两条平行直线确定一个平面

2. 三个平面最多可以将空间分成( )部分.
   A. 5　　　　　B. 6　　　　　C. 7　　　　　D. 8

3. 直线 l 与平面 α 平行,则 l 与 α 的交点个数为( ).
   A. 0　　　　　B. 1　　　　　C. 2　　　　　D. 无数个

4. 已知长方体的长、宽、高分别为 1、2、4,则此长方体的表面积为( ).
   A. 6　　　　　B. 18　　　　　C. 28　　　　　D. 30

5. 若圆柱的底面半径为 2,高为 4,则此圆柱的体积为( ).
   A. 8π　　　　　B. 16π　　　　　C. $16\sqrt{2}\pi$　　　　　D. 32π

6. 若将一个球的半径扩大到原来的 2 倍,则此球的体积扩大到原来的( )倍.
   A. 2　　　　　B. 4　　　　　C. 6　　　　　D. 8

二、填空题(本题共 4 小题,每小题 4 分,共计 16 分)

1. 正四棱柱的底面边长为 3,高为 4,则此正四棱柱的体积为_____.

2. 若圆锥的底面半径为 2,体积为 4π,则此圆锥的高为_____.

3. 若球的半径为 3,则此球的表面积为_____.

4. 正三棱锥的底面边长为 2,高为 3,则此三棱锥的体积为_____.

三、解答题(本题共 2 小题,每小题 10 分,共计 20 分)

1. 已知圆柱的轴截面是边长为 3 的正方形.
   (1)求此圆柱的底面半径与高.
   (2)求此圆柱的侧面积与体积.

2. 已知正方体的棱长为 2,一球体内切于正方体.
   (1)求此正方体的表面积和体积.
   (2)求内切球的体积.

第八章 概率与统计初步

考点	题型	历年考查情况			
		2019年	2021年	2022年	2023年
计数原理	分类计数原理计数	√	√	√	
概率	简单古典概型概率计算	√	√	√	
	已知概率求基本事件个数				√

考点44：计数原理

【考点解析】

本考点主要考查两个计数原理的应用．解决此类问题的关键是审清任务是分类完成还是分步完成，然后求出每一类或每一步的方法数，再根据"分类相加，分步相乘"的原则进行计算．

【真题在线】

1.[2019年第27题]从A地到B地一天中有2班飞机、4班火车、6班汽车，则小明某一天从A地到B地共有( )种不同的乘坐方法．

  A. 12   B. 24   C. 36   D. 48

2.[2021年第19题]书架上有不同的语文书10本、不同的数学书8本、不同的英语书6本，现从中任取一本书，共有( )种不同取法．

  A. 24   B. 128   C. 140   D. 480

3.[2022年第22题]袋子里装有6个不同的红球、7个不同的白球、8个不同的蓝球，现从袋内任取一个球，共有( )种不同取法．

  A. 21   B. 50   C. 126   D. 336

【全真模拟】

1. 某校开设A类选修课4门、B类选修课3门，一同学从中选一门，共有( )种不同选法．

  A. 48   B. 24   C. 12   D. 7

2. 某班有7名音乐爱好者，有8名美术爱好者，若从中任选一名作为文艺委员，则有( )种不同的选法．

  A. 56   B. 15   C. 30   D. 8

3. 某单位职工义务献血，在体检合格的人中，O型血的共有8人，A型血的共有7人，B型血的共有5人，AB型血的共有3人，若从中任选一人去献血，则有( )种不同的选法.

  A.840   B.225   C.23   D.20

4.学校需从某师范大学毕业的3名女大学生和4名男大学生中选聘1人,则不同的选法有( )种.

  A.7   B.12   C.24   D.48

5.书架的第1层放有4本不同的计算机书,第2层放有3本不同的文艺书,第3层放有2本不同的体育书,现从书架上任取一本书,则不同的取法有( )种.

  A.7   B.9   C.24   D.36

【能力拓展】

1.有4件上衣、2条裤子,要选出一套衣服(一件上衣和一条裤子),则共有_____种选法.

2.把4封信投到3个信箱,则不同的投法有_____种.

3.学校食堂在某天中午备有5种素菜、3种荤菜、2种汤,现要配成一荤一素一汤的套餐,则可以配制出不同的套餐_____种.

考点45：概率

【考点解析】

本考点主要考查古典概型的概率计算,解决该类问题通常可以考虑用枚举法.本考点涉及的主要公式如下.

事件 A 的概率为 $P(A) = \dfrac{\text{包含事件 } A \text{ 的基本事件数 } m}{\text{基本事件总数 } n}$.

【真题在线】

1.[2019年第28题]抛掷两枚硬币,两枚都是"正面向上"的概率是( ).

  A.$\dfrac{1}{2}$ B.$\dfrac{2}{3}$ C.$\dfrac{1}{4}$ D.$\dfrac{1}{3}$

2.[2021年第28题]投掷两枚骰子,出现两枚骰子都是6点的概率是( ).

  A.$\dfrac{1}{6}$ B.$\dfrac{1}{3}$ C.$\dfrac{1}{2}$ D.$\dfrac{1}{36}$

3.[2022年第28题]抛掷两枚硬币,两枚都是"反面向上"的概率是( ).

  A.$\dfrac{1}{4}$ B.$\dfrac{1}{2}$ C.$\dfrac{3}{4}$ D.1

4.[2023年第29题]某商场举办迎亚运抽奖活动,在一个不透明的箱子内放入2个白球和若干个红球,这些球除颜色外其余都相同,随机摸出一个球,摸到红球即中奖.若中奖的概率为60%,则红球有( ).

  A.3个   B.4个   C.5个   D.6个

【全真模拟】

1.从54张扑克牌中任意抽一张,抽到扑克牌"K"的概率是( ).

A. $\dfrac{1}{54}$ B. $\dfrac{1}{27}$ C. $\dfrac{2}{27}$ D. $\dfrac{3}{27}$

2. 抛掷两枚硬币,结果是"一正一反"的概率是(　　).

A. $\dfrac{1}{2}$ B. $\dfrac{3}{4}$ C. 1 D. $\dfrac{1}{4}$

3. 投掷两枚骰子,点数之和为9的概率是(　　).

A. $\dfrac{1}{2}$ B. $\dfrac{1}{3}$ C. $\dfrac{1}{6}$ D. $\dfrac{1}{9}$

4. 从5个同学中抽一人去参加技能比赛,则甲被抽中的概率是(　　).

A. $\dfrac{1}{2}$ B. $\dfrac{2}{5}$ C. $\dfrac{1}{5}$ D. $\dfrac{1}{10}$

5. 一个布袋内只装有2个白球和若干个红球,这些球除颜色外其余都相同,随机摸出一个球,摸到红球的概率是80%,则红球有(　　).

A. 7个 B. 8个 C. 9个 D. 10个

【能力拓展】

1. 兵马俑被称作"世界八大奇迹"之一,其中步兵俑是兵马俑总数的 $\dfrac{2}{5}$,兵马俑总数为8 000件,则步兵俑为(　　)件.

A. 3 000 B. 3 200 C. 4 800 D. 8 000

2. 在10张奖券中,有一等奖1张、二等奖2张,从中任意抽取一张,则获奖的概率是(　　).

A. $\dfrac{3}{10}$ B. $\dfrac{1}{5}$ C. $\dfrac{1}{10}$ D. $\dfrac{3}{7}$

3. 袋中装有除颜色外其余都相同的红球5个、黑球3个、白球若干个,从中摸到一个球是红球的概率是 $\dfrac{1}{2}$,则白球为(　　).

A. 10个 B. 5个 C. 3个 D. 2个

第八章 概率与统计初步单元测试卷

一、选择题(本题共 6 小题,每小题 4 分,共计 24 分)

1. 从 1,2,3,4,5 这五个数中,任选一个数,则这个数是奇数的概率为( ).

   A. $\dfrac{1}{5}$ B. $\dfrac{2}{5}$ C. $\dfrac{3}{5}$ D. $\dfrac{1}{2}$

2. 两个口袋中分别装有 4 个黑球和 5 个红球,从两个口袋中任取一个球,则不同的取法有( )种.

   A. 9   B. 20   C. 4^5 D. 5^4

3. 抛一枚骰子,出现的点数大于 4 的概率是( ).

   A. $\dfrac{1}{2}$ B. $\dfrac{1}{3}$ C. $\dfrac{1}{6}$ D. $\dfrac{1}{3}$

4. 若从杭州到北京,每天有 8 班火车和 3 班飞机,则一天中不同的乘坐方法有( )种.

   A. 11   B. 24   C. 8^3 D. 3^8

5. 从南、北两个方向分别有 3 条、5 条路通往山顶,若某人从南面上山,从北面下山,则不同的走法有( )种.

   A. 7   B. 8   C. 12   D. 15

6. 在一个书架中,上层放有 3 本不同的语文书,中层放有 4 本不同的数学书,下层放有 5 本不同的英语书,从中任取一本书,取到数学书的概率是( ).

   A. $\dfrac{1}{4}$ B. $\dfrac{1}{3}$ C. $\dfrac{1}{2}$ D. $\dfrac{5}{12}$

二、填空题(本题共 4 小题,每小题 4 分,共计 16 分)

1. 在一次读书活动中,一人要从 5 本不同的科技书、7 本不同的文艺书里任意选取一本书,那么不同的选法有_____种.

2. 在一次问题抢答游戏中,要求找出每个问题所列出的 4 个答案中唯一的正确答案,某抢答者随意说出了一个问题的答案,则这个答案恰好是正确答案的概率是_____.

3. 由 A 村到 B 村的道路有 3 条,由 B 村到 C 村的道路有 2 条,则从 A 村经 B 村去 C 村,共有_____种不同的走法.

4. 从 1~6 中任选一个数,则选出的数大于 5 的概率为_____.

三、解答题(本题共 2 小题,每小题 10 分,共计 20 分)

1. 书架上层放有 6 本不同的数学书,下层放有 5 本不同的语文书.

   (1)从中任取一本书,有多少种不同的取法?

   (2)从中取数学书与语文书各一本,有多少种不同的取法?

2. 将一枚骰子连续抛掷两次,求:
(1)出现"两次骰子点数都是 6"的概率;
(2)出现"两次点数之和等于 9"的概率.

第九章 圆锥曲线

考点46：椭圆的定义与标准方程

【考点解析】

本考点主要考查椭圆的标准方程，能根据方程判定焦点位置并求出焦点坐标和焦距，关键是掌握 a、b、c 三者的关系，即 $a^2-b^2=c^2$.

焦点在 x 轴上的椭圆的标准方程为 $\dfrac{x^2}{a^2}+\dfrac{y^2}{b^2}=1(a>b>0)$，焦点坐标为 $(-c,0)$，$(c,0)$，焦距为 $2c$.

焦点在 y 轴上的椭圆的标准方程为 $\dfrac{y^2}{a^2}+\dfrac{x^2}{b^2}=1(a>b>0)$，焦点坐标为 $(0,-c)$，$(0,c)$，焦距为 $2c$.

【全真模拟】

1. 下列方程表示椭圆的是（　　）.

　　A. $x^2+y^2=4$　　　　B. $x^2-y^2=4$　　　　C. $y=x^2$　　　　D. $\dfrac{x^2}{4}+\dfrac{y^2}{9}=1$

2. 下列方程表示焦点在 y 轴上的椭圆的是（　　）.

　　A. $x^2+y^2=16$　　　　B. $\dfrac{x^2}{25}+\dfrac{y^2}{9}=1$　　　　C. $\dfrac{x^2}{9}+\dfrac{y^2}{25}=1$　　　　D. $\dfrac{x^2}{9}-\dfrac{y^2}{25}=1$

3. 已知椭圆 $\dfrac{x^2}{25}+\dfrac{y^2}{16}=1$，则该椭圆的焦点坐标为（　　）.

　　A. $(-5,0)$，$(5,0)$　　　　　　　　B. $(-3,0)$，$(3,0)$
　　C. $(-4,0)$，$(4,0)$　　　　　　　　D. $(0,-3)$，$(0,3)$

4. 已知椭圆 $\dfrac{x^2}{9}+\dfrac{y^2}{16}=1$，则该椭圆的焦点在_____轴上.（填"$x$"或"$y$"）

5. 已知椭圆的两个焦点坐标分别为 $(-4,0)$，$(4,0)$，则该椭圆的焦距为_____.

考点47：椭圆的性质

【考点解析】

本考点主要考查椭圆的性质，关键是确定 a，b，由 $a^2-b^2=c^2$ 求得 c，再求出相应性质.

椭圆 $\dfrac{x^2}{a^2}+\dfrac{y^2}{b^2}=1(a>b>0)$ 的顶点坐标为 $(-a,0)$，$(a,0)$，$(0,-b)$，$(0,b)$，长

轴长为 $2a$，短轴长为 $2b$，离心率 $e=\dfrac{c}{a}$.

椭圆 $\dfrac{y^2}{a^2}+\dfrac{x^2}{b^2}=1(a>b>0)$ 的顶点坐标为 $(0,-a)$，$(0,a)$，$(-b,0)$，$(b,0)$，长轴长为 $2a$，短轴长为 $2b$，离心率 $e=\dfrac{c}{a}$.

【全真模拟】

1. 已知椭圆 $\dfrac{x^2}{9}+\dfrac{y^2}{4}=1$，则该椭圆的长半轴长为（　　）.

　　A. 9　　　　　　B. 4　　　　　　C. 3　　　　　　D. 2

2. 已知椭圆 $\dfrac{x^2}{4}+\dfrac{y^2}{16}=1$，则该椭圆的短轴长为（　　）.

　　A. 16　　　　　B. 8　　　　　　C. 4　　　　　　D. 2

3. 已知椭圆的长轴长为 20，短轴长为 16，则焦距为 _____．

4. 已知椭圆的中心在原点，且 $a=4$，$b=1$，焦点在 x 轴上，则它的标准方程为 _____．

5. 已知椭圆的中心在原点，且满足 $a=4$，$c=3$，则 $b=$ _____．

考点 48：双曲线的定义与标准方程

【考点解析】

本考点主要考查双曲线的标准方程，能根据方程判定焦点位置并求出焦点坐标和焦距，关键是掌握 a，b，c 三者的关系，即 $a^2+b^2=c^2$.

焦点在 x 轴上的双曲线的标准方程为 $\dfrac{x^2}{a^2}-\dfrac{y^2}{b^2}=1(a>0,b>0)$，焦点坐标为 $(-c,0)$，$(c,0)$，焦距为 $2c$.

焦点在 y 轴上的双曲线的标准方程为 $\dfrac{y^2}{a^2}-\dfrac{x^2}{b^2}=1(a>0,b>0)$，焦点坐标为 $(0,-c)$，$(0,c)$，焦距为 $2c$.

【全真模拟】

1. 下列方程中表示双曲线的是（　　）.

　　A. $x^2-y^2=1$　　B. $x^2+y^2=1$　　C. $x-y=1$　　D. $\dfrac{x^2}{4}+y^2=1$

2. 下列方程中表示焦点在 y 轴上的双曲线的是（　　）.

　　A. $x^2-y^2=1$　　B. $\dfrac{x^2}{4}-\dfrac{y^2}{9}=1$　　C. $\dfrac{y^2}{4}-\dfrac{x^2}{9}=1$　　D. $\dfrac{x^2}{4}+\dfrac{y^2}{9}=1$

3. 已知双曲线方程为 $\dfrac{x^2}{4}-\dfrac{y^2}{5}=1$，则该双曲线的焦点在 _____ 轴上．（填 "$x$" 或 "$y$"）

4. 已知双曲线的两个焦点坐标分别为 $(0,-4)$，$(0,4)$，则该双曲线的焦距为_____.

5. 已知双曲线方程为 $\dfrac{x^2}{2} - \dfrac{y^2}{2} = 1$，则 $c = $ _____.

考点49：双曲线的性质

【考点解析】

本考点主要考查双曲线的性质，关键是确定 a，b，由 $a^2 + b^2 = c^2$ 求得 c，再求出相应性质.

双曲线 $\dfrac{x^2}{a^2} - \dfrac{y^2}{b^2} = 1(a>0, b>0)$ 的顶点坐标为 $(-a, 0)$，$(a, 0)$，实轴长为 $2a$，虚轴长为 $2b$，离心率 $e = \dfrac{c}{a}$.

双曲线 $\dfrac{y^2}{a^2} - \dfrac{x^2}{b^2} = 1(a>0, b>0)$ 的顶点坐标为 $(0, -a)$，$(0, a)$，实轴长为 $2a$，虚轴长为 $2b$，离心率 $e = \dfrac{c}{a}$.

【全真模拟】

1. 已知双曲线 $\dfrac{x^2}{9} - \dfrac{y^2}{5} = 1$，则该双曲线的实轴长为（　　）.

   A. 9　　　　　B. 6　　　　　C. 5　　　　　D. $2\sqrt{5}$

2. 已知双曲线 $\dfrac{y^2}{4} - \dfrac{x^2}{4} = 1$，则该双曲线的虚轴长为（　　）.

   A. 2　　　　　B. 4　　　　　C. 8　　　　　D. 16

3. 已知双曲线 $\dfrac{x^2}{9} - \dfrac{y^2}{16} = 1$，则该双曲线的焦距为_____.

4. 双曲线 $\dfrac{y^2}{4} - \dfrac{x^2}{5} = 1$ 的顶点坐标为_____.

5. 若双曲线的一个顶点坐标为 $(-4, 0)$，且 $b = 5$，则 $c = $ _____.

考点50：抛物线的定义与标准方程

【考点解析】

本考点主要考查抛物线的标准方程，关键是掌握方程与焦点坐标和准线方程之间的关系.

焦点在 x 轴正半轴上的抛物线的标准方程为 $y^2 = 2px(p>0)$，焦点坐标为 $(\dfrac{p}{2}, 0)$，准线方程为 $x = -\dfrac{p}{2}$.

焦点在 x 轴负半轴上的抛物线的标准方程为 $y^2=-2px(p>0)$，焦点坐标为 $(-\dfrac{p}{2},0)$，准线方程为 $x=\dfrac{p}{2}$.

焦点在 y 轴正半轴上的抛物线的标准方程为 $x^2=2py(p>0)$，焦点坐标为 $(0,\dfrac{p}{2})$，准线方程为 $y=-\dfrac{p}{2}$.

焦点在 y 轴负半轴上的抛物线的标准方程为 $x^2=-2py(p>0)$，焦点坐标为 $(0,-\dfrac{p}{2})$，准线方程为 $y=\dfrac{p}{2}$.

【全真模拟】

1. 下列方程中表示抛物线的是（　　）．
   A. $y=x$　　　　　　　　　　B. $x^2-y^2=1$
   C. $y=\dfrac{1}{x}$　　　　　　　　D. $y=x^2$

2. 下列方程中表示焦点在 y 轴正半轴上的抛物线的是（　　）．
   A. $x=y^2$　　　　　　　　　　B. $x=-y^2$
   C. $x^2=y$　　　　　　　　　　D. $x^2=-y$

3. 已知抛物线 $y^2=4x$，则该抛物线的焦点在_____轴上．（填"x"或"y"）

4. 已知抛物线 $x^2=2py$ 经过点 $(2,2)$，则 $p=$_____．

5. 若抛物线 $y^2=2x$ 上一点 M 到焦点的距离为 4，则该点到准线的距离为_____．

考点 51：抛物线的性质

【考点解析】

本考点主要考查抛物线的性质，关键是根据抛物线的标准方程确定焦点的位置，求得 p，再求出相应的性质．

抛物线 $y^2=2px(p>0)$ 的焦点坐标为 $(\dfrac{p}{2},0)$，准线方程为 $x=-\dfrac{p}{2}$；

抛物线 $y^2=-2px(p>0)$ 的焦点坐标为 $(-\dfrac{p}{2},0)$，准线方程为 $x=\dfrac{p}{2}$；

抛物线 $x^2=2px(p>0)$ 的焦点坐标为 $(0,\dfrac{p}{2})$，准线方程为 $y=-\dfrac{p}{2}$；

抛物线 $x^2=-2px(p>0)$ 的焦点坐标为 $(0,-\dfrac{p}{2})$，准线方程为 $y=\dfrac{p}{2}$.

【全真模拟】

1. 已知抛物线 $y^2=8x$，则该抛物线的焦点坐标为（　　）．
   A. $(4,0)$　　　　　　　　　　B. $(2,0)$
   C. $(-2,0)$　　　　　　　　　D. $(-1,0)$

2. 已知抛物线 $x^2=4y$，则该抛物线的准线方程为(　　).

  A. $x=1$ C. $x=-1$

  C. $y=1$ D. $y=-1$

3. 已知抛物线的焦点坐标为$(1,0)$，则该抛物线的标准方程为_____.

4. 已知抛物线的准线方程为 $x=1$，则该抛物线的标准方程为_____.

5. 抛物线 $x^2=2y$ 关于_____对称.（填"x 轴"或"y 轴"）

第九章 圆锥曲线单元测试卷

一、选择题(本题共 6 小题,每小题 4 分,共计 24 分)

1. 椭圆 $\dfrac{x^2}{4}+\dfrac{y^2}{3}=1$ 的焦点在( ).

   A. x 轴上   B. y 轴上   C. 原点   D. 无法确定

2. 椭圆 $\dfrac{x^2}{9}+\dfrac{y^2}{16}=1$ 的长轴长是( ).

   A. 9   B. 16   C. 6   D. 8

3. 平面内与两个定点 F_1,F_2 的距离之差的绝对值等于常数(小于 $|F_1F_2|$)的点的轨迹是( ).

   A. 圆   B. 椭圆   C. 双曲线   D. 抛物线

4. 椭圆 $\dfrac{x^2}{16}+\dfrac{y^2}{7}=1$ 上一点 M 到一个焦点 F_1 的距离为 5,则点 M 到另一个焦点 F_2 的距离为( ).

   A. 6   B. 5   C. 3   D. 1

5. 双曲线 $\dfrac{x^2}{12}-\dfrac{y^2}{3}=1$ 的渐近线方程是( ).

   A. $y=\pm 2x$ B. $y=\pm 2$ C. $y=\pm\dfrac{1}{2}x$ D. $y=\pm\dfrac{1}{2}$

6. 若抛物线 $x^2=2py$ 的准线方程为 $y=-1$,则正实数 p 的值为( ).

   A. 1   B. 2   C. 3   D. 4

二、填空题(本题共 4 小题,每小题 4 分,共计 16 分)

1. 椭圆 $\dfrac{x^2}{9}+\dfrac{y^2}{5}=1$ 的焦点坐标是_____.

2. 椭圆 $\dfrac{x^2}{25}+\dfrac{y^2}{16}=1$ 的离心率是_____.

3. 双曲线 $\dfrac{x^2}{3}-\dfrac{y^2}{2}=1$ 的实轴长是_____.

4. 焦点坐标为 $(-1,0)$ 的抛物线的标准方程为_____.

三、解答题(本题共 2 小题,每小题 10 分,共计 20 分)

1. 求双曲线 $\dfrac{x^2}{9}-\dfrac{y^2}{16}=1$ 的实轴长、虚轴长、焦点坐标和顶点坐标.

2. 已知抛物线的标准方程为 $y^2=16x$.

(1)写出该抛物线的焦点坐标.

(2)求中心在原点，有一个焦点与抛物线 $y^2=16x$ 的焦点重合，且实半轴长为 2 的双曲线的标准方程.

第十章 数 列

考点	题型	历年考查情况			
		2019年	2021年	2022年	2023年
数列的概念	已知项的规律求项或通项公式	√	√		
数列的通项公式	已知通项公式求项	√		√	√
等差数列的概念	已知两数求等差中项			√	
等差数列的通项公式	"知三求一"问题			√	√
等差数列求和	根据已知条件求项和前 n 项和	√	√	√	√
等比数列的概念	已知两数求等比中项			√	√
等比数列的通项公式	"知三求一"问题	√		√	
等比数列求和	根据已知条件求项和前 n 项和				√

考点52：数列的概念

【考点解析】

本考点主要考查数列中项的变化规律．根据数列中给定的项排列的规律填写空缺的数．

【真题在线】

[2019年第14题] 根据数列 2，－4，6，－8，(　　)，－12 的特点，括号中应填的数是(　　)．

A. 10　　　　　　B. －10　　　　　　C. 14　　　　　　D. －14

【全真模拟】

1. 数列 $1\frac{1}{2}$，$2\frac{1}{4}$，$3\frac{1}{8}$，$4\frac{1}{16}$，… 的第 7 项为_____．

2. 根据数列 1，－2，4，－8，x，－32，… 的规律，x 的值为(　　)．
   A. －16　　　　B. 16　　　　C. 8　　　　D. 10

3. 根据数列 3，－5，7，－9，(　　)，－13 的特点，括号中应填的数是(　　)．
   A. 10　　　　　　B. －10　　　　　　C. 11　　　　　　D. －11

4. 数列 $\frac{1}{2}$，$\frac{1}{4}$，$\frac{1}{6}$，$\frac{1}{8}$，… 的第 8 项为(　　)．

A. $\dfrac{1}{10}$ B. $\dfrac{1}{12}$ C. $\dfrac{1}{14}$ D. $\dfrac{1}{16}$

5. 数列 $\dfrac{1}{2}$, $\dfrac{3}{4}$, $\dfrac{5}{8}$, $\dfrac{7}{16}$, …的第 6 项为(　　).

   A. $\dfrac{9}{3^2}$ B. $\dfrac{11}{32}$ C. $\dfrac{9}{64}$ D. $\dfrac{11}{64}$

【能力拓展】

1. 已知数列 $\{a_n\}$ 满足 $a_1=1$，$a_{n+1}=a_n+2$，则 a_4 的值是＿＿＿＿．

2. 已知数列 $\{a_n\}$ 满足 $a_{n+1}-3a_n=0$ 且 $a_1=2$，则 $a_3=$ ＿＿＿＿．

3. 在数列 $\{a_n\}$ 中，已知满足 $S_n=n^2$，则 $a_3=(\ \ )$．
   A. 5   B. 6   C. 7   D. 8

考点 53：数列的通项公式

【考点解析】

本考点主要考查给定通项公式求项，即将所求项的项数代入通项公式进行求解．

【真题在线】

1. [2019 年第 13 题] 已知数列 $\{a_n\}$ 的通项公式为 $a_n=2n-5$，则 $a_3=(\ \ )$．
   A. 0   B. 1   C. 2   D. 3

2. [2021 年第 21 题] 下列各数列中以 $a_n=2n+1$ 为通项公式的是(　　)．
   A. 2, 4, 6, 8, …　　　　　　　　B. 1, 3, 5, 7, …
   C. 3, 5, 7, 9, …　　　　　　　　D. 3, 4, 5, 6, …

3. [2022 年第 16 题] 已知数列 $\{a_n\}$ 的通项公式为 $a_n=3n-1$，则 $a_5=(\ \ )$．
   A. 2   B. 8   C. 11   D. 14

4. [2023 年第 22 题] 已知数列的通项公式为 $a_n=2n-3$，则 $a_1=(\ \ )$．
   A. -3 B. -1 C. 0   D. 1

【全真模拟】

1. 已知数列 $\{a_n\}$ 的通项公式为 $a_n=2n+3$，则 $a_4=(\ \ )$．
   A. 5   B. 7   C. 9   D. 11

2. 已知数列 $\{a_n\}$ 的通项公式为 $a_n=4n-1$，则 $a_6=(\ \ )$．
   A. 21   B. 22   C. 23   D. 24

3. 下列各数列中以 $a_n=2n-1$ 为通项公式的是(　　)．
   A. 1, 3, 5, 7, …　　　　　　　　B. 2, 4, 6, 8, …
   C. 3, 4, 5, 6, …　　　　　　　　D. 3, 5, 7, 9, …

4. 已知数列 $\{a_n\}$ 的通项公式为 $a_n=3n+1$，则 $a_5=(\ \ )$．
   A. 15   B. 16   C. 17   D. 18

5. 已知数列 $\{a_n\}$ 的通项公式为 $a_n=1-3n$，则 $a_3=(\ \ )$．
   A. -6 B. -8 C. 8   D. 10

【能力拓展】

1. 已知数列 $\{a_n\}$ 的通项公式为 $a_n=n^2-n$，下列是这个数列中的项的是（　　）.
   A. 10　　　　　　B. 15　　　　　　C. 21　　　　　　D. 42

2. 数列 $-\dfrac{1}{5}$，$\dfrac{1}{7}$，$-\dfrac{1}{9}$，$\dfrac{1}{11}$，…的一个通项公式为（　　）.
   A. $a_n=\dfrac{(-1)^{n-1}}{2n+3}$　　　　　　B. $a_n=\dfrac{(-1)^n}{2n+3}$
   C. $a_n=\dfrac{(-1)^{n-1}}{3n+2}$　　　　　　D. $a_n=\dfrac{(-1)^n}{3n+2}$

3. 已知数列 $\{a_n\}$ 的通项公式为 $a_n=(-1)^n\cdot 2^n+a$，且 $a_3=-5$，则实数 $a=$（　　）.
   A. 3　　　　　　B. 1　　　　　　C. -1　　　　　　D. 0

考点 54：等差数列的概念

【考点解析】

本考点主要考查等差数列的有关概念．等差数列中的相关计算主要是根据等差数列的定义，即后一项与前一项的差值相等（这个差值就是公差）列式求解．

等差中项：若 a，b，c 成等差数列，则称 b 是 a 与 c 的等差中项，且 $2b=a+c$．

【真题在线】

1. [2022 年第 36 题] 已知 50，A，150 成等差数列，则 $A=$ _____．

2. [2023 年第 15 题] 等差数列 0，2，4，…的公差 $d=$（　　）.
   A. 0　　　　　　B. 1　　　　　　C. 2　　　　　　D. 4

【全真模拟】

1. 数 3 与 7 的等差中项是 _____．

2. 8 是 6 与 a 的等差中项，则 a 的值是 _____．

3. 已知 3，x，7 成等差数列，则 x 的值是（　　）.
   A. 4　　　　　　B. 5　　　　　　C. 6　　　　　　D. -6

4. 等差数列 -2，-1，0，…的公差 $d=$（　　）.
   A. -1　　　　　B. 1　　　　　　C. 3　　　　　　D. -3

5. 等差数列 -5，-2，1，4，…的公差 $d=$（　　）.
   A. -3　　　　　B. 3　　　　　　C. 6　　　　　　D. -6

【能力拓展】

1. 若 3 是 $a+1$ 与 $a-5$ 的等差中项，则 $a=$ _____．

2. 已知等差数列的前 3 项分别是 $a-1$，$15-a$，$2a+1$，则 $a=$ _____．

3. 若 a，b，c 三个数成等差数列，其中 $a=3+\sqrt{6}$，$c=3-\sqrt{6}$，则 $b=$（　　）.
   A. $\dfrac{3}{2}$　　　　　B. 3　　　　　　C. $\dfrac{9}{2}$　　　　　　D. 9

考点 55：等差数列通项公式

【考点解析】

本考点主要考查等差数列通项公式的应用．等差数列的通项公式涉及 a_1，d，n，a_n 四个量，只要将已知量代入通项公式列方程或方程组即可求解．

等差数列通项公式： $a_n = a_1 + (n-1)d$．

【真题在线】

[2021 年第 16 题] 在等差数列 $\{a_n\}$ 中，$a_1 = 4$，$a_4 = 10$，则 $a_7 = (\quad)$．

A．14 B．15 C．16 D．17

【全真模拟】

1. 等差数列 $\{a_n\}$ 中，已知 $a_1 = 5$，$a_2 = 8$，则 $a_4 = (\quad)$．

   A．2 B．-1 C．11 D．14

2. 在等差数列 $\{a_n\}$ 中，已知 $a_2 = 3$，$a_4 = 7$，则 $a_6 = (\quad)$．

   A．10 B．11 C．14 D．15

3. 在等差数列 $\{a_n\}$ 中，若 $a_1 = -3$，$a_5 = 4$，则 $d = (\quad)$．

   A．7 B．$\dfrac{7}{4}$ C．-7 D．$-\dfrac{7}{4}$

4. 已知等差数列 20，17，14，…，则数列的第 7 项为 _____．

5. 已知等差数列 -11，-5，1，7，…，则数列的第 6 项为 _____．

【能力拓展】

1. 若等差数列 $\{a_n\}$ 满足 $a_1 = 1$，$a_{n+1} - a_n = 2$，则 $a_6 = $ _____．

2. 在等差数列 $\{a_n\}$ 中，若 $a_3 + a_4 + a_5 + a_6 + a_7 = 450$，则 $a_2 + a_8 = $ _____．

3. 若等差数列 $\{a_n\}$ 满足 $a_3 + a_7 = 18$，则 $a_2 + a_8 = $ _____．

考点 56：等差数列求和

【考点解析】

本考点主要考查等差数列前 n 项和公式的应用．根据给定条件，构建等差数列模型，确定首项、公差等基本量，代入等差数列通项公式和前 n 项和公式列式求值．特别地，如果项数 n 不太大，可以考虑求出相应项后直接相加求和．

等差数列前 n 项和公式： $S_n = \dfrac{(a_1 + a_n)n}{2}$，

$$S_n = na_1 + \dfrac{n(n-1)d}{2}．$$

【真题在线】

1.[2019年第41题]如图所示,一个堆放钢管的V形架的最下面一层放一根钢管,往上每一层都比下面一层多放一根钢管,最上面一层放20根钢管.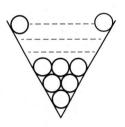

(1)求第六层放多少根钢管.

(2)求这个V形架共放了多少根钢管.

2.[2021年第41题]已知等差数列2,6,10,14,….

(1)求此数列的第6项.

(2)求此数列的前几项和是128.

3.[2022年第41题]已知数列-1,1,3,5,….

(1)求此数列的第7项.

(2)求此数列前10项的和.

4.[2023年第33题]已知在等差数列$\{a_n\}$中,首项$a_1=3$,公差$d=2$,则该数列前10项的和$S_{10}=$_____.

【全真模拟】

1.已知数列$\{a_n\}$是等差数列,且$a_n=15-2n$.

(1)求a_3,a_7的值.

(2)求前9项的和S_9.

2. 已知等差数列 -2，1，4，7，$\cdots$.
(1) 求此数列的第 8 项.
(2) 求此数列前 10 项的和.

3. 某礼堂共有 25 排座位，后一排比前一排多 2 个座位，最后一排有 70 个座位.
(1) 求第一排有多少个座位.
(2) 求礼堂共有多少个座位.

4. 已知等差数列的前 3 项是 a，8，$3a$.
(1) 求 a 的值.
(2) 求前 10 项的和 S_{10}.

5. 在等差数列 $\{a_n\}$ 中，已知 $a_n = 10 - 3n$.
(1) 求 a_1 及公差 d.
(2) 求此数列前 10 项的和 S_{10}.

【能力拓展】
1. 已知等差数列的前 n 项和为 $S_n = n^2 + n$.
(1) 求 a_1，a_2.
(2) 求此数列的通项公式.

2. 在等差数列中，已知 $a_2=4$，$a_4=10$.
(1) 求此数列的公差.
(2) 求此数列前 8 项的和.

3. 某林场在 2021 年计划造林 5 万亩，以后每年都比上一年多造林 1 万亩，则至 2030 年该林场共造林多少万亩？

考点 57：等比数列的概念

【考点解析】
本考点主要考查等比数列的有关概念. 等比数列中的相关计算主要是根据等比数列的定义，即从第 2 项起后一项与前一项的比值相等（这个比值就是公比）列式求解.
等比中项：若 a，b，c 成等比数列，则称 b 是 a 与 c 的等比中项，且 $b^2=ac$.

【真题在线】
1. [2021 年第 36 题] 已知 2，G，8 成等比数列，则 $G=$ _____ .
2. [2023 年第 18 题] 已知 1，x，4 成等比数列，则 x 的值为（　　）.
  A. ± 2 B. 3   C. -2 D. 2

【全真模拟】
1. 已知数列 3，-3，3，-3，…，则该数列是（　　）.
  A. 等差数列   B. 等比数列
  C. 既是等差数列又是等比数列   D. 既非等差数列又非等比数列

2. 2 与 0.5 的等比中项是（　　）.
  A. 2   B. ± 1 C. 1   D. -1

3. 若数列 1，x，9 为等比数列，则 x 的值为（　　）.
  A. 3   B. -3 C. ± 3 D. 6

4. 下列各选项中，不是一个等比数列的前 3 项的是（　　）.
  A. 5，10，20   B. 5，-10，20
  C. 5，-10，-20 D. -5，10，-20

5. 已知 2，-4，A，-16 成等比数列，则 $A=$ _____．

【能力拓展】

1. 已知等比数列 $\{a_n\}$ 的通项公式为 $a_n=3^{n-1}$，则它的首项和公比为（ ）．

  A. 1，3 B. 3，1 C. 3，$\dfrac{1}{3}$ D. 3，3

2. 若 $\{a_n\}$ 为等比数列，且 $a_1=4$，$a_2=-8$，则 $a_3=$ _____．

3. 若 2，m，8，n 为等比数列，则 $\dfrac{n}{m}=$（ ）．

  A. 4 B. 2 C. $\sqrt{2}$ D. $4\sqrt{2}$

考点58：等比数列通项公式

【考点解析】

本考点主要考查等比数列通项公式的应用．等比数列通项公式涉及 a_1，q，n，a_n 四个量，只要将已知量代入通项公式列方程或方程组即可求解．

等比数列通项公式：$a_n=a_1q^{n-1}$．

【真题在线】

1. [2019 年第 35 题] 已知等比数列 $\{a_n\}$，$a_1=2$，$q=2$，则 $a_3=$ _____．

2. [2022 年第 15 题] 在等比数列 $\{a_n\}$ 中，$a_2=20$，$a_3=60$，则公比 $q=$（ ）．

  A. 1 B. 2 C. 3 D. 4

【全真模拟】

1. 已知等比数列 1，2，4，8，…，则 $a_6=$ _____．

2. 已知等比数列 $\{a_n\}$ 的公比大于 0，且 $a_1=1$，$a_7=64$，则 $a_4=$ _____．

3. 在等比数列 $\{a_n\}$ 中，若 $a_1=2$，$a_3=8$，则 $a_2=$ _____．

4. 已知等比数列 2，6，18，…，则它的第 5 项是（ ）．

  A. 27 B. 81 C. 54 D. 162

5. 在等比数列 $\{a_n\}$ 中，若 $a_3a_4a_5=27$，则 $a_4=$（ ）．

  A. 9 B. 3 C. -3 D. $\dfrac{1}{3}$

【能力拓展】

1. 在等比数列 $\{a_n\}$ 中，若 $a_2=3$，$a_4=27$，则 $q=$（ ）．

  A. 3 B. -3 C. ± 3 D. 9

2. 在数列 $\{a_n\}$ 中，$a_{n+1}=\dfrac{1}{2}a_n$，且 $a_1=4$，则该数列的第 4 项为（ ）．

  A. 32 B. 8 C. 1 D. $\dfrac{1}{2}$

3. 在等比数列 $\{a_n\}$ 中，已知 $a_1=2$，$q=2$，则 $1\,024$ 是该数列的（ ）．

  A. 第 9 项   B. 第 10 项   C. 第 11 项   D. 第 12 项

考点59：等比数列求和

【考点解析】

本考点主要考查等比数列前 n 项和公式的应用. 根据给定条件，构建等比数列模型，确定首项、公比等基本量，代入等比数列通项公式和前 n 项和公式列式求值. 特别地，如果项数 n 不太大，可以考虑求出相应项后直接相加求和.

等比数列前 n 项和公式：

当 $q=1$ 时，$S_n = na_1$；

当 $q \neq 1$ 时，$S_n = \dfrac{a_1(1-q^n)}{1-q} = \dfrac{a_1 - a_n q}{1-q}$.

【真题在线】

[2023年第41题] 已知等比数列 $1, 2, 4, 8, \cdots$.

(1) 求此数列的第 6 项.

(2) 求此数列前 7 项的和.

【全真模拟】

1. 在等比数列 $\{a_n\}$ 中，$a_1 = 1$，$a_2 = 2$.

(1) 求此数列的公比 q.

(2) 求此数列的前 10 项和.

2. 已知等比数列 $1, 3, 9, \cdots$.

(1) 求此数列的第 4 项.

(2) 求此数列的前 5 项和.

3. 已知等比数列 $\{a_n\}$，若 $a_1=3$，$S_2=6$，则 $S_{15}=$ _____.

4. 以 3 为首项、2 为公比的等比数列的前 6 项和等于 _____.

5. 在等比数列 $\{a_n\}$ 中，若 $a_n=3^n$，则 S_4 等于（　　）.

  A. 12   B. 30   C. 45   D. 120

【能力拓展】

1. 等比数列 -1，2，-4，8，$\cdots$ 的前 6 项和是 _____.

2. 等比数列 $16+8+4+\cdots+\dfrac{1}{4}=$ _____.

3. 某地为防止水土流失，实行退耕还林，如果计划第一年退耕 10 万公顷，以后每年都比上一年增加 10%，则三年总共退耕多少公顷？

第十章 数列单元测试卷

一、选择题(本题共 6 小题,每小题 4 分,共计 24 分)

1. 等差数列 1,4,7,… 的第 8 项为( ).
   A. 22   B. 23   C. 24   D. 25

2. 已知数列 $\{a_n\}$ 的通项公式为 $a_n = \dfrac{1}{n^2}$,则 $a_4 =$ ( ).
   A. $\dfrac{1}{16}$ B. $\dfrac{1}{8}$ C. $\dfrac{1}{4}$ D. $\dfrac{1}{2}$

3. 已知在等差数列 $\{a_n\}$ 中,$a_1 = 6$,$a_4 = 0$,则公差为( ).
   A. -1 B. -2 C. -3 D. 2

4. 在等比数列 $\{a_n\}$ 中,若 $a_1 = 1$,$q = 2$,则 $S_6 =$ ( ).
   A. 61   B. 62   C. 63   D. 64

5. 已知数列 $\dfrac{2}{3}$,$-\dfrac{3}{4}$,$\dfrac{4}{5}$,$-\dfrac{5}{6}$,$\dfrac{6}{7}$,…,按此规律第 7 项为( ).
   A. $\dfrac{7}{8}$ B. $\dfrac{8}{9}$ C. $-\dfrac{7}{8}$ D. $-\dfrac{8}{9}$

6. 某职校班级拍毕业照时,要求站 5 排,从第二排起,每排比前一排多站 2 人,已知这个班级总共有 60 人,则第一排的人数是( ).
   A. 6   B. 7   C. 8   D. 9

二、填空题(本题共 4 小题,每小题 4 分,共计 16 分)

1. 在等比数列 $\{a_n\}$ 中,若 $a_1 = 5$,公比 $q = -1$,则 $a_{10} =$ _____.

2. 已知数列 $a_n = n \cdot (n+1)$,则 42 为该数列中的第 _____ 项.

3. 36 与 $\dfrac{1}{4}$ 的等比中项是 _____.

4. 已知数列 $\{a_n\}$ 是等差数列,其中 $a_3 + a_9 = 8$,则 $a_6 =$ _____.

三、解答题(本题共 2 小题,每小题 10 分,共计 20 分)

1. 在等差数列 $\{a_n\}$ 中,已知 $a_2 = 1$,$a_7 = 21$.
   (1) 求 a_{12} 的值.
   (2) 求 $a_1 + a_2 + a_3 + a_4 + a_5 + a_6$ 的值.

2. 已知等比数列 $\dfrac{1}{9}$, $\dfrac{2}{9}$, $\dfrac{4}{9}$, ….

(1)求此数列的第 5 项.

(2)求此数列的前几项和是 7.

知 识 拓 展

∗ 考点 1：作差比较法

【考点解析】

本考点主要考查两个数或代数式的大小，通常运用作差比较法，即把两数或两式相减，再通过化简并判定差值符号，从而比较出大小.

作差比较法的判定规则：若 $a-b>0$，则 $a>b$；若 $a-b=0$，则 $a=b$；若 $a-b<0$，则 $a<b$.

【全真模拟】

1. 比较大小：$\dfrac{3}{7}$ _____ $\dfrac{2}{5}$.（填">"或"<"）

2. 比较大小：$x+1$ _____ $x-1$.（填">"或"<"）

3. 下列式子成立的是（　　）.

   A. $-3>-2$ B. $\dfrac{1}{3}>\dfrac{1}{2}$

   C. $-\dfrac{2}{5}<-\dfrac{1}{3}$ D. $\dfrac{5}{2}<\dfrac{11}{7}$

4. 下列式子成立的是（　　）.

   A. $a+2>a+1$ B. $a+2<a+1$

   C. $1-a>2-a$ D. $a-2>a-1$

5. 比较大小：$(x-1)(x+3)$ _____ x^2+2x+3.（填">"或"<"）

∗ 考点 2：函数的单调性

【考点解析】

本考点主要考查函数单调性的概念、性质和图像特征，能用函数的单调性比较函数值的大小.

【全真模拟】

1. 若函数 $f(x)$ 在 **R** 上是增函数，则 $f(-1)$ _____ $f(1)$.（填">"或"<"）

2. 已知函数 $f(x)=-2x+1$，则 $f\left(\dfrac{1}{2}\right)$ _____ $f(2)$.（填">"或"<"）

3. 函数 $f(x)=x-2\,023$ 在 $[0,+\infty)$ 上是 _____ 函数.（填"增"或"减"）

4. 已知函数 $f(x)$ 在 $[0,+\infty)$ 上的图像如图所示，则下列命题是真命题的是(　　).

  A. $f(x)$ 在 $[0,+\infty)$ 上是增函数

  B. $f(x)$ 在 $[0,+\infty)$ 上是减函数

  C. $f(x)$ 在 $[0,2]$ 上是增函数

  D. $f(x)$ 在 $[2,+\infty)$ 上是增函数

5. 下列式子正确的是(　　).

  A. $2^{\frac{1}{2}}<2^{\frac{1}{3}}$ B. $\left(\dfrac{1}{2}\right)^2<\left(\dfrac{1}{2}\right)^3$

  C. $\log_2 3<\log_2 5$ D. $\log_{\frac{1}{2}} 3<\log_{\frac{1}{2}} 5$

＊考点3：函数的奇偶性

【考点解析】

  本考点主要考查函数的奇偶性，当函数的定义域关于原点对称时，若 $f(-x)=-f(x)$，则函数 $f(x)$ 为奇函数，且图像关于原点对称；若 $f(-x)=f(x)$，则函数 $f(x)$ 为偶函数，且图像关于 y 轴对称.

【全真模拟】

1. 下列函数为偶函数的是(　　).

  A. $f(x)=2x$ B. $f(x)=x^2$

  C. $f(x)=x$ D. $f(x)=2^x$

2. 下列函数为奇函数的是(　　).

  A. $f(x)=x$ B. $f(x)=x^2+1$

  C. $f(x)=|x|$ D. $f(x)=\log_2 x$

3. 若函数 $f(x)$ 为偶函数，且 $f(-2)=4$，则 $f(2)=$ ＿＿＿＿＿＿.

4. 若函数 $f(x)$ 为奇函数，且 $f(3)=-2$，则 $f(-3)=$ ＿＿＿＿＿＿.

5. 已知函数 $f(x)=2x+m$.

(1)若函数图像过点 $(1,-2)$，求 m 的值.

(2)若函数 $f(x)$ 为奇函数，求 m 的值.

*考点 4：对数的运算

【考点解析】

本考点主要考查积、商、幂的对数运算，通常将对数式化为同底的对数，然后根据积、商、幂的对数运算法则和对数的性质进行计算或化简.

本考点涉及的主要公式如下.

$\log_a(NM) = \log_a N + \log_a M$，$\log_a\left(\dfrac{M}{N}\right) = \log_a M - \log_a N$，$\log_a M^n = n\log_a M$.

【全真模拟】

1. 计算：$\log_2 \dfrac{1}{2} + \log_2 8 = $ _____ .

2. 计算：$\log_3 6 - \log_3 2 = $ _____ .

3. 下列选项正确的是(　　).
   A. $\lg 2 + \lg 5 = \lg 7$ 　　　　　　　　　　B. $\lg 2 \times \lg 5 = \lg 10$
   C. $\lg 6 - \lg 3 = \lg 2$ 　　　　　　　　　　D. $\lg 10^{-1} = 0.1$

4. $\dfrac{\log_2 8}{\log_2 4}$ 的值是(　　).
   A. 0 　　　　　　B. 1 　　　　　　C. $\dfrac{3}{2}$ 　　　　　　D. 2

5. 计算：$\log_5 125 = $ _____ .

*考点 5：三角函数值符号判定

【考点解析】

本考点主要考查三角函数值符号的判定，关键是确定角所在的象限，并依据三角函数值在各象限的符号特征判定，特别要注意界限角的三角函数值符号.

三角函数值在各象限的符号：第一象限三角函数值全为正，第二象限正弦值为正，第三象限正切值为正，第四象限余弦值为正.

【全真模拟】

1. 若 $-1 < \sin\alpha < 0$，则角 α 所在的象限是(　　).
   A. 第一象限或第三象限 　　　　　　B. 第二象限或第四象限
   C. 第二象限或第三象限 　　　　　　D. 第三象限或第四象限

2. 下列各式的值为负数的是(　　).
   A. $\sin 30°$ 　　　　B. $\cos(-45°)$ 　　　　C. $\tan 150°$ 　　　　D. $\sin 120°$

3. 若 $\alpha \in \left(\dfrac{\pi}{2}, \pi\right)$，则 $\cos\alpha$ 的值(　　).
   A. 大于零 　　　　　　　　　　　　B. 小于零

C. 等于零　　　　　　　　　　　　D. 大于零或小于零

4. 若 $\sin\alpha>0$，$\cos\alpha<0$，则角 α 是第（　　）象限角.

　A. 一　　　　B. 二　　　　C. 三　　　　D. 四

5. 下列各式正确的是（　　）.

　A. $\sin\left(-\dfrac{\pi}{6}\right)>0$　　　　　　B. $\cos\left(-\dfrac{\pi}{2}\right)<0$

　C. $\sin\dfrac{3\pi}{4}<0$　　　　　　　　　D. $\tan\pi=0$

＊考点 6：正弦函数的图像与性质

【考点解析】

本考点主要考查正弦函数的图像特征和性质，能用 $(0,0)$，$\left(\dfrac{\pi}{2},1\right)$，$(\pi,0)$，$\left(\dfrac{3\pi}{2},-1\right)$，$(2\pi,0)$ 五个点作出正弦函数在 $[0,2\pi]$ 上的简图，并能借助图像理解正弦函数的有关性质.

正弦函数的主要性质： $-1\leqslant\sin x\leqslant 1$，即正弦函数的最大值为 1，最小值为 -1；

正弦函数是周期函数，且最小正周期为 2π；

正弦函数在 $\left[-\dfrac{\pi}{2}+2k\pi,\dfrac{\pi}{2}+2k\pi\right]$ $(k\in\mathbf{Z})$ 上是增函数，在 $\left[\dfrac{\pi}{2}+2k\pi,\dfrac{3\pi}{2}+2k\pi\right]$ $(k\in\mathbf{Z})$ 上是减函数.

【全真模拟】

1. 函数 $y=1+\sin x$ 在 $[0,2\pi]$ 上的图像是（　　）.

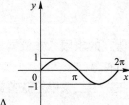
A.

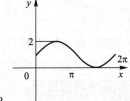
B.

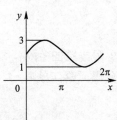
C.

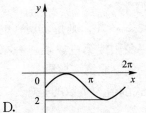
D.

2. 关于正弦函数的性质描述错误的是（　　）.

　A. 最大值为 1　　　　　　　　　B. 值域为 $[-1,1]$

　C. 最小正周期为 2π　　　　　　D. 在 $[0,\pi]$ 上是增函数

3. 函数 $y=\sin x+2024$ 的最小正周期为_____.
4. 比较大小：$\sin 15°$ _____ $\sin 20°$.（填">"或"<"）
5. 函数 $y=\sin x+1$ 的最小值为（　　）.
   A. -1　　　　　B. 0　　　　　C. 1　　　　　D. 2

＊考点7：已知三角函数值求角

【考点解析】
本考点主要考查在 $(0, 2\pi)$ 范围内已知三角函数值求角，根据三角函数值的符号法则和诱导公式求出相应的值.

【全真模拟】

1. 若 $\sin\alpha=\dfrac{1}{2}$，且 $\alpha\in\left(0, \dfrac{\pi}{2}\right)$，则 $\alpha=$ _____.

2. 若 $\cos\alpha=-1$，且 $\alpha\in(0, 2\pi)$，则 $\alpha=$ _____.

3. 在 $\triangle ABC$ 中，已知 $\sin A=1$，则 $A=$ _____.

4. 在 $\triangle ABC$ 中，若 $\cos A=-\dfrac{1}{2}$，则 $\triangle ABC$ 是（　　）.
   A. 锐角三角形　　B. 直角三角形　　C. 钝角三角形　　D. 无法判定

5. 若 $\tan\alpha=1$，且 $\alpha\in(0, \pi)$，则 $\alpha=$（　　）.
   A. $\dfrac{\pi}{6}$　　　　　　　　　　　　B. $\dfrac{\pi}{4}$
   C. $\dfrac{\pi}{6}$ 或 $\dfrac{5\pi}{6}$　　　　　　　　D. $\dfrac{\pi}{4}$ 或 $\dfrac{3\pi}{4}$

＊考点8：点到直线的距离公式

【考点解析】
本考点主要考查点到直线的距离公式，直线方程需化为一般式再代入公式求值.
本考点涉及的主要公式如下.
点 (x_0, y_0) 到直线 $Ax+By+C=0$ 的距离 $d=\dfrac{|Ax_0+By_0+C|}{\sqrt{A^2+B^2}}$.
特别地，点 (x_0, y_0) 到直线 $x=x_1$ 的距离 $d=|x_0-x_1|$，到直线 $y=y_1$ 的距离 $d=|y_0-y_1|$.

【全真模拟】

1. 原点 O 到直线 $y=x+1$ 的距离是（　　）.
   A. 0　　　　　B. $\dfrac{\sqrt{2}}{2}$　　　　　C. 1　　　　　D. $\sqrt{2}$

2. 点 $P(-2,3)$ 到 y 轴的距离为_____.

3. 若点 $A(a,0)$ 到直线 $x-y=0$ 的距离为 $\sqrt{2}$，则 a 的值等于_____.

4. 已知直线 $x+y+1=0$ 与 $x+y-3=0$ 互相平行，则这两条平行线之间的距离为_____.（提示：可以转化为一条直线上的一点到另一条直线的距离）

5. 在△ABC中，已知三个顶点坐标分别为 $A(0,3)$、$B(-1,-2)$、$C(1,0)$.
(1) 求边 BC 的长度.
(2) 求边 BC 所在直线方程.
(3) 求△ABC 的面积.

＊考点9：平面的概念及性质

【考点解析】
本考点主要考查平面的概念及确定平面的基本性质，涉及的主要公理及其推论如下.
公理1　经过不在同一条直线上的三点，有且只有一个平面.
推论1　经过一条直线和该直线外一点有且只有一个平面.
推论2　经过两条相交直线有且只有一个平面.
推论3　经过两条平行直线有且只有一个平面.
公理2　如果一条直线上有两个点在一个平面内，那么这条直线上的所有点都在这个平面内.
公理3　如果两个平面有一个公共点，那么它们有且只有一条经过该点的公共直线.

【全真模拟】
1. 下列条件能确定一个平面的是(　　).
　　A. 三个点　　　　　　　　　B. 两条相交直线
　　C. 一个点和一条直线　　　　D. 两条直线

2. 两个平面至多把空间分成(　　).
　　A. 1个部分　　　　　　　　B. 2个部分
　　C. 3个部分　　　　　　　　D. 4个部分

3. 已知点 A 在直线 l 外，直线 l 在平面 α 内，则下列关系正确的是(　　).
　　A. $A\in l$　　　　　　　　B. $A\in \alpha$
　　C. $l\subseteq \alpha$　　　　　　　　D. $l\cap \alpha=A$

4. 若平面 α 与平面 β 相交，则下列命题是真命题的是(　　).
　　A. 平面 α 与平面 β 没有公共点　　　B. 平面 α 与平面 β 只有1个公共点
　　C. 平面 α 与平面 β 相交有2个公共点　D. 平面 α 与平面 β 有无数多个公共点

5. 下列命题是真命题的是(　　).
　　A. 三角形是平面图形　　　　B. 四边形是平面图形
　　C. 圆柱是平面图形　　　　　D. 长方体是平面图形

*考点 10：球

【考点解析】

本考点主要考查球的概念、球的表面积和体积公式，并理解球的半径与表面积、体积之间的关系.

本考点涉及的主要公式如下.

球的表面积公式：$S=4\pi R^2$.

球的体积公式：$V=\dfrac{4}{3}\pi R^3$.

【全真模拟】

1. 已知球的半径为 3，则该球的表面积为_____.

2. 若球的体积为 $\dfrac{32\pi}{3}$，则该球的半径为_____.

3. 表面积为 4π 的球的大圆周长为_____.

4. 已知棱长为 2 的正方体容器中有一内切球，则该球的表面积为_____.（提示：正方体的内切球直径即正方体的棱长）

5. 若两个球的半径之比为 1∶2，则它们的体积之比为_____.

*考点 11：三视图

【考点解析】

本考点主要考查简单几何体的三视图，要求能结合立体几何实物或图形画出三视图，也能从三视图得到立体几何图形，关键是抓住"长对正、高平齐、宽相等"的画法规则.

三视图的画法主要规则：长对正，即主视图中的长与俯视图中的长相同；高平齐，即主视图中的高与左视图中的高相等；宽相等，即俯视图中的宽与左视图中的宽相等.

【全真模拟】

1. 如图所示，一个水平放置的圆锥，它的俯视图可能为(   ).

A.   B.   C. ○ D.

2. 如图所示，一个水平放置的圆柱，它的主视图可能为(   ).

A.   B.   C. ▭ D.

3. 若一个水平放置的长方体的主视图与左视图如图所示，则该长方体的表面积为_____.

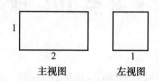
主视图　　左视图

4. 已知一个球的左视图是半径为 2 的圆，则该球的表面积为_____.

5. 如图所示的某工件，其俯视图是(　　).

   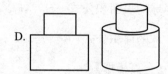
A.　　　　　B.　　　　　C.　　　　　D.

*考点 12：随机事件

【考点解析】

本考点主要考查随机事件的有关概念，在一定条件下，事件根据发生的可能性大小通常分为随机事件、必然事件和不可能事件.

随机事件：在一定条件下，可能发生，也可能不发生的事件. 发生的概率 $0<P(A)<1$.

必然事件：在一定条件下，一定会发生的事件. 发生的概率 $P(A)=1$.

不可能事件：在一定条件下，一定不会发生的事件. 发生的概率 $P(A)=0$.

【全真模拟】

1. 下列事件中，是必然事件的是(　　).
 A. 买一张彩票中奖　　　　　　　　B. 三角形中两边之和大于第三边
 C. 明天是晴天　　　　　　　　　　D. 经过有交通信号灯的路口遇到红灯

2. 不可能事件 $\varnothing$ 发生的概率满足(　　).
 A. $P(\varnothing)>0$　　B. $P(\varnothing)=1$　　C. $0<P(\varnothing)<1$　　D. $P(\varnothing)=0$

3. 下列现象中，为随机事件的是(　　).
 A. 掷一枚硬币，出现反面朝上　　　B. 火柴点燃时，产生热量
 C. 在标准大气压下，水的沸点是 100 ℃　D. 5 是 3 的倍数

4. 小明从放置了 3 个白色小球和 2 个黑色小球的盒子中随机摸出一个小球，则摸出的小球颜色为_____.

5. 某校计划选派教师参加比赛，甲、乙、丙、丁 4 名教师积极报名参加. 其中甲是男教师，其余 3 人均是女教师，则"随机抽取 1 人，甲恰好被抽中"是_____事件；"随机抽取 2 人，有女教师被抽中"是_____事件.

＊ 考点13：抽签法

【考点解析】

本考点主要考查抽签法的有关概念及主要步骤，抽签法通常适用于总体容量和样本容量都不大的抽样问题．

抽签法的主要步骤如下．

(1)把总体中的 N 个个体编号；

(2)把号码写在号签上；

(3)将号签放在一个不透明的容器内，并搅拌均匀；

(4)依次从中抽取 n 个号签，得到相应编号的 n 个样本．

【全真模拟】

1. 某班要从10名学生中选3名学生参加语文阅读比赛，制作了10个形状、大小相同的签，抽签中确保公平性的关键是(   )．

  A. 制签   B. 搅拌均匀   C. 逐一抽取   D. 抽取后不放回

2. 甲、乙、丙3位同学争着去参加一个公益活动，抽签决定谁去．下列说法正确的是(   )．

  A. 前面抽的同学抽到的可能性大   B. 三人抽到的可能性相等

  C. 后面抽的同学抽到的可能性小   D. 以上都不对

3. 用抽签法进行抽样有如下步骤．

①把号码写在形状、大小相同的号签上(号签可以用小球、卡片、纸条等制作)．

②将总体中的每个个体编号．

③从容器中逐个不放回地抽取号签，将取出号签所对应的个体作为样本．

④将这些号签放在一个容器内并搅拌均匀．

这些步骤的先后顺序应为_____．

  A. ②①④③   B. ②③④①   C. ①③④②   D. ①④②③

4. 已知一个总体中有100个个体，用抽签法从中抽取一个容量为20的样本，则每个个体被抽到的可能性是_____．

5. 为了解某学校高三400名学生的视力情况，从中抽取50名学生检测其是否近视.

(1)在这个问题中，总体、样本各是什么？

(2)为深入了解这50名学生的视力情况，从中随机抽取6人，请写出利用抽签法抽取该样本的过程．

*考点 14：系统抽样

【考点解析】

本考点主要考查系统抽样的有关概念及主要步骤，系统抽样通常适用于总体容量和样本容量都较大的抽样问题．

系统抽样的主要步骤如下．

(1)将总体的 N 个个体编号；

(2)确定分段间隔 k，k 为总体容量 N 与样本容量 n 的比值的整数部分；

(3)在第一段用简单随机抽样确定起始的个体编号 l；

(4)按一定的规则抽取样本，通常是抽取 l，$l+k$，$l+2k$，…，依次进行下去，从而得到相应编号的样本．

【全真模拟】

1. 某演讲大厅有座位 45 排，每排 40 个座位，共 1 800 个座位．假设某场演讲恰好将座位坐满，为了解观众的意见，需要抽取 45 名观众进行座谈，则最合理的抽样方法是(   )．

  A. 抽签法   B. 分层抽样法   C. 系统抽样法   D. 以上都不合适

2. 某校从编号为 1，2，…，300 的 300 名学生中，用系统抽样的方法抽取一个容量为 30 的样本展开学习习惯调查．已知样本的编号由小到大依次为 6，16，26，m，46，…，296，那么 m 等于(   )．

  A. 54   B. 36   C. 22   D. 11

3. 某校为组建校运动会教师裁判组，将 100 名教师从 1 开始编号，依次为 1，2，…，100，从这些教师中用系统抽样方法等距抽取 10 名教师作为裁判．若 23 号教师被抽到，则下列各选项中的教师一定会被抽到的是(   )．

  A. 1 号教师   B. 32 号教师   C. 56 号教师   D. 73 号教师

4. 为了解某年级 1 000 名学生的近视情况，采用系统抽样的方法，从中抽取容量为 50 的样本，则分段的间隔为_____．

5. 为调查学生的课外阅读情况，学校从高二年级四个班的 182 人中随机抽取 30 人了解情况．若用系统抽样的方法，则抽样的间隔为_____．

*考点 15：分层抽样

【考点解析】

本考点主要考查分层抽样的有关概念及主要步骤，分层抽样通常适用于总体由差异明显的几部分组成的抽样问题．

分层抽样的主要步骤如下．

(1)按某种特征将总体分成若干部分(层)；

(2)确定抽样比 k,k 为样本容量与总体容量的比值,即 $k=\dfrac{n}{N}$;

(3)按抽样比确定每层抽取的个体数;

(4)各层分别按适当方法抽取个体,合在一起就是所需的样本.

【全真模拟】

1. 某中学有老年教师 20 人、中年教师 65 人、青年教师 95 人,为了调查他们的健康状况,需从他们当中抽取一个容量为 36 的样本,则合适的抽样方法是(　　).

  A. 抽签法　　　　B. 随机数法　　　　C. 分层抽样　　　　D. 系统抽样

2. 据统计,某校有 700 名喜欢运动的高一学生、400 名喜欢运动的高二学生、400 名喜欢运动的高三学生,校体育兴趣小组欲采用分层抽样的方法在全校抽取 15 名学生进行学生喜好的运动项目调查,则下列说法正确的是(　　).

  A. 每名高三学生被抽到的可能性最大

  B. 每名高三学生被抽到的可能性最小

  C. 每名高一学生被抽到的可能性最大

  D. 每名学生被抽到的可能性相等

3. 某学校现有男女生共 2 000 人,为了解学生的体质健康合格情况,决定采用分层抽样的方法从全校学生中抽取一个容量为 400 的样本,其中被抽到的男生人数为 180,那么这所学校的男生人数为_____.

4. 某天文馆计划从 18 名女志愿者、12 名男志愿者中选 10 人参加展览讲解工作,若按照性别进行分层随机抽样,则应抽取的女志愿者人数为_____.

5. 某空调生产企业甲、乙、丙 3 个车间生产了同一种空调,数量分别为 2 400 台、1 600 台、1 200 台. 为了解 3 个车间生产的产品质量是否存在显著差异,用分层抽样方法抽取了一个容量为 n 的样本进行调查. 已知从乙车间的产品中抽取了 40 台,求抽取的样本容量 n。

*考点 16：频率分布直方图

【考点解析】

本考点主要考查频率分布直方图画法及表达的数据统计意义. 统计数据通常借助频率分布直方图,形象、直观地呈现数据的分布情况. 频率分布直方图中每个小长方形的面积表示数据落在该组内的频率,所有小长方形的面积之和(即频率之和)为 1. 本考点涉及的主要公式如下.

$$\text{频率}=\dfrac{\text{频数}}{\text{样本容量}}$$

频率分布直方图画法的主要步骤如下.
(1)计算极差,即数据中的最大值减去最小值;
(2)确定组数和组距,组数应力求合适,以使数据的分布规律能较清楚地呈现出来;
(3)将数据分组;
(4)列频率分布表,一般分为分组、频数和频率三列;
(5)画出频率分布直方图,横轴表示分组,纵轴表示频率与组距的比值.

【全真模拟】

1. 将容量为 50 的样本数据分组,并填写频率分布表,若已知某组的频率为 0.18,则该组样本的频数为( ).

  A. 9   B. 10   C. 18   D. 20

2. 为了解某社区女性的身高情况,从中抽出 20 名进行测量,结果如下(单位:cm):

   149 159 142 160 156 163 145 150 148 151
   156 144 148 149 153 143 168 168 152 155

在列样本频率分布表的过程中,如果设组距为 4 cm,那么组数为_____.

3. 下图所示为某班英语成绩频率分布直方图,则样本数据在区间 $[80,90)$ 的频率为_____.

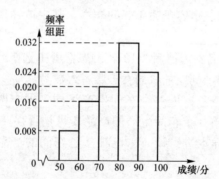

4. 某路段检查站监控录像显示,在某时段内,有 1 000 辆汽车通过该站,现在随机抽取其中 20 辆汽车进行车速分析,分析的结果如下(单位:km/h):

   62 66 71 73 76 79 80 82 83 85
   85 86 88 89 91 93 96 97 99 105

请根据信息填写下列频率分布表.

车速分布区间	频数	频率
$[60, 70)$		
$[70, 80)$		
$[80, 90)$		
$[90, 100)$		
$[100, 110)$		

5. 从某校随机抽取 100 名学生进行参加社区服务的次数调查,发现他们参加社区服务的次数都为 10~30 次,进行适当的分组后,绘制如图所示的频率分布直方图,则直方图中 a 的值为_____.

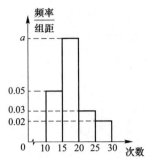

*考点 17：样本均值与样本方差

【考点解析】

本考点主要考查样本均值和样本方差的计算及其反映的数据分布情况,统计数据除用图表表示之外,还可以用它们的一些数字特征表示,较为常用的是样本均值与样本方差. 样本均值反映样本数据的总体水平,样本方差反映样本数据的稳定程度.

本考点涉及的主要公式如下.

已知数据 $x_1, x_2, \cdots, x_n$,则这 n 个数据的均值与方差分别如下.

均值:$\bar{x} = \dfrac{x_1 + x_2 + \cdots x_n}{n}$;

方差:$s^2 = \dfrac{1}{n-1}[(x_1 - \bar{x})^2 + (x_2 - \bar{x})^2 + \cdots + (x_n - \bar{x})^2]$.

【全真模拟】

1. 若一组样本数据 1,2,x,4 的样本均值是 2,则这组数据中 x 的值为(   ).
   A. 4   B. 3   C. 2   D. 1

2. 经过计算,某百米赛跑的 3 位运动员多次训练成绩的均值和方差如下(单位:s):A 运动员的均值和方差分别为 12,8;B 运动员的均值和方差分别为 15,10;C 运动员的均值和方差分别为 14,16. 下列结论正确的是(   ).
   A. 从数据的波动情况看,C 运动员成绩最为稳定
   B. 从数据的平均水平看,B 运动员成绩最好
   C. 从数据的波动情况看,A 运动员成绩最不稳定
   D. 从数据的平均水平看,A 运动员成绩最好

3. 某班学生高二期末考试的数学成绩样本数据统计结果如下表所示.

学生	A	B	C	D	E
成绩/分	89	90	92	91	88

则该班样本数据的均值为_____.

4. 已知一组数据的样本方差为 1.44,则这组数据的样本标准差为_____.

5. 为了解某班学生完成一份小测试的所需时间，抽取了 6 名学生测试所用时间，统计结果如下表所示.

学生	1	2	3	4	5	6
时间/min	27	38	30	37	35	31

求这组数据的样本均值和样本方差.

23. 以下各点在指数函数 $f(x)=\left(\dfrac{1}{3}\right)^x$ 的图像上的是( ).

    A. (1, 3)　　　　B. (−1, 3)　　　　C. (0, 0)　　　　D. (1, 1)

24. 已知两点 $A(2,3)$, $B(a,b)$, 线段 AB 的中点为 $C(1,-2)$, 则点 B 的坐标是( ).

    A. (1, −7)　　　　B. (1, 1)　　　　C. (0, −7)　　　　D. (0, 1)

25. 过点 $A(-2,3)$, 且倾斜角为 $45°$ 的直线方程为( ).

    A. $y-3=x+2$　　　　B. $y+3=x+2$

    C. $y-3=-x+2$　　　　D. $y-3=-x-2$

26. 以 $(-1,-2)$ 为圆心, 2 为半径的圆的标准方程为( ).

    A. $(x-1)^2+(y-2)^2=2$　　　　B. $(x-1)^2+(y-2)^2=4$

    C. $(x+1)^2+(y+2)^2=2$　　　　D. $(x+1)^2+(y+2)^2=4$

27. 已知直线 $ax-y=0$ 与直线 $y=-2x+1$ 平行, 则 $a=$( ).

    A. 2　　　　B. −2　　　　C. 1　　　　D. −1

28. 正四棱锥底面边长为 2, 高为 9, 则正四棱锥体积为( ).

    A. 18　　　　B. $\dfrac{18}{3}$　　　　C. 36　　　　D. 12

29. 小兰放学回家, 从学校匀速走到车站, 等候公交车停留了一段时间, 再坐公交车回家(一路畅通), 与以上事件吻合得最好的图像是( ).

    A.　　　　B.　　　　C.　　　　D.

30. 一个布袋内只装有 2 个白球和若干个红球, 这些球除颜色外其余都相同, 随机摸出一个球, 摸到红球的概率是 $\dfrac{5}{6}$, 则红球有( ).

    A. 5 个　　　　B. 6 个　　　　C. 10 个　　　　D. 12 个

非选择题部分(共 40 分)

二、填空题(本大题共 10 小题, 每小题 2 分, 共 20 分)

31. 若 $a,b\in\mathbf{R}$, 集合 $\{1,3\}\subseteq\{1,2,a\}$, 则 $a=$ _____.

32. 函数 $f(x)=\dfrac{1}{x+2}$ 的定义域为 _____.

33. 已知 $m>n>0$, 则 $\left(\dfrac{1}{2}\right)^m$ _____ $\left(\dfrac{1}{2}\right)^n$. (填">"或"<")

34. 若全集 $U=\mathbf{R}$, $A=\{x|x>2\}$, 则 $\complement_U A=$ _____.

35. 若 $a,2,6$ 成等差数列, 则 $a=$ _____.

1. 下列直线斜率为 2 的是( ).
   A. $y=x+2$ B. $y=-x+2$
   C. $y=2x+1$ D. $y=-2x+1$

2. 直线 $x-y+3=0$ 与直线 $x=1$ 的交点坐标是( ).
   A. (1, 2)   B. (1, 4)   C. (2, 1)   D. (4, 1)

3. 不等式 $3-|x|<0$ 的解集为( ).
   A. $(3, +\infty)$ B. $(-\infty, -3)\cup(3, +\infty)$
   C. $(-\infty, 3)\cup(-3, +\infty)$ D. $(-3, 3)$

4. $-120°$ 角的终边在( ).
   A. 第一象限   B. 第二象限   C. 第三象限   D. 第四象限

5. 下列方程中,表示焦点在 x 轴上的椭圆是( ).
   A. $x^2+y^2=1$ B. $\dfrac{x^2}{4}+\dfrac{y^2}{9}=1$
   C. $\dfrac{x^2}{9}+\dfrac{y^2}{4}=1$ D. $\dfrac{x^2}{4}-\dfrac{y^2}{9}=1$

6. 等差数列 $\{a_n\}$ 中,若 $a_2=3$,$a_4=7$,则公差 $d=$( ).
   A. 2   B. -2 C. 4   D. -4

7. 已知数列 $\{a_n\}$ 的通项公式为 $a_n=2^{n-1}$,则 $a_5=$( ).
   A. 8   B. 16   C. 32   D. 64

8. 双曲线 $\dfrac{x^2}{25}-\dfrac{y^2}{16}=1$ 的实轴长为( ).
   A. 5   B. 10   C. 25   D. 9

9. 不等式 $x(x-2)>0$ 的解集是( ).
   A. $\{x|x>2\}$ B. $\{x|x>0\}$
   C. $\{x|x>2$ 或 $x<0\}$ D. $\{x|0<x<2\}$

10. 下列计算结果正确的是( ).
    A. $2^{\log_2 3}=3$ B. $2^2 \cdot 2^3=2^6$ C. $(2^2)^3=2^5$ D. $\log_2 8=4$

11. 已知角 α 的终边经过点 $P(3,4)$,则 $\cos\alpha$ 的值是( ).
    A. $\dfrac{3}{4}$ B. $\dfrac{4}{3}$ C. $\dfrac{3}{5}$ D. $\dfrac{4}{5}$

12. 若函数 $f(x)=2x+1$ 的图像为射线,则 x 的取值范围是( ).
    A. $\mathbf{R}$ B. $2\leqslant x\leqslant 7$
    C. $x\geqslant 1$ D. $x\in\{1, 3, 4, 7\}$

13. 书架上放着 7 本不同的语文书和 9 本不同的数学书,从书架上取语文书、数学书各 1 本,不同取法的种数为( )种.
    A. 16   B. 63   C. 79   D. 7^9

23. 已知两点 $A(1,5)$，$B(3,3)$，则线段 AB 的中点坐标是（　　）.

　　A. $(1,1)$　　　　B. $(1,-1)$　　　　C. $(2,2)$　　　　D. $(2,4)$

24. 以下各点在指数函数 $f(x)=\left(\dfrac{1}{4}\right)^x$ 的图像上的是（　　）.

　　A. $(1,4)$　　　　B. $(-1,4)$　　　　C. $(-1,-4)$　　　　D. $(0,0)$

25. 过点 $P(-2,0)$，且斜率是 3 的直线方程为（　　）.

　　A. $y=3x-2$　　　　B. $y=3(x-2)$　　　　C. $y=3x+2$　　　　D. $y=3(x+2)$

26. 圆 $(x+1)^2+(y-2)^2=3$ 的圆心坐标与半径分别是（　　）.

　　A. $(1,-2)$，$\sqrt{3}$　　B. $(-1,2)$，$\sqrt{3}$　　C. $(1,-2)$，3　　D. $(-1,2)$，3

27. 直线 $2x+y+1=0$ 与直线 $4x+2y-1=0$ 的位置关系是（　　）.

　　A. 平行　　　　B. 垂直　　　　C. 相交但不垂直　　　　D. 重合

28. 同时抛掷两枚骰子，"其中一枚骰子的点数恰好是另一枚骰子点数的 2 倍"的概率为（　　）.

　　A. $\dfrac{1}{12}$　　　　B. $\dfrac{5}{36}$　　　　C. $\dfrac{1}{6}$　　　　D. $\dfrac{1}{2}$

29. 正四棱锥的底面边长为 2，高为 3，则此四棱锥的体积为（　　）.

　　A. 2　　　　B. 4　　　　C. 6　　　　D. 8

30. 某学生离家去学校，由于怕迟到，所以一开始就跑步，等跑累了再走余下的路程．如图所示，横轴表示出发后的时间，纵轴表示离家的距离，则四个图形中较符合该学生走法的是（　　）

非选择题部分（共 40 分）

二、填空题（本大题共 10 小题，每小题 2 分，共 20 分）

31. 若集合 $\{1,a,3\}=\{1,2,3\}$，则 $a=$ ＿＿＿＿＿＿．

32. 函数 $f(x)=\dfrac{1}{x-3}$ 的定义域为＿＿＿＿＿＿．

33. 已知 $m>n>0$，则 m^2 ＿＿＿＿＿＿ n^2．（填">"或"<"）

34. 已知集合 $A=\{x|x>1\}$，$B=\{x|x>2\}$，则 $A\cup B=$ ＿＿＿＿＿＿．

35. 已知点 $A(2,6)$，$B(1,7)$，则 $|AB|=$ ＿＿＿＿＿＿．

36. 若 $2,a,4$ 构成等比数列，则 $a=$ ＿＿＿＿＿＿．

37. 函数 $y=3+\sin x$ 的最小值为＿＿＿＿＿＿．

38. 过点 $P(1,2)$ 且倾斜角为 $45°$ 的直线方程为＿＿＿＿＿＿．

已知直线 $y=-3x+2$，则该直线的斜率是（　　）．

A. 2   B. -2 C. 3   D. -3

直线 $x-y+3=0$ 与 y 轴的交点坐标是（　　）．

A. $(3,0)$ B. $(0,3)$ C. $(-3,0)$ D. $(0,-3)$

不等式 $|x|<3$ 的解集为（　　）．

A. $(3,+\infty)$ B. $(-\infty,-3)\cup(3,+\infty)$
C. $(-\infty,3)\cup(-3,+\infty)$ D. $(-3,3)$

320°角的终边在（　　）．

A. 第一象限   B. 第二象限   C. 第三象限   D. 第四象限

等比数列 $1,-3,9,-27,81,\cdots$ 的公比 q 是（　　）．

A. 2   B. 3   C. -3 D. $\dfrac{1}{3}$

焦点在 x 轴上，长轴长为 8，离心率为 $\dfrac{1}{2}$ 的椭圆的标准方程为（　　）．

A. $\dfrac{x^2}{16}+\dfrac{y^2}{12}=1$ B. $\dfrac{x^2}{16}-\dfrac{y^2}{12}=1$

C. $\dfrac{x^2}{12}+\dfrac{y^2}{16}=1$ D. $\dfrac{x^2}{12}-\dfrac{y^2}{16}=1$

已知等差数列 $\{a_n\}$ 中，$a_1=3$，$a_4=6$，则 $a_7=$（　　）．

A. 7   B. 8   C. 9   D. 10

下列计算结果正确的是（　　）．

A. $4^{-1}=-4$ B. $\sqrt{4}=\pm 2$

C. $\sqrt{(-4)^2}=-4$ D. $\sqrt[3]{(-4)^3}=-4$

抛物线 $x^2=4y$ 的准线方程是（　　）．

A. $x=1$ B. $x=-2$ C. $y=-1$ D. $y=-2$

不等式 $(x+4)(x-2)\leqslant 0$ 的解集是（　　）．

A. $(-4,2)$ B. $(-2,4)$
C. $[-4,2]$ D. $(-\infty,-4)\cup(2,+\infty)$

已知角 α 的终边经过点 $P(1,-2)$，则 $\tan\alpha$ 的值是（　　）．

A. $-\dfrac{1}{2}$ B. $\dfrac{1}{2}$ C. -2 D. 2

函数 $f(x)=-2x+1(x\geqslant 3)$，则此函数的图像是（　　）．

A. 直线   B. 射线   C. 线段   D. 离散的点

一个袋子里放有 6 个不同的白球，另一个袋子里放有 8 个不同的黑球，现从两袋子里各取一个球，不同取法的种数为（　　）．

A. 6   B. 8   C. 14   D. 48

25. 已知直线的斜率为2，且过点(-1，1)，则该直线的点斜式方程为(　　).
   A. $y=2x+3$ B. $y+1=2(x-1)$
   C. $y-1=2(x-1)$ D. $y-1=2(x+1)$

26. 圆$(x+1)^2+(y-2)^2=9$的圆心坐标与半径分别是(　　).
   A. $(-1，2)$，3   B. $(1，-2)$，3
   C. $(-1，2)$，9   D. $(1，-2)$，9

27. 直线$y=2x+20$与$y=-\frac{1}{2}x-1$的位置关系是(　　).
   A. 平行   B. 相交且垂直
   C. 相交但不垂直   D. 重合

28. 抛掷一枚骰子，"点数为偶数"的概率是(　　).
   A. $\frac{1}{4}$ B. $\frac{1}{3}$ C. $\frac{1}{2}$ D. 1

29. 已知圆锥的底面半径为1，高为6，则此圆锥的体积为(　　).
   A. 2π B. 3π C. 6π D. 9π

30. 某旅行社组织了一个旅行团到我市某景点旅游，该景点的门票价格规定如表所示.

购票人数	10人以内	10至30人	30人以上
每人门票价格/元	150	每人打九折	120

若该旅行社购买门票一共花了3 960元，则该旅行团一共有(　　)人.
   A. 26   B. 29   C. 33   D. 35

非选择题部分(共40分)

二、填空题(本大题共10小题，每小题2分，共20分)

31. 集合$A=\{1，3\}$，$B=\{1，2，a\}$，若$A\cap B=A$，则$a=$_____.

32. 函数$f(x)=\sqrt{x-2}$的定义域是_____.

33. 已知$m>n$，则$\left(\frac{1}{3}\right)^m$_____$\left(\frac{1}{3}\right)^n$. （填">"或"<"）

34. 集合$A=\{x|x>1\}$，$B=\{x|x<2\}$，则$A\cap B=$_____.

35. 已知点$A(1，1)$，$B(3，2)$，则线段AB的长度为_____.

36. 已知10，G，40成等比数列，则$G=$_____.

37. 函数$y=-10\sin x+5$的最大值为_____.

38. 直线方程$2x-y+3=0$的斜率为_____.

39. 在$\triangle ABC$中，已知$\cos A=\frac{1}{2}$，则$\tan A$_____.

40. 已知长方体的长、宽、高分别为2，4，5，则此长方体的表面积为_____.

1. 直线 $x-y+2=0$ 与 y 轴的交点坐标是( ).
   A. $(0,2)$ B. $(2,0)$
   C. $(0,-2)$ D. $(-2,0)$

2. 不等式 $|x|<2$ 的解集是( ).
   A. $\{x|x>-2\}$ B. $\{x|x<2\}$
   C. $\{x|-2<x<2\}$ D. $\{x|x<-2\text{ 或 }x>2\}$

3. 角的终边在第二象限的是( ).
   A. $50°$ B. $100°$ C. $-50°$ D. $-100°$

4. 双曲线 $\dfrac{x^2}{16}-\dfrac{y^2}{9}=1$ 的离心率为( ).
   A. $\dfrac{4}{5}$ B. $\dfrac{3}{5}$ C. $\dfrac{5}{3}$ D. $\dfrac{5}{4}$

5. 在等比数列 $\{a_n\}$ 中，$a_2=10$，$q=2$，则 $a_4=$( ).
   A. 20   B. 40   C. 60   D. 80

6. 已知数列 $\{a_n\}$ 的通项公式 $a_n=2n-7$，则 $a_5=$( ).
   A. 3   B. 5   C. 8   D. 9

7. 下列计算正确的是( ).
   A. $2^{-1}=-2$ B. $\pi^0=1$ C. $\lg 10^2=10$ D. $(2^2)^3=2^5$

8. 椭圆 $\dfrac{x^2}{16}+\dfrac{y^2}{25}=1$ 的焦距为( ).
   A. 6   B. 4   C. 10   D. 9

9. 不等式 $(x+3)(x-10)<0$ 的解集是( ).
   A. $\{x|3<x<10\}$ B. $\{x|-3<x<10\}$
   C. $\{x|-10<x<3\}$ D. $\{x|x<-3\text{ 或 }x>10\}$

10. 已知角 α 的终边经过点 $P(4,-3)$，则 $\sin\alpha=$( ).
    A. $\dfrac{3}{5}$ B. $\dfrac{4}{5}$ C. $-\dfrac{3}{5}$ D. $-\dfrac{4}{3}$

11. 函数 $f(x)=3x+4(x\geqslant 2\,023)$，则此函数的图像是( ).
    A. 直线   B. 射线   C. 线段   D. 离散的点

12. 袋子里装有 3 个不同的红球、4 个不同的白球、5 个不同的蓝球，现从袋内各取一个球，共有( )种不同取法.
    A. 12   B. 60   C. 96   D. 100

13. 以下各点在指数函数 $f(x)=\left(\dfrac{1}{3}\right)^x$ 的图像上的是( ).
    A. $(0,0)$ B. $(1,1)$ C. $(-1,-3)$ D. $(0,1)$

14. 已知点 $A(-3,-2)$，$B(1,4)$，则线段 AB 的中点坐标是( ).
    A. $(-2,3)$ B. $(2,3)$ C. $(1,-1)$ D. $(-1,1)$

23. 以下各点在指数函数 $f(x)=3^x$ 的图像上的是( ).
    A.(0,0)　　　　B.(1,1)　　　　C.(-1,-3)　　　　D.(0,1)

24. 已知两点 $A(-3,2)$，$B(1,-4)$，则线段 AB 的中点坐标是( ).
    A.(-1,3)　　　　　　　　　B.(-1,-1)
    C.(1,-2)　　　　　　　　　D.(2,-2)

25. 已知直线的斜率为 -1，在 y 轴上的截距是 2，则该直线方程是( ).
    A.$y=-2x-1$　　　　　　　B.$y=-x+2$
    C.$y=2x-1$　　　　　　　　D.$y=-x+1$

26. 圆 $(x-1)^2+(x-3)^2=16$ 的圆心坐标与半径分别是( ).
    A.(1,3), 4　　　　　　　　B.(1,-3), 4
    C.(1,3), 16　　　　　　　 D.(1,-3), 16

27. 直线 $y=4x+20$ 与直线 $y=3x-2$ 的位置关系是( ).
    A. 平行　　　　　　　　　　B. 垂直
    C. 相交但不垂直　　　　　　D. 重合

28. 抛掷一枚骰子，"点数为 3"的概率是( ).
    A.$\frac{1}{2}$　　　B.$\frac{1}{4}$　　　C.$\frac{1}{6}$　　　D.1

29. 已知球的半径为 1，则此球的表面积为( ).
    A.2π　　　　B.4π　　　　C.6π　　　　D.8π

30. 某公司招聘员工，面试人数 y 满足公式 $y=\begin{cases}4x, & 1\leqslant x\leqslant 10,\\ 2x+10, & 10<x\leqslant 100,\\ 1.5x, & x>100\end{cases}$，其中 x 表示拟录取人数

    现已知面试人数为 60 人，则该公司拟录取人数为( ).
    A.25 人　　　　B.30 人　　　　C.40 人　　　　D.45 人

非选择题部分(共 40 分)

二、填空题(本大题共 10 小题，每小题 2 分，共 20 分)

31. 集合 $A=\{1,a\}$，$B=\{1,2,3\}$，若 $A\subseteq B$，则 $a=$ _____ .

32. 集合 $A=\{x|x<-1\}$，$B=\{x|x>2\}$，则 $A\cup B=$ _____ .

33. 已知 $m>n>0$，则 $\log_2 m$ _____ $\log_2 n$. (填">"或"<")

34. 已知 $A(1,0)$，$B(1,b)$，若线段 AB 的长度为 3，则 b 的值为 _____ .

35. 函数 $f(x)=\dfrac{1}{\sqrt{x+1}}$ 的定义域是 _____ .

36. 经过点 $(0,2)$，且斜率为 -1 的直线方程为 _____ .

37. 已知 10，A，50 成等差数列，则 $A=$ _____ .

38. 函数 $y=\sin 10x+100$ 的最大值为 _____ .

$\frac{\pi}{3}$ 弧度角用角度制可表示为( ).

　　A. 30°　　　　　B. 60°　　　　　C. 90°　　　　　D. 120°

已知直线 $y=-2x+1$，则该直线的斜率是( ).

　　A. -1　　　　B. 1　　　　　C. 2　　　　　D. -2

直线 $x-2y+2=0$ 与 y 轴的交点坐标是( ).

　　A. $(0,-2)$　　B. $(-2,0)$　　C. $(0,1)$　　D. $(1,0)$

不等式 $|x|\leqslant 1$ 的解集是( ).

　　A. $\{x|x\geqslant 1\}$　　　　　　　　B. $\{x|x<1\}$

　　C. $\{x|-1\leqslant x\leqslant 1\}$　　　　D. $\{x|x\leqslant -1$ 或 $x\geqslant 1\}$

$-100°$ 角的终边在( ).

　　A. 第一象限　　B. 第二象限　　C. 第三象限　　D. 第四象限

抛物线 $x^2=8y$ 的准线方程为( ).

　　A. $y=4$　　　B. $x=4$　　　C. $y=-2$　　D. $x=-2$

在等比数列 $\{a_n\}$ 中，$a_2=20$，$a_4=80$，则公比 q 是( ).

　　A. 2　　　　　B. ± 2　　　C. 4　　　　　D. ± 4

已知数列 $\{a_n\}$ 的通项公式 $a_n=3n-1$，则 $a_5=$ ( ).

　　A. 2　　　　　B. 8　　　　　C. 11　　　　D. 14

下列计算结果正确的是( ).

　　A. $3^{-2}=-9$　　　　　　　　B. $2^0=0$

　　C. $\lg 10^2=2$　　　　　　　　D. $2^2\cdot 2^3=2^6$

双曲线 $\frac{y^2}{4}-\frac{x^2}{5}=1$ 的离心率为( ).

　　A. $\frac{1}{2}$　　　　B. 2　　　　　C. $\frac{2}{3}$　　　D. $\frac{3}{2}$

不等式 $(x-12)(x-20)>0$ 的解集是( ).

　　A. $\{x|12<x<20\}$　　　　　B. $\{x|x<20\}$

　　C. $\{x|x>12\}$　　　　　　　D. $\{x|x<12$ 或 $x>20\}$

已知角 α 的终边经过点 $P(4,-3)$，则 $\tan\alpha=$ ( ).

　　A. $\frac{-3}{5}$　　　B. $\frac{4}{5}$　　　C. $-\frac{3}{4}$　　　D. $-\frac{4}{3}$

函数 $f(x)=2x-3(x\leqslant 2023)$，则此函数图像是( ).

　　A. 直线　　　　B. 射线　　　　C. 线段　　　　D. 离散的点

袋子里装有 5 个不同的红球、8 个不同的白球、10 个不同的蓝球，现从袋内任取一个球，共有( )种不同取法.

　　A. 23　　　　B. 50　　　　C. 130　　　D. 400

24. 指数函数 $y=a^x(a>0$ 且 $a\neq1)$ 过点 $(1,2)$，则 a 等于( ).

　　A. ± 2　　　　B. 2　　　　C. -2　　　　D. $\pm\dfrac{1}{2}$

25. 直线 $x=1$ 的倾斜角为( ).

　　A. $30°$　　　　B. $60°$　　　　C. $90°$　　　　D. $120°$

26. 点 $P(-1,3)$ 和圆 $x^2+y^2=16$ 的位置关系是( ).

　　A. 点 P 在圆内　　B. 点 P 在圆上　　C. 点 P 在圆外　　D. 以上都不对

27. 直线 $y=2x+3$ 与 $y=-\dfrac{1}{2}x+1$ 的位置关系是( ).

　　A. 平行　　　　B. 垂直　　　　C. 相交但不垂直　　　　D. 重合

28. 掷两次硬币，出现一次正面一次反面的概率为( ).

　　A. $\dfrac{1}{4}$　　　　B. $\dfrac{1}{3}$　　　　C. $\dfrac{1}{2}$　　　　D. $\dfrac{3}{4}$

29. 已知球的表面积为 144π，则球的体积为( ).

　　A. 48π　　　　B. 192π　　　　C. 162π　　　　D. 288π

30. 已知 A，B 两地相距 150 千米，某人开汽车以 60 千米/小时的速度从 A 地到 B 地，在 B 地停留 1 小时后再以 50 千米/小时的速度返回 A 地，把汽车离开 A 地的距离 x 表示为时间 t（小时）的函数表达式是( ).

　　A. $x=60t$

　　B. $x=60t+50t$

　　C. $x=\begin{cases}60t & (0\leqslant t\leqslant 2.5)\\ 150-50t & (t>2.5)\end{cases}$

　　D. $x=\begin{cases}60t & (0\leqslant t\leqslant 2.5)\\ 150 & (2.5<t\leqslant 3.5)\\ 150-50(t-3.5) & (3.5<t\leqslant 6.5)\end{cases}$

非选择题部分(共 40 分)

二、填空题(本大题共 10 小题，每小题 2 分，共 20 分)

31. 设全集 $U=\mathbf{R}$，集合 $A=\{x|x<2$ 或 $x>9\}$，则 $\complement_U A=$ ＿＿＿＿．

32. 函数 $f(x)=\sqrt{x-5}$ 的定义域是＿＿＿＿．

33. 若 $2^a=7$，则 $a=$ ＿＿＿＿．

34. 已知点 $A(3,4)$，$B(1,2)$，则线段 AB 中点坐标为＿＿＿＿．

35. 计算：$2^3\cdot\left(\dfrac{1}{2}\right)^3=$ ＿＿＿＿．

36. 2 与 8 的等比中项是＿＿＿＿．

37. 函数 $y=2023\sin x$ 的最大值为＿＿＿＿．

38. 斜率为 2，且过点 $(2,5)$ 的直线方程为＿＿＿＿．

39. 已知 $\sin\alpha=\dfrac{1}{2}$，且 α 为钝角，则 $\alpha=$ ＿＿＿＿．

40. 如果圆柱高为 5，底面周长为 8π，那么圆柱的侧面积为＿＿＿＿．

1. 与角 330°终边相同的角是(   ).

   A. $-30°$ B. $30°$ C. $630°$ D. $-630°$

2. 已知抛物线的焦点为$(3,0)$，则其标准方程为(   ).

   A. $x^2=12y$ B. $y^2=12x$ C. $x^2=6y$ D. $y^2=6x$

3. $30°$用弧度制可表示为(   ).

   A. $\dfrac{\pi}{6}$ B. $\dfrac{\pi}{4}$ C. $\dfrac{\pi}{3}$ D. $\dfrac{\pi}{2}$

4. 下列运算正确的是(   ).

   A. $(\sqrt{a})^2=-a$ B. $(a^{-\frac{1}{2}})^2=\dfrac{1}{a}$

   C. $4a^{-2}=\dfrac{1}{4a^2}$ D. $(-1)^{-1}=1$

5. 已知集合 $A=\{x|2<x<3\}$，$B=\{x|x\geq 3\}$，则 $A\cap B=$(   ).

   A. $\{x|x>2\}$ B. $\{x|x>3\}$

   C. $\{x|2<x<3\}$ D. $\varnothing$

6. 下列数列中，属于等差数列的是(   ).

   A. $1,2,3,5$ B. $8,5,2,-1$

   C. $2,0,2,0$ D. $-7,-4,-3,-1$

7. 方程 $4x^2+3y^2=12$ 表示的曲线为(   ).

   A. 圆   B. 椭圆   C. 双曲线   D. 抛物线

8. 不等式$(x-2)(2x+3)\leq 0$ 的解集是(   ).

   A. $\left[-\dfrac{3}{2},2\right]$ B. $\left[-\infty,-\dfrac{3}{2}\right]\cup[2,+\infty)$

   C. $\left[-\infty,-\dfrac{3}{2}\right]\cup[2,+\infty)$ D. $\left(-\dfrac{3}{2},2\right)$

9. 书架上有 4 本不同的计算机书，3 本不同的文艺书，2 本不同的英语书．现从三类不同的书中各选一本书，那么不同的选法有(   )种.

   A. 9   B. 4   C. 24   D. 14

10. 已知点 $A(-1,8)$，$B(2,4)$，则 $|AB|$ 等于(   ).

    A. 5   B. 25   C. 13   D. $\sqrt{13}$

11. 根据数列 $2,5,10,17,26,37,\cdots$ 的前 6 项的规律，可得第 7 项是(   ).

    A. 40   B. 50   C. 51   D. 41

12. 函数 $f(x)=2x$，$x\in\{1,3,5,7,9,\cdots\}$，则此函数的图像是(   ).

    A. 直线   B. 射线   C. 线段   D. 离散的点

13. 已知角 α 的终边经过点 $P(-12,5)$，则 $\sin\alpha=$(   ).

    A. $\dfrac{5}{13}$ B. $-\dfrac{5}{13}$ C. $\dfrac{5}{12}$ D. $-\dfrac{5}{12}$

C. 3，5，7，9，… D. 3，4，5，6，…

22. 函数 $f(x)=2x$，则此函数的图像是（　　）.
   A. 直线　　　B. 射线　　　C. 线段　　　D. 离散的点

23. 已知角 α 的终边经过点 $A(3,4)$，则 $\tan\alpha=$（　　）.
   A. $\dfrac{3}{5}$　　B. $\dfrac{4}{5}$　　C. $\dfrac{3}{4}$　　D. $\dfrac{4}{3}$

24. 指数函数 $y=a^x$（$a>0$ 且 $a\neq 1$）必经过的点是（　　）.
   A. $(0,0)$　　B. $(0,1)$　　C. $(1,1)$　　D. $(2,2)$

25. 直线 $y=2x+1$ 的斜率是（　　）.
   A. -1　　B. 1　　C. 2　　D. -2

26. 已知圆 $(x-2)^2+(y+1)^2=4$，点 $P(2,-1)$，则下列说法正确的是（　　）.
   A. 点 P 为圆心
   B. 点 P 不为圆心但在圆内
   C. 点 P 在圆上
   D. 点 P 在圆外

27. 直线 $y=2x+3$ 与 $y=2x+1$ 的位置关系是（　　）.
   A. 平行　　B. 垂直　　C. 相交但不垂直　　D. 重合

28. 投掷两枚骰子，出现两枚骰子都是 2 点的概率是（　　）.
   A. $\dfrac{1}{6}$　　B. $\dfrac{1}{3}$　　C. $\dfrac{1}{2}$　　D. $\dfrac{1}{36}$

29. 已知圆柱的底面半径为 3，高为 4，则此圆柱的体积为（　　）.
   A. 48π　　B. 36π　　C. 24π　　D. 12π

30. 用底面半径和高都为 6 的圆锥，溶化为液体后浇铸成两个大小相同的球，则所得球的半径为（　　）.
   A. 1　　B. 3　　C. $3\sqrt{2}$　　D. 6

非选择题部分（共 40 分）

二、填空题（本大题共 10 小题，每小题 2 分，共 20 分）

31. 设全集 $U=\mathbf{R}$，集合 $A=\{x\mid x<3\}$，则 $\complement_U A=$ _____.

32. 函数 $f(x)=\dfrac{1}{x-5}$ 的定义域是 _____.

33. 对数式 $\log_3 81=4$ 可表示为指数式 _____.

34. 已知点 $A(3,4)$，$B(7,6)$，则线段 AB 的中点坐标为 _____.

35. 计算：$\sqrt{(-3)^2}=$ _____.

36. 已知 4，G，16 成等比数列，则 $G=$ _____.

37. 函数 $y=-\sin x$ 的最大值为 _____.

38. 斜率为 2，且过点 $(0,1)$ 的直线方程为 _____.

不等式 $|x-1|>1$ 的解集是（　　）．

A. $\{x|x<2\}$ 　　B. $\{x|-2<x<2\}$

C. $\{x|0<x<2\}$ 　　D. $\{x|x<0$ 或 $x>2\}$

直线 $x-y+1=0$ 与 $y=1$ 的交点坐标是（　　）．

A. $(0,1)$ 　　B. $(0,-1)$ 　　C. $(1,0)$ 　　D. $(-1,0)$

已知角 $\alpha=30°$，将其终边绕着原点逆时针旋转 $30°$ 得到角 β，则角 β 等于（　　）．

A. $10°$ 　　B. $-10°$ 　　C. $50°$ 　　D. $60°$

椭圆 $\dfrac{x^2}{9}+\dfrac{y^2}{16}=1$ 的焦点坐标为（　　）．

A. $(\pm 5,0)$ 　　B. $(0,\pm 5)$ 　　C. $(\pm\sqrt{7},0)$ 　　D. $(0,\pm\sqrt{7})$

$\dfrac{\pi}{4}$ 用角度制可表示为（　　）．

A. $30°$ 　　B. $45°$ 　　C. $60°$ 　　D. $90°$

已知 $m=2^6$，$n=2^3$，则 $\dfrac{m}{n}=$（　　）．

A. 2^3 　　B. 2^4 　　C. 2^5 　　D. 2^6

已知集合 $A=\{x|2<x<3\}$，$B=\{x|x\geqslant 3\}$，则 $A\cup B=$（　　）．

A. $\{x|x>2\}$ 　　B. $\{x|x>3\}$

C. $\{x|2<x<3\}$ 　　D. $\varnothing$

在等差数列 $\{a_n\}$ 中，$a_1=4$，$a_5=10$，则 $a_9=$（　　）．

A. 14 　　B. 15 　　C. 16 　　D. 17

下列双曲线中，顶点为 $(\pm 3,0)$ 的是（　　）．

A. $\dfrac{x^2}{3}-\dfrac{y^2}{4}=1$ 　　B. $\dfrac{y^2}{3}-\dfrac{x^2}{4}=1$

C. $\dfrac{x^2}{9}-\dfrac{y^2}{7}=1$ 　　D. $\dfrac{y^2}{9}-\dfrac{x^2}{7}=1$

不等式 $x(x-1)<0$ 的解集是（　　）．

A. $\{x|x<0$ 或 $x>1\}$ 　　B. $\{x|0<x<1\}$

C. $\{x|x<0\}$ 　　D. $\{x|x>1\}$

某班有 6 名音乐爱好者、7 名美术爱好者，从中任选一名作为文艺委员，不同的选法有（　　）．

A. 42 种 　　B. 13 种 　　C. 6 种 　　D. 7 种

$A(0,1)$，$B(4,1)$ 两点间的距离是（　　）．

A. 2 　　B. $2\sqrt{2}$ 　　C. 4 　　D. $4\sqrt{2}$

下列各数列中，以 $a_n=2n-1$ 为通项公式的是（　　）．

A. 2，4，6，8，… 　　B. 1，3，5，7，…

25. 直线 $y=-3x+1$ 的斜率是( ).
   A. -3 B. -2
   C. -1 D. 3

26. 圆心坐标为(1，-2)，半径为2的圆的标准方程为( ).
   A. $(x-1)^2+(y+2)^2=2$ B. $(x+1)^2+(y-2)^2=4$
   C. $(x-1)^2+(y+2)^2=4$ D. $(x+1)^2+(y-2)^2=2$

27. 直线 $2x+y+5=0$ 与 $2x+y-5=0$ 的位置关系是( ).
   A. 平行   B. 垂直   C. 相交但不垂直   D. 重合

28. 一个布袋内装有2个白球和若干个红球，这些球除颜色外其余都相同，随机摸出一个球，到红球的概率是80%，则红球有( ).
   A. 7个   B. 8个   C. 9个   D. 10个

29. 若球的半径为3，则体积为( ).
   A. 18π B. 36π C. 72π D. 44π

30. 函数 $f(x)=\log_2 x$ 的图像是( ).

   A.   B.   C.   D.

非选择题部分(共40分)

二、填空题(本大题共10小题，每小题2分，共20分)

31. 设全集 $U=R$，集合 $A=\{x|x\geqslant 5\}$，则 $\complement_U A=$ _____.

32. 函数 $f(x)=\dfrac{1}{\sqrt{x-2}}$ 的定义域是_____.

33. $\log_2 8=$ _____.

34. 已知点 $A(-1,0)$，$B(1,2)$，则线段 AB 中点坐标为_____.

35. 计算：$\sqrt{(3-e)^2}=$ _____.

36. 已知 $3,G,27$ 成等比数列，则 $G=$ _____.

37. 函数 $y=2\sin x-3$ 的最小值为_____.

38. 斜率为5，且在 y 轴上的截距为1的直线方程为_____.

39. 已知 $\sin\alpha=\dfrac{\sqrt{3}}{2}$，且 α 为第一象限角，则 $\cos\alpha=$ _____.

40. 棱长为4的正方体容器的表面积为_____.

1. 直线 $x-y-1=0$ 与 y 轴的交点坐标是( ).
   A.(0, 1)　　　B.(0, -1)　　　C.(1, 0)　　　D.(-1, 0)

2. 双曲线 $\dfrac{x^2}{3}-y^2=1$ 的焦点坐标为( ).
   A.$(-\sqrt{2}, 0)$, $(\sqrt{2}, 0)$　　　B.$(0, -\sqrt{2})$, $(0, \sqrt{2})$
   C.$(0, -2)$, $(0, 2)$　　　D.$(-2, 0)$, $(2, 0)$

3. 已知角 $\alpha=30°$, 将其终边绕着原点顺时针旋转 $30°$ 得到角 β, 则角 β 等于( ).
   A.$-60°$　　　B.$0°$　　　C.$30°$　　　D.$60°$

4. 已知 $a=3^2$, $b=3^3$, 则 $ab=$( ).
   A.3^3　　　B.3^4　　　C.3^5　　　D.3^6

5. 已知集合 $A=\{x|x>1\}$, $B=\{x|x<3\}$, 则 $A\cup B=$( ).
   A.$\{x|x>1\}$　　　B.$\{x|1<x<3\}$
   C.$\mathbf{R}$　　　D.$\varnothing$

6. 在等比数列 $\{a_n\}$ 中, 若 $a_1=2$, $q=3$, 则 a_4 等于( ).
   A.18　　　B.54　　　C.27　　　D.56

7. 抛物线 $x^2=-8y$ 的准线方程为( ).
   A.$y=-2$　　　B.$y=2$　　　C.$x=-2$　　　D.$x=2$

8. 不等式 $x^2-2x+8<0$ 的解集是( ).
   A.$\{x|x<-2$ 或 $x>4\}$　　　B.$\{x|-2<x<4\}$
   C.$\{x|x<-2\}$　　　D.$\{x|x>4\}$

9. 书架上有不同的语文书5本、不同的数学书6本、不同的英语书4本, 现从中每科各取一本书, 共有( )种不同取法.
   A.15　　　B.30　　　C.60　　　D.120

10. 已知 $A(2, -2)$, $B(-1, 2)$, 则 A, B 两点间的距离是( ).
    A.$\sqrt{5}$　　　B.$2\sqrt{5}$　　　C.5　　　D.10

11. 若数列 $\{a_n\}$ 的通项公式为 $a_n=\dfrac{1}{n^3-13}$, 则 a_3 的值为( ).
    A.$-\dfrac{1}{5}$　　　B.$\dfrac{1}{5}$　　　C.$\dfrac{1}{14}$　　　D.$-\dfrac{1}{14}$

12. 函数 $f(x)=2x+1$ ($x\leqslant 10$ 且 $x\in \mathbf{N}$), 则此函数的图像是( ).
    A. 直线　　　B. 射线　　　C. 线段　　　D. 离散的点

13. 已知角 α 的终边经过点 $A(2, 1)$, 则 $\tan\alpha=$( ).
    A.2　　　B.-2　　　C.$-\dfrac{1}{2}$　　　D.$\dfrac{1}{2}$

14. 若指数函数 $y=a^x$ ($a>0$ 且 $a\neq 1$) 经过点 $(4, 16)$, 则 a 的值为( ).
    A.2　　　B.3　　　C.4　　　D.5

25. 直线 $y=2x-1$ 的斜率是( ).
    A. -1 B. 1   C. 2   D. -2

26. 若空间中两条直线没有公共点,则这两条直线( ).
    A. 平行   B. 相交   C. 异面   D. 平行或异面

27. 直线 $y=-2x+1$ 与直线 $y=\dfrac{1}{2}x+1$ 的位置关系是( ).
    A. 平行   B. 垂直   C. 相交但不垂直   D. 重合

28. 连续两次抛掷一枚硬币,两次都正面朝上的概率是( ).
    A. $\dfrac{1}{2}$ B. $\dfrac{1}{4}$ C. $\dfrac{1}{6}$ D. $\dfrac{1}{9}$

29. 圆柱的高为 20 cm,若将圆柱截成两个圆柱,表面积增加 40 cm²,则原来圆柱的体积是( )cm³.
    A. 800   B. 600   C. 400   D. 200

30. 下列图形中,不可能是函数图像的是( ).

非选择题部分(共 40 分)

二、填空题(本大题共 10 小题,每小题 2 分,共 20 分)

31. 已知集合 $A=\{x|x<0\}$,$B=\{x|x<-2\}$,则 $A\cup B=$ _____.

32. 函数 $f(x)=\sqrt{x-1}$ 的定义域是 _____.

33. 指数式 $2^5=32$ 可表示为对数式 $5=$ _____.

34. 已知两点 $A(3,5)$,$B(1,7)$,则线段 AB 中点坐标为 _____.

35. 计算:$\sqrt{(3-\pi)^2}=$ _____.

36. 已知 2,A,8 成等比数列,则 $A=$ _____.

37. 函数 $y=\sin x+3$ 的最大值为 _____.

38. 斜率为 -1,且在 y 轴上的截距为 2 的直线方程为 _____.

39. 已知 $\sin\alpha=\dfrac{3}{5}$,且 α 为第一象限角,则 $\cos\alpha=$ _____.

40. 若将球的半径扩大到原来的 2 倍,则体积扩大到原来的 _____ 倍.

1. 直线 $x+y+1=0$ 与 x 轴的交点坐标是( ).
   A. (0, 1)　　　B. (0, -1)　　　C. (1, 0)　　　D. (-1, 0)

2. 若抛物线 $y^2=-4x$ 上一点 M 到准线的距离为 3, 则该点到焦点的距离为( ).
   A. $\frac{1}{2}$　　　B. 1　　　C. 2　　　D. 3

3. 已知角 $\alpha=-30°$, 将其终边绕着原点逆时针旋转 $50°$ 得到角 β, 则角 β 等于( ).
   A. $-80°$　　　B. $-20°$　　　C. $20°$　　　D. $80°$

4. 下列算式正确的是( ).
   A. $2^6+2^2=2^8$　　　　　　　B. $2^6-2^2=2^4$
   C. $2^6\times 2^2=2^8$　　　　　　　D. $2^6\div 2^2=2^3$

5. 已知全集 $U=R$, 集合 $A=\{x|x\geqslant 9\}$, 则 $\complement_U A=$ ( ).
   A. $\{x|x<9\}$　　　　　　　B. $\{x|x\leqslant 9\}$
   C. $\{x|x>9\}$　　　　　　　D. $\{x|x\geqslant 9\}$

6. 6 和 10 的等差中项为( ).
   A. ± 4　　　B. 4　　　C. 8　　　D. ± 8

7. 椭圆 $\frac{x^2}{16}+\frac{y^2}{7}=1$ 的焦点坐标是( ).
   A. $(-4, 0)$, $(4, 0)$　　　　　　　B. $(-\sqrt{7}, 0)$, $(\sqrt{7}, 0)$
   C. $(-3, 0)$, $(3, 0)$　　　　　　　D. $(0, -3)$, $(0, 3)$

8. 不等式 $x^2+3x-10>0$ 的解集是( ).
   A. $\{x|x<-5 \text{ 或 } x>2\}$　　　　B. $\{x|-5<x<2\}$
   C. $\{x|x<-5\}$　　　　　　　　D. $\{x|x>2\}$

9. 某班计划从 4 名女生和 5 名男生中选出一位班长, 则不同的选法有( ).
   A. 4 种　　　B. 5 种　　　C. 9 种　　　D. 20 种

10. 已知两点 $A(1, -3)$, $B(3, -4)$, 则 AB 两点间距离是( ).
    A. $\sqrt{5}$　　　B. $2\sqrt{5}$　　　C. 5　　　D. 10

11. 下列数列是等比数列的是( ).
    A. 1, 2, 3, 4, …　　　　　　　B. 0, 0, 0, 0, …
    C. 1, -1, 1, -1, …　　　　　　D. 2, 4, 8, 12, …

12. 函数 $f(x)=5x+3(x\leqslant 4)$, 则此函数的图像是( ).
    A. 直线　　　B. 射线　　　C. 线段　　　D. 离散的点

13. 已知角 α 的终边经过点 $A(-4, 3)$, 则 $\cos\alpha=$ ( ).
    A. $\frac{3}{5}$　　　B. $\frac{4}{5}$　　　C. $-\frac{3}{5}$　　　D. $-\frac{4}{5}$

14. 已知点 $A(2, -1)$ 在直线 $3x-4y+m=0$ 上, 则 m 的值为( ).
    A. 10　　　B. -10　　　C. 2　　　D. -2

22. 数列的通项公式 $a_n=(-1)^n(n+3)$，则 $a_2=$（　　）.
   A. -3　　　　B. 3　　　　C. -5　　　　D. 5

23. 已知指数函数 $f(x)=a^x$ 的图像过点 $\left(-2,\dfrac{1}{4}\right)$，则 a 的值是（　　）.
   A. $\dfrac{1}{2}$　　　B. $-\dfrac{1}{2}$　　　C. 2　　　D. -2

24. 一次函数 $y=2x-3$ 的图像经过的象限是（　　）.
   A. 第一象限、第二象限、第三象限　　　B. 第一象限、第二象限、第四象限
   C. 第一象限、第三象限、第四象限　　　D. 第二象限、第三象限、第四象限

25. 已知直线垂直于 x 轴，且经过点 $(3,0)$，则该直线方程是（　　）.
   A. $y=3$　　　B. $y=0$　　　C. $x=3$　　　D. $x=0$

26. 圆 $(x+1)^2+(y-1)^2=3$ 的圆心坐标与半径分别是（　　）.
   A. $(1,-1),3$　　B. $(1,-1),\sqrt{3}$　　C. $(-1,1),3$　　D. $(-1,1),\sqrt{3}$

27. 下列直线 $x-2y+1=0$ 与直线 $2x+y=0$ 的位置关系是（　　）.
   A. 平行　　　B. 垂直　　　C. 相交　　　D. 重合

28. 长方体的长、宽、高分别为 $2,3,4$，则长方体的表面积为（　　）.
   A. 24　　　B. 26　　　C. 52　　　D. 58

29. 有 20 张卡片（从 1 号到 20 号），从中任取一张，则"取到的卡号是 3 的倍数"的概率是（　　）.
   A. $\dfrac{3}{10}$　　　B. $\dfrac{3}{5}$　　　C. $\dfrac{1}{4}$　　　D. $\dfrac{7}{20}$

30. 张教授退休后很注重养生，每天早饭后出去散步，从家中大约走 20 分钟到一个离家 960 米的报亭，看 10 分钟报纸后，用 20 分钟返回家里，下面的图像能表示张教授离开家的距离与时间关系的是（　　）.

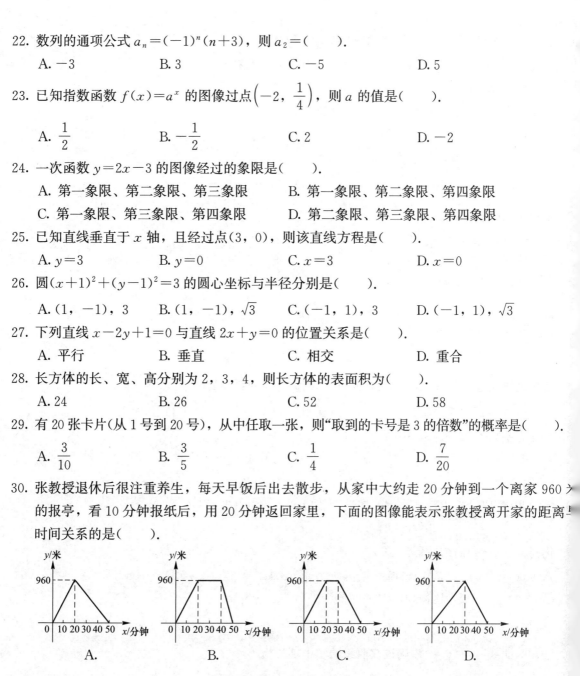

A.　　　B.　　　C.　　　D.

非选择题部分（共 40 分）

二、填空题（本大题共 10 小题，每小题 2 分，共 20 分）

31. 集合 $A=\{x\mid x^2-1=0\}$，则 A 的子集有 _____ 个.

32. 函数 $f(x)=\lg(x-1)$ 的定义域是 _____ .

33. 在等比数列 $\{a_n\}$ 中，若 $a_1=1,q=2$，则该数列前 6 项的和 $S_6=$ _____ .

34. 已知 $\left(\dfrac{1}{2}\right)^{0.4}$ _____ $\left(\dfrac{1}{2}\right)^{0.3}$.（填">"或"<"）

0. 把40°角的终边绕着原点顺时针旋转60°，所得角是(   ).

   A. 第一象限角 　　　　　　　　　B. 第二象限角

   C. 第三象限角 　　　　　　　　　D. 第四象限角

1. 直线 $2x+1=0$ 与直线 $y-3=0$ 的交点坐标是(   ).

   A. $\left(\dfrac{1}{2},\ -3\right)$ 　　　　　　　　B. $\left(-\dfrac{1}{2},\ 3\right)$

   C. $\left(-3,\ \dfrac{1}{2}\right)$ 　　　　　　　　D. $\left(3,\ -\dfrac{1}{2}\right)$

2. 15°角用弧度制可表示为(   ).

   A. $\dfrac{\pi}{3}$　　　　B. $\dfrac{\pi}{4}$　　　　C. $\dfrac{\pi}{6}$　　　　D. $\dfrac{\pi}{12}$

3. 下列方程表示椭圆的是(   ).

   A. $\dfrac{x^2}{2}+\dfrac{y^2}{2}=1$ 　　　　　　　B. $x^2-y^2=2$

   C. $\dfrac{x^2}{2}+y^2=1$ 　　　　　　　D. $\dfrac{x^2}{3}-\dfrac{y^2}{2}=1$

4. 已知直线经过两点 $A(1,0)$，$B(0,1)$，则该直线的斜率是(   ).

   A. -1　　　　B. 1　　　　C. $\sqrt{3}$　　　　D. 0

5. 20是等差数列 $2,5,8,\cdots$ 的(   ).

   A. 第7项 　　　　　　　　　B. 第8项

   C. 第9项 　　　　　　　　　D. 第10项

6. 已知两点 $A(-3,3)$，$B(-1,5)$，则线段 AB 的中点坐标是(   ).

   A. $(2,2)$　　　B. $(0,2)$　　　C. $(-2,4)$　　　D. $(0,4)$

7. 化简 $\sin(\pi-\alpha)$ 的结果是(   ).

   A. $\sin\alpha$　　　B. $-\sin\alpha$　　　C. $\cos\alpha$　　　D. $-\cos\alpha$

8. 已知 $2,4,x$ 成等比数列，则 x 的值为(   ).

   A. 3　　　　B. 6　　　　C. 8　　　　D. ± 8

9. 已知双曲线 $\dfrac{x^2}{4}-\dfrac{y^2}{3}=1$，则该双曲线的实半轴长为(   ).

   A. 4　　　　B. 3　　　　C. 2　　　　D. 1

10. 已知角 α 的终边经过点 $(6,m)$，若 $\tan\alpha=\dfrac{4}{3}$，则 m 的值是(   ).

    A. 8　　　　B. ± 8　　　　C. $\dfrac{9}{2}$　　　　D. $\pm\dfrac{9}{2}$

11. 不等式 $x^2-3x<0$ 的解集是(   ).

    A. $(-3,0)$ 　　　　　　　　　B. $(0,3)$

    C. $(-\infty,-3)\cup(0,+\infty)$ 　　　　D. $(-\infty,0)\cup(3,+\infty)$

24. 已知一次函数 $y=kx+b(k>0, b<0)$，则图像大致是( ).

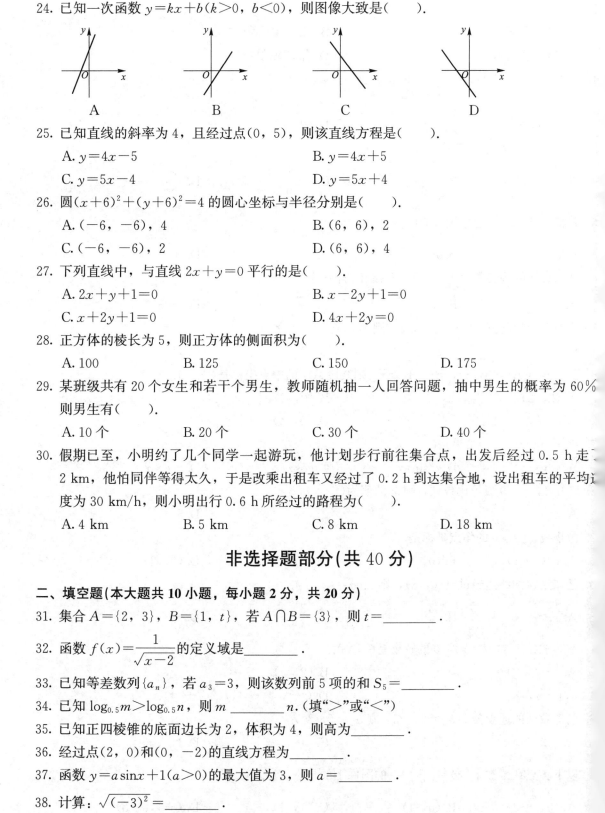

25. 已知直线的斜率为 4，且经过点 (0，5)，则该直线方程是( ).
   A. $y=4x-5$　　　　　　　B. $y=4x+5$
   C. $y=5x-4$　　　　　　　D. $y=5x+4$

26. 圆 $(x+6)^2+(y+6)^2=4$ 的圆心坐标与半径分别是( ).
   A. $(-6, -6)$，4　　　　　B. $(6, 6)$，2
   C. $(-6, -6)$，2　　　　　D. $(6, 6)$，4

27. 下列直线中，与直线 $2x+y=0$ 平行的是( ).
   A. $2x+y+1=0$　　　　　B. $x-2y+1=0$
   C. $x+2y+1=0$　　　　　D. $4x+2y=0$

28. 正方体的棱长为 5，则正方体的侧面积为( ).
   A. 100　　　B. 125　　　C. 150　　　D. 175

29. 某班级共有 20 个女生和若干个男生，教师随机抽一人回答问题，抽中男生的概率为 60%，则男生有( ).
   A. 10 个　　B. 20 个　　C. 30 个　　D. 40 个

30. 假期已至，小明约了几个同学一起游玩，他计划步行前往集合点，出发后经过 0.5 h 走了 2 km，他怕同伴等得太久，于是改乘出租车又经过了 0.2 h 到达集合地，设出租车的平均速度为 30 km/h，则小明出行 0.6 h 所经过的路程为( ).
   A. 4 km　　B. 5 km　　C. 8 km　　D. 18 km

非选择题部分(共 40 分)

二、填空题(本大题共 10 小题，每小题 2 分，共 20 分)

31. 集合 $A=\{2, 3\}$，$B=\{1, t\}$，若 $A\cap B=\{3\}$，则 $t=$_____.

32. 函数 $f(x)=\dfrac{1}{\sqrt{x-2}}$ 的定义域是_____.

33. 已知等差数列 $\{a_n\}$，若 $a_3=3$，则该数列前 5 项的和 $S_5=$_____.

34. 已知 $\log_{0.5}m > \log_{0.5}n$，则 m _____ n. (填">"或"<")

35. 已知正四棱锥的底面边长为 2，体积为 4，则高为_____.

36. 经过点 (2, 0) 和 (0, -2) 的直线方程为_____.

37. 函数 $y=a\sin x+1(a>0)$ 的最大值为 3，则 $a=$_____.

38. 计算：$\sqrt{(-3)^2}=$_____.

10. 200°角是(　　).

　　A. 第一象限角　　　　　　　　B. 第二象限角

　　C. 第三象限角　　　　　　　　D. 第四象限角

1. 直线 $y=2x-1$ 与直线 $y=x$ 的交点坐标是(　　).

　　A. (1, 1)　　　　　　　　　　B. (2, 2)

　　C. (-1, -1)　　　　　　　　D. (2, 4)

2. -45°角用弧度制可表示为(　　).

　　A. $\dfrac{\pi}{4}$　　　　B. $-\dfrac{\pi}{4}$　　　　C. $-\dfrac{\pi}{6}$　　　　D. $\dfrac{\pi}{6}$

3. 椭圆 $\dfrac{x^2}{9}+\dfrac{y^2}{25}=1$ 的短轴长为(　　).

　　A. 3　　　　　　B. 5　　　　　　C. 6　　　　　　D. 10

4. 已知直线的倾斜角为135°,则该直线的斜率是(　　).

　　A. -1　　　　　B. 1　　　　　C. $\sqrt{3}$　　　　　D. $-\sqrt{3}$

5. 等差数列的前三项为-1,2,5,则第5项为(　　).

　　A. 7　　　　　　B. 8　　　　　　C. 10　　　　　D. 11

6. 已知两点 $A(-3,3)$,$B(-1,5)$,则线段 AB 的中点坐标是(　　).

　　A. (2, 2)　　　　　　　　　　B. (0, 2)

　　C. (-2, 4)　　　　　　　　　D. (0, 4)

7. 化简 $\sin(\pi+\alpha)$ 的结果是(　　).

　　A. $\sin\alpha$　　　　B. $-\sin\alpha$　　　　C. $\cos\alpha$　　　　D. $-\cos\alpha$

8. 已知1,x,9成等比数列,则 x 的值为(　　).

　　A. ±3　　　　　B. 3　　　　　C. -3　　　　　D. 5

9. 抛物线 $x^2=4y$ 的焦点坐标是(　　).

　　A. (0, -1)　　B. (0, -2)　　C. (0, 1)　　D. (0, 2)

10. 已知角 α 的终边经过点(6,8),则 $\tan\alpha=$(　　).

　　A. $\dfrac{3}{5}$　　　　B. $\dfrac{4}{5}$　　　　C. $\dfrac{3}{4}$　　　　D. $\dfrac{4}{3}$

11. 不等式 $(x+4)(2-x)\geqslant 0$ 的解集是(　　).

　　A. (-4, 2)　　　　　　　　　　B. (2, 4)

　　C. [-4, 2]　　　　　　　　　　D. $(-\infty, -4)\cup(2, +\infty)$

12. 已知数列的通项公式 $a_n=2n-5$,则 $a_3=$(　　).

　　A. -3　　　　　B. -1　　　　　C. 0　　　　　D. 1

13. 以下各点在函数 $f(x)=\left(\dfrac{1}{3}\right)^{x-1}$ 的图像上的是(　　).

　　A. (0, -3)　　B. (0, 1)　　C. (1, 1)　　D. (-1, -3)

22. 已知函数 $y=-x-2$,则它的图像可能是( ).

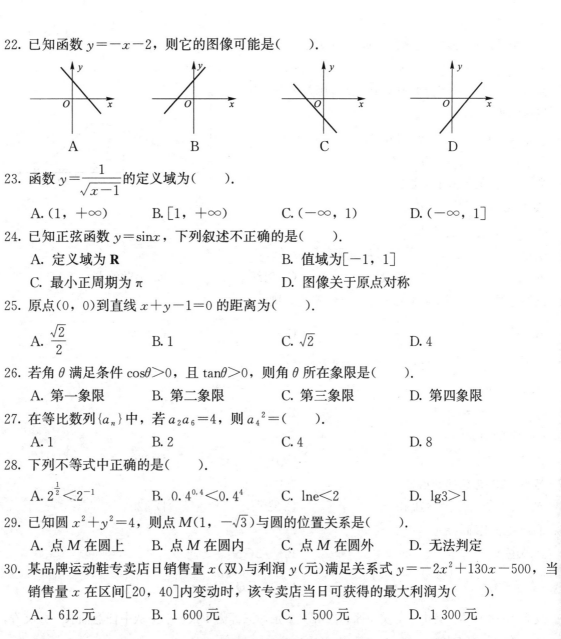

23. 函数 $y=\dfrac{1}{\sqrt{x-1}}$ 的定义域为( ).

    A. $(1,+\infty)$ B. $[1,+\infty)$ C. $(-\infty,1)$ D. $(-\infty,1]$

24. 已知正弦函数 $y=\sin x$,下列叙述不正确的是( ).

    A. 定义域为 **R**   B. 值域为 $[-1,1]$
    C. 最小正周期为 π D. 图像关于原点对称

25. 原点 $(0,0)$ 到直线 $x+y-1=0$ 的距离为( ).

    A. $\dfrac{\sqrt{2}}{2}$ B. 1   C. $\sqrt{2}$ D. 4

26. 若角 θ 满足条件 $\cos\theta>0$,且 $\tan\theta>0$,则角 θ 所在象限是( ).

    A. 第一象限   B. 第二象限   C. 第三象限   D. 第四象限

27. 在等比数列 $\{a_n\}$ 中,若 $a_2 a_6=4$,则 $a_4^2=$( ).

    A. 1   B. 2   C. 4   D. 8

28. 下列不等式中正确的是( ).

    A. $2^{\frac{1}{2}}<2^{-1}$ B. $0.4^{0.4}<0.4^4$ C. $\ln e<2$ D. $\lg 3>1$

29. 已知圆 $x^2+y^2=4$,则点 $M(1,-\sqrt{3})$ 与圆的位置关系是( ).

    A. 点 M 在圆上   B. 点 M 在圆内   C. 点 M 在圆外   D. 无法判定

30. 某品牌运动鞋专卖店日销售量 x(双)与利润 y(元)满足关系式 $y=-2x^2+130x-500$,当销售量 x 在区间 $[20,40]$ 内变动时,该专卖店当日可获得的最大利润为( ).

    A. 1 612 元   B. 1 600 元   C. 1 500 元   D. 1 300 元

非选择题部分(共 40 分)

二、填空题(本大题共 10 小题,每小题 2 分,共 20 分)

31. 计算:$\left(\dfrac{1}{4}\right)^{-3}=$ _____.

32. 不等式 $|x-1|>3$ 的解集为 _____.

33. 集合 $\{x|x>1\}$ 用区间可表示为 _____.

34. 已知直线的倾斜角为 $135°$,则该直线斜率为 _____.

35. 点 $P(3,5)$ 关于 y 轴的对称点为 _____.

36. 已知角 α 的终边过点 $P(-3,4)$,则 $\cos\alpha=$ _____.

10. 将一个西瓜切两刀，至多能切成(　　)块．
    A. 2　　　　B. 3　　　　C. 4　　　　D. 5

11. 函数 $y=f(x)$ 的图像如图所示，则该函数的单调递增区间为(　　)．
    A. [0，30]　　　　B. [30，40]
    C. [0，40]　　　　D. [40，60]

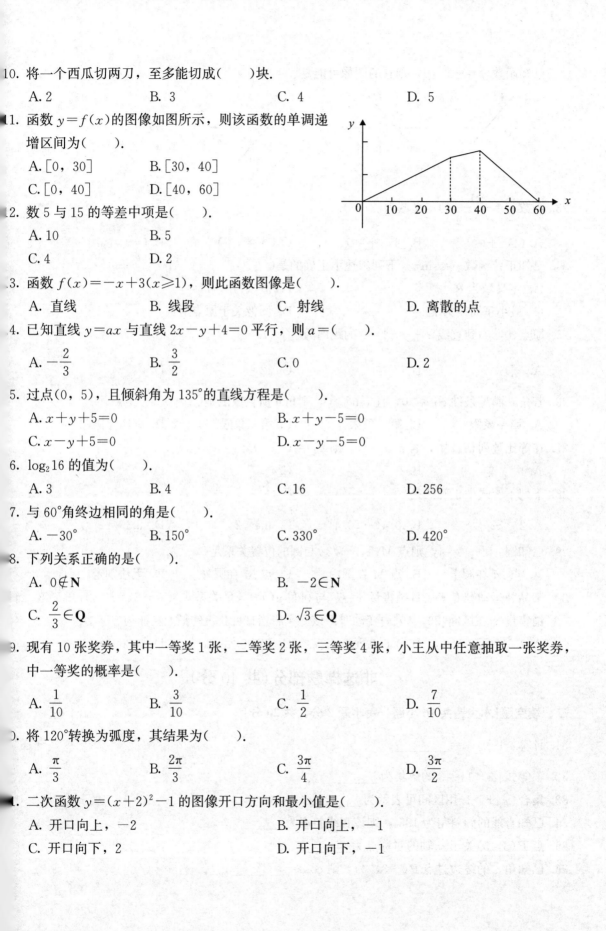

12. 数 5 与 15 的等差中项是(　　)．
    A. 10　　　　B. 5
    C. 4　　　　D. 2

13. 函数 $f(x)=-x+3(x\geqslant 1)$，则此函数图像是(　　)．
    A. 直线　　　B. 线段　　　C. 射线　　　D. 离散的点

14. 已知直线 $y=ax$ 与直线 $2x-y+4=0$ 平行，则 $a=$(　　)．
    A. $-\dfrac{2}{3}$　　　B. $\dfrac{3}{2}$　　　C. 0　　　D. 2

15. 过点(0，5)，且倾斜角为 135°的直线方程是(　　)．
    A. $x+y+5=0$　　　　B. $x+y-5=0$
    C. $x-y+5=0$　　　　D. $x-y-5=0$

16. $\log_2 16$ 的值为(　　)．
    A. 3　　　　B. 4　　　　C. 16　　　　D. 256

17. 与 60°角终边相同的角是(　　)．
    A. $-30°$　　　B. 150°　　　C. 330°　　　D. 420°

18. 下列关系正确的是(　　)．
    A. $0\notin \mathbf{N}$　　　　B. $-2\in \mathbf{N}$
    C. $\dfrac{2}{3}\in \mathbf{Q}$　　　　D. $\sqrt{3}\in \mathbf{Q}$

19. 现有 10 张奖券，其中一等奖 1 张，二等奖 2 张，三等奖 4 张，小王从中任意抽取一张奖券，中一等奖的概率是(　　)．
    A. $\dfrac{1}{10}$　　　B. $\dfrac{3}{10}$　　　C. $\dfrac{1}{2}$　　　D. $\dfrac{7}{10}$

20. 将 120°转换为弧度，其结果为(　　)．
    A. $\dfrac{\pi}{3}$　　　B. $\dfrac{2\pi}{3}$　　　C. $\dfrac{3\pi}{4}$　　　D. $\dfrac{3\pi}{2}$

21. 二次函数 $y=(x+2)^2-1$ 的图像开口方向和最小值是(　　)．
    A. 开口向上，-2　　　　B. 开口向上，-1
    C. 开口向下，2　　　　D. 开口向下，-1

23. 以下各点在对数函数 $f(x)=\log_2 x$ 的图像上的是( ).
    A. (1, 0)   B. (1, 1)   C. (2, 2)   D. (8, 4)

24. 下列图像中，与函数 $y=-x+1$ 的图像最符合的是( ).

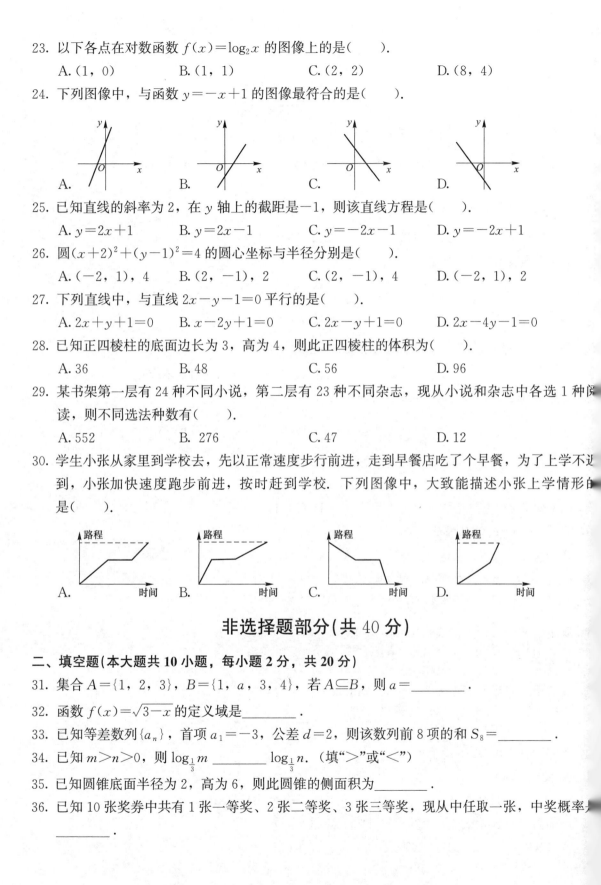

25. 已知直线的斜率为2，在 y 轴上的截距是 -1，则该直线方程是( ).
    A. $y=2x+1$ B. $y=2x-1$ C. $y=-2x-1$ D. $y=-2x+1$

26. 圆 $(x+2)^2+(y-1)^2=4$ 的圆心坐标与半径分别是( ).
    A. $(-2,1)$, 4   B. $(2,-1)$, 2   C. $(2,-1)$, 4   D. $(-2,1)$, 2

27. 下列直线中，与直线 $2x-y-1=0$ 平行的是( ).
    A. $2x+y+1=0$ B. $x-2y+1=0$ C. $2x-y+1=0$ D. $2x-4y-1=0$

28. 已知正四棱柱的底面边长为3，高为4，则此正四棱柱的体积为( ).
    A. 36   B. 48   C. 56   D. 96

29. 某书架第一层有24种不同小说，第二层有23种不同杂志，现从小说和杂志中各选1种阅读，则不同选法种数有( ).
    A. 552   B. 276   C. 47   D. 12

30. 学生小张从家里到学校去，先以正常速度步行前进，走到早餐店吃了个早餐，为了上学不迟到，小张加快速度跑步前进，按时赶到学校. 下列图像中，大致能描述小张上学情形的是( ).

非选择题部分（共40分）

二、填空题（本大题共10小题，每小题2分，共20分）

31. 集合 $A=\{1,2,3\}$，$B=\{1,a,3,4\}$，若 $A\subseteq B$，则 $a=$_____.

32. 函数 $f(x)=\sqrt{3-x}$ 的定义域是_____.

33. 已知等差数列 $\{a_n\}$，首项 $a_1=-3$，公差 $d=2$，则该数列前8项的和 $S_8=$_____.

34. 已知 $m>n>0$，则 $\log_{\frac{1}{3}} m$ _____ $\log_{\frac{1}{3}} n$. （填">"或"<"）

35. 已知圆锥底面半径为2，高为6，则此圆锥的侧面积为_____.

36. 已知10张奖券中共有1张一等奖、2张二等奖、3张三等奖，现从中任取一张，中奖概率为_____.

10. $\dfrac{7\pi}{6}$ 是（   ）.

   A. 第一象限角　　　　　　　　　　B. 第二象限角
   C. 第三象限角　　　　　　　　　　D. 第四象限角

11. 直线 $y=2x-3$ 与 x 轴的交点坐标是（   ）.

   A. $\left(\dfrac{3}{2}, 0\right)$　　B. $(2, 0)$　　C. $(0, -3)$　　D. $(0, 3)$

12. $-\dfrac{\pi}{3}$ 用角度制可表示为（   ）.

   A. $-30°$　　B. $-45°$　　C. $-60°$　　D. $-90°$

13. 下列方程表示抛物线的是（   ）.

   A. $x+y-2=0$　　　　　　　　　B. $(x-1)^2+y^2=4$
   C. $\dfrac{x^2}{9}+\dfrac{y^2}{5}=1$　　　　　　　　D. $y=x^2$

14. 已知直线的倾斜角为 $90°$，则该直线的斜率是（   ）.

   A. 90　　B. 1　　C. $\sqrt{3}$　　D. 不存在

15. 等差数列 9，6，3，0，…的公差 $d=$（   ）.

   A. 3　　B. $\dfrac{3}{2}$　　C. 1　　D. -3

6. 已知两点 $A(-2, 4)$，$B(0, 2)$，则线段 AB 的中点坐标是（   ）.

   A. $(-1, 3)$　　　　　　　　　　B. $(-2, 6)$
   C. $(-2, 2)$　　　　　　　　　　D. $(2, 1)$

7. 化简 $\sin(\pi+\alpha)$ 的结果是（   ）.

   A. $\sin\alpha$　　B. $-\sin\alpha$　　C. $\cos\alpha$　　D. $-\cos\alpha$

8. 已知 2，x，8 成等比数列，则 x 的值为（   ）.

   A. 2　　B. 4　　C. ± 2　　D. ± 4

9. 双曲线 $\dfrac{x^2}{9}-\dfrac{y^2}{7}=1$ 的实轴长为（   ）.

   A. 3　　B. 4　　C. $\sqrt{7}$　　D. 6

0. 已知角 α 的终边经过点 $(3, -4)$，则 $\tan\alpha=$（   ）.

   A. $\dfrac{3}{5}$　　B. $-\dfrac{4}{5}$　　C. $-\dfrac{3}{4}$　　D. $-\dfrac{4}{3}$

1. 不等式 $x(x-3)>0$ 的解集是（   ）.

   A. $(3, +\infty)$　　　　　　　　　B. $(0, 3)$
   C. $(-\infty, 3)\cup(0, +\infty)$　　　　D. $(-\infty, 0)\cup(3, +\infty)$

2. 已知数列的通项公式 $a_n=2n-1$，则 $a_{1012}=$（   ）.

   A. 2 024　　B. 2 023　　C. 1 011　　D. -1

浙江省中等职业学校职业能力大赛"面向人人"语数英项目
数学模拟试卷(一)

本试卷共 4 页,三大题. 满分 100 分,考试时间 90 分钟.

选择题部分(共 60 分)

一、选择题(本大题共 30 小题,每小题 2 分,共 60 分. 在每小题给出的四个选项中,只有一项是符合题目要求的)

1. 若集合 $A=\{-2,3\}$,集合 $B=\{0,3\}$,则 $A\cup B=$( ).
   A. $\{-2,0,3\}$ B. $\{-2,0\}$ C. $\{3\}$ D. $\{-2\}$

2. 已知集合 $A=\{x\mid 1\leqslant x<4\}$,则下列关系正确的是( ).
   A. $4\in A$ B. $2\notin A$ C. $\pi\in A$ D. $\varnothing\in A$

3. 集合 $\{x\mid -3\leqslant x<0\}$ 写成区间的形式是( ).
   A. $[-3,0]$ B. $[-3,0)$ C. $(-3,0]$ D. $(-3,0)$

4. 不等式 $2x-3>0$ 的解集是( ).
   A. $\left\{x\mid x<\dfrac{3}{2}\right\}$ B. $\left\{x\mid x<-\dfrac{3}{2}\right\}$
   C. $\left\{x\mid x>\dfrac{3}{2}\right\}$ D. $\left\{x\mid x>-\dfrac{3}{2}\right\}$

5. 已知函数 $f(x)=x-3$,则 $f(2)=$( ).
   A. 1   B. -1 C. 5   D. -3

6. 若 $a<b$,则下列式子正确的是( ).
   A. $a+3>b+1$ B. $a-3<b-3$ C. $-a<-b$ D. $a-b>0$

7. $\sin 120°=$( ).
   A. $-\dfrac{\sqrt{3}}{2}$ B. $-\dfrac{1}{2}$ C. $\dfrac{1}{2}$ D. $\dfrac{\sqrt{3}}{2}$

8. $8^{\frac{1}{3}}$ 的值等于( ).
   A. 2   B. 3   C. $2\sqrt{2}$ D. $\dfrac{8}{3}$

9. 不等式 $2|x|<5$ 的解集是( ).
   A. $\left\{x\mid x>\dfrac{5}{2}\right\}$ B. $\left\{x\mid x<\dfrac{5}{2}\right\}$
   C. $\left\{x\mid x<-\dfrac{5}{2}\text{ 或 }x>\dfrac{5}{2}\right\}$ D. $\left\{x\mid -\dfrac{5}{2}<x<\dfrac{5}{2}\right\}$

37. 函数 $y=2\sin x+1$ 的最小值为_____.

38. 已知点 $A(5,2)$，$B(-1,3)$，则线段 AB 的长度为_____.

39. 集合 $A=\{x|x>1\}$，$B=\{x|x<2\}$，则 $A\cap B=$_____.

40. 已知 $\tan A=\dfrac{\sqrt{3}}{3}$，$A\in(0,\pi)$，则 $\sin A=$_____.

三、解答题(共 20 分，解答应写出文字说明及演算步骤)

41. (满分 6 分)在等比数列 $\{a_n\}$ 中，$a_1=2$，$a_2=6$.

 (1)求公比 q.

 (2)求此数列的第 4 项 a_4.

 (3)求此数列前 6 项的和 S_6.

42. (满分 6 分)已知两点 $M(-2,4)$，$N(2,0)$，以 MN 为直径的圆 C 的半径为 $r(r>0)$.

 (1)求 r 的值.

 (2)写出圆 C 的标准方程.

 (3)判断直线 $x-y+4=0$ 与圆 C 的位置关系.

43. (满分 8 分)某职校市场营销专业二年级的学生小美利用暑假时间对某产品销售情况进行了市场调研．经调研，该产品月销量 x(件)与货价 P(元/件)之间的函数关系式为 $P=200-mx$. 已知当月销量为 50 件时，货价为 100 元/件.

 (1)求 m 的值.

 (2)写出月销售额 y 元与月销量 x 件之间的函数关系式.

 (3)求当月销量 x 为多少件时月销售额 y 最大，并求出最大值.

浙江省中等职业学校职业能力大赛"面向人人"语数英项目数学模拟试卷(二)

本试卷共4页，三大题．满分100分，考试时间90分钟．

选择题部分(共60分)

一、选择题(本大题共30小题，每小题2分，共60分．在每小题给出的四个选项中，只有一项是符合题目要求的)

1. 若 $A=\{x|x>4\}$，$B=\{x|x<11\}$，则 $A\cap B$ 等于( )．
   A. $\{x|x>11\}$　　　　　　　　　　B. $\{x|x<4\}$
   C. $\{x|4<x<11\}$　　　　　　　　D. $\mathbf{R}$

2. 若 $x\in(-1,5)$，则代数式 $5+x$ 的值是( )．
   A. 正数　　　　B. 非正数　　　　C. 负数　　　　D. 非负数

3. 方程 $\dfrac{x^2}{25}+\dfrac{y^2}{9}=1$ 表示的曲线是( )．
   A. 焦点在 x 轴上的椭圆　　　　　B. 焦点在 y 轴上的椭圆
   C. 焦点在 x 轴上的双曲线　　　　D. 焦点在 y 轴上的双曲线

4. 不等式 $2x-6<8$ 的解集是( )．
   A. $(-\infty,7)$　　B. $(-\infty,7]$　　C. $(-\infty,1)$　　D. $(7,+\infty)$

5. 已知函数 $f(x)=\dfrac{1}{2}x-3$，则 $f(4)=$( )．
   A. 1　　　　B. -1　　　　C. -2　　　　D. 5

6. 按照数列 1，5，9，13，…的规律，第6项为( )．
   A. 17　　　　B. 21　　　　C. 25　　　　D. 29

7. 圆柱的侧面展开图是一个( )．
   A. 三角形　　　B. 长方形　　　C. 圆　　　D. 扇形

8. 某口袋里装有不同的红色、黄色、蓝色三种小球，已知红色球5只，黄色球2只，蓝色球3只，从中摸出一只球，可能的结果有( )种．
   A. 5　　　　B. 10　　　　C. 15　　　　D. 30

9. 要了解一批手机电池的使用寿命，从中抽取60块手机电池进行试验，在这个问题中，样本是( )．
   A. 这一批手机电池　　　　　　　B. 抽取的这60块手机电池
   C. 这一批手机电池的使用寿命　　D. 抽取的这60块手机电池的使用寿命

37. 双曲线 $x^2-y^2=1$ 的焦距为 _____ .

38. 在棱长为 4 的正方体容器中有一内切球,则该球的表面积为 _____ .

39. 已知某商品定价 100 元,若连续两次涨价 10%,则价格变为 _____ 元.

40. 用 1,2,3,4 四个数字可组成没有重复数字的三位数共有 _____ 种.

三、解答题(本大题共 3 小题,共 20 分,解答应写出文字说明及演算步骤)

41. (本题满分 6 分)已知直线 $x+y-c=0$ 与圆 $(x-1)^2+(y-2)^2=2$ 相切.
   (1)写出圆的圆心和半径.
   (2)求 c 的值.

42. (本题满分 6 分)已知 $\cos\alpha=-\dfrac{4}{5}$,且 $\alpha\in(0,\pi)$,求 $\sin\alpha$,$\tan\alpha$ 的值.

43. (本题满分 8 分)如图所示,一块种菜的小菜地一面靠墙(墙长度为 1.2 米), 另外三面由总长为 2 米的栅栏围成,设宽为 x 米,面积为 y 平方米.
   (1)求 y 与 x 之间的函数关系式,并写出自变量 x 的取值范围.
   (2)当 x 为何值时,菜地面积最大?求出最大值.

浙江省中等职业学校职业能力大赛"面向人人"语数英项目
数学模拟试卷(三)

本试卷共 4 页,三大题. 满分 100 分,考试时间 90 分钟.

选择题部分(共 60 分)

一、选择题(本大题共 30 小题,每小题 2 分,共 60 分. 在每小题给出的四个选项中,只有一项是符合题目要求的)

1. 若集合 $A=\{2,0\}$,集合 $B=\{2,4\}$,则 $A\cup B=($).
   A. $\{2,0\}$ B. $\{2,4\}$
   C. $\{2\}$ D. $\{2,0,4\}$

2. 已知 $a=\pi$,集合 $A=\{x|x<4\}$,则 a 与 A 的关系正确的是( ).
   A. $a\in A$ B. $a\notin A$
   C. $a=A$ D. $\{a\}=A$

3. 集合 $\{x|-2\leqslant x\leqslant 3\}$ 写成区间的形式是( ).
   A. $[-2,3]$ B. $(-2,3]$
   C. $[-2,3)$ D. $(-2,3)$

4. 不等式 $x+3>0$ 的解集是( ).
   A. $\{x|x<3\}$ B. $\{x|x<-3\}$
   C. $\{x|x>3\}$ D. $\{x|x>-3\}$

5. 已知 $f(x)=3x-2$,则 $f(1)=($).
   A. 1   B. 3   C. -1 D. -3

6. 若 $a<b$,则下列式子不正确的是( ).
   A. $a+2>b+2$ B. $a-3<b-3$
   C. $-a>-b$ D. $a-b<0$

7. $\cos 90°=($).
   A. $\dfrac{1}{2}$ B. 0   C. 1   D. -1

8. 若 $3^x=81$,则 x 的值为( ).
   A. 3   B. 4   C. 9   D. 17

9. 不等式 $|x|+2<0$ 的解集是( ).
   A. $\{x|x<-2 \text{ 或 } x>2\}$ B. $\{x|-2<x<2\}$
   C. $\mathbf{R}$ D. $\varnothing$

39. 集合 $A=\{x|x>3\}$, $B=\{x|x>2\}$, 则 A _____ B. (选 $\in, \notin, \subseteq, \supseteq, =$)

40. 在 ΔABC 中, 已知 $\sin A = \dfrac{\sqrt{2}}{2}$, 则 $\cos A = $ _____.

三、解答题(本大题共3小题, 共20分, 解答应写出文字说明及演算步骤)

41. (本题满分6分)在等比数列 $\{a_n\}$ 中, 已知 $a_2=2$, $q=2$.

    (1) 求此数列的第6项.

    (2) 求此数列前8项的和.

42. (本题满分6分)已知圆 C 的圆心坐标是 $(1,0)$, 点 $N(2,2)$ 在圆上.

    (1) 写出圆 C 的方程.

    (2) 判断直线 $x+y+2=0$ 与圆 C 的位置关系.

43. (本题满分8分)公园里的音乐喷泉在音乐响起后每一次水柱喷射的高度 $h(m)$ 与喷射的时间 $t(s)$ 之间的函数关系式可表示为 $h=a(t-10)^2+20$, 当喷射时间为 5 s 时, 水柱高度达到 15 m.

    (1) 求 a 的值.

    (2) 当喷射时间为多少秒时, 高度值最大? 求出最大高度.

    (3) 要使水柱高度不低于 15 m, 求喷射时间 t 的取值范围.

浙江省中等职业学校职业能力大赛"面向人人"语数英项目 数学模拟试卷(四)

本试卷共4页,三大题. 满分100分,考试时间90分钟.

选择题部分(共60分)

一、选择题(本大题共30小题,每小题2分,共60分. 在每小题给出的四个选项中,只有一项是符合题目要求的)

1. 若集合 $A=\{-1, 0, 1, 2\}$,集合 $B=\{0, 1, 2, 3\}$,则 $A\cap B=(\quad)$.
   A. $\{-1, 0, 1, 2, 3\}$ B. $\{0, 1, 2\}$
   C. $\{1\}$ D. $\{-1, 3\}$

2. 已知 $a=\sqrt{2}$,集合 $A=\mathbf{Q}$,则 a 与 A 的关系正确的是($\quad$).
   A. $a\in A$ B. $a\notin A$ C. $a=A$ D. $\{a\}=A$

3. 区间 $[-2, 3)$ 写成集合的形式是($\quad$).
   A. $\{x\mid -2\leqslant x\leqslant 3\}$ B. $\{x\mid -2<x\leqslant 3\}$
   C. $\{x\mid -2\leqslant x<3\}$ D. $\{x\mid -2<x<3\}$

4. 不等式 $x-2<5$ 的解集是($\quad$).
   A. $\{x\mid x<7\}$ B. $\{x\mid x<3\}$
   C. $\{x\mid x>7\}$ D. $\{x\mid x>3\}$

5. 已知 $f(x)=3x-2$,则 $f(1)=(\quad)$.
   A. 1 B. 3 C. 4 D. -2

6. 若 $a<b$,则下列式子正确的是($\quad$).
   A. $2a<2b$ B. $a^2<b^2$
   C. $-a<-b$ D. $a-b>0$

7. $\sin 60°=(\quad)$.
   A. $\dfrac{1}{2}$ B. $\dfrac{\sqrt{3}}{2}$ C. $\dfrac{\sqrt{2}}{2}$ D. 1

8. 若 $\log_3 81=x$,则 x 的值为($\quad$).
   A. 3 B. 4 C. 9 D. 17

9. 不等式 $|x|-1>0$ 的解集是($\quad$).
   A. $\{x\mid x<-1 \text{ 或 } x>1\}$ B. $\{x\mid -1<x<1\}$
   C. $\mathbf{R}$ D. $\varnothing$

35. 已知圆锥的底面直径为2，高为3，则体积为_____．

36. 经过点(2,0)且与直线 $y=3x-1$ 平行的直线方程为_____．

37. 函数 $y=2\sin x$ 的值域为_____．

38. 计算：$8^{\frac{2}{3}}+\lg 4+2\lg 5=$_____．

39. 已知 $\sin\alpha=\frac{1}{3}$，α 是第一象限角，则 $\cos\alpha=$_____．

40. 在 $\triangle ABC$ 中，已知 $\cos A=\frac{1}{2}$，则 $A=$_____．

三、解答题(本大题共3小题，共20分，解答应写出文字说明及演算步骤)

41. (本题满分6分)某种设备各年的维修费分别为第一年2 000元、第二年4 000元、第三年6 000元，依此递增．
    (1)求第6年的维修费用．
    (2)求使用8年的总维修费用．

42. (本题满分6分)已知圆 C 的方程为 $x^2+y^2-2x-1=0$．
    (1)求圆心坐标与半径．
    (2)若直线 $x+y+m=0$ 与圆 C 相切，求 m 的值．

43. (本题满分8分)某创意公司设计并生产一款儿童吸管饮水杯，日销量 x(个)与售价 p(元/个)之间的函数关系式为 $p=160-2x$，生产 x 个水杯所需成本为 $c=500+30x$．
    (1)生产20个水杯所需成本是多少元？
    (2)日销量为多少时，日获利不少于1 300元？

浙江省中等职业学校职业能力大赛"面向人人"语数英项目
数学模拟试卷(五)

本试卷共4页,三大题. 满分100分,考试时间90分钟.

选择题部分(共60分)

一、选择题(本大题共30小题,每小题2分,共60分. 在每小题给出的四个选项中,只有一项是符合题目要求的)

1. 若集合 $A=\{1,2,3\}$,$B=\{2,4,6\}$,则 $A\cap B$ 等于( ).
   A. 2   B. {2}   C. {2,4}   D. $\varnothing$

2. 已知 $\pi\approx 3.14$,则 π 与集合 $A=\{x|x<3\}$ 的关系正确的是( ).
   A. $\pi\in A$ B. $\pi\notin A$ C. $\pi\subseteq A$ D. $\pi=A$

3. 集合 $\{x|3\leqslant x<5\}$ 写成区间的形式是( ).
   A. (3,5)   B. (3,5]   C. [3,5)   D. [3,5]

4. 若 $a>b>0$,则下列式子正确的是( ).
   A. $a-1>b-1$ B. $-2a>-2b$
   C. $a+b<0$ D. $\dfrac{1}{a}>\dfrac{1}{b}$

5. 若函数 $f(x)=x^2-2x$,则 $f(2)$ 等于( ).
   A. 0   B. 1   C. 2   D. 3

6. 不等式 $2x-6>0$ 的解集是( ).
   A. $\{x|x<3\}$ B. $\{x|x<-3\}$
   C. $\{x|x>3\}$ D. $\{x|x>-3\}$

7. 化简 $\cos(360°+\alpha)$ 的结果是( ).
   A. $\cos\alpha$ B. $-\cos\alpha$ C. $\sin\alpha$ D. $-\sin\alpha$

8. 已知 $\log_2 a=1$,则 $a=$( ).
   A. 0   B. 1   C. 2   D. 4

9. 不等式 $|x-1|<2$ 的解集是( ).
   A. $\{x|x<3\}$ B. $\{x|-3<x<3\}$
   C. $\{x|-1<x<3\}$ D. $\{x|x<-1 \text{ 或 } x>3\}$

10. 60°角用弧度制可表示为( ).
    A. $\dfrac{\pi}{3}$ B. $\dfrac{\pi}{4}$ C. $\dfrac{\pi}{6}$ D. $\dfrac{\pi}{2}$

三、解答题(共 20 分，解答应写出文字说明及演算步骤)

41.(满分 6 分)等差数列 $\{a_n\}$ 中，$a_2=13$，$a_4=9$.
(1)求 a_1 及公差 d.
(2)若 $a_n<0$，求 n 的取值范围.

42.(满分 6 分)已知圆的圆心为 $(2,0)$，且半径为 1.
(1)写出圆的标准方程.
(2)判断直线 $x-\sqrt{3}y=0$ 与该圆的位置关系.

43.(满分 8 分)某商店的一批商品进价为 30 元/件，试销售期间发现当定价为 90 元/件时，一周销量为 10 件；当定价为 70 元/件时，一周销量为 30 件. 设定价 x(元/件)与销量 y(件)之间的关系为 $y=kx+b$.
(1)求 y 与 x 的函数表达式.
(2)如何定价才能使商店利润最大？求出利润的最大值.

浙江省中等职业学校职业能力大赛"面向人人"语数英项目
数学模拟试卷(六)

本试卷共4页,三大题. 满分100分,考试时间90分钟.

选择题部分(共60分)

一、选择题(本大题共30小题,每小题2分,共60分. 在每小题给出的四个选项中,只有一项是符合题目要求的)

1. 若集合 $A=\{1,2,7,8\}$,集合 $B=\{2,3,5,8\}$,则 $A \cap B$ 等于( ).
   A. $\{2\}$ B. $\{3,5\}$ C. $\{2,8\}$ D. $\{1,2,3,5,7,8\}$

2. 已知 $a=\sqrt{5}$,则 a 与集合 $A=\{x|x>2\}$ 的关系正确的是( ).
   A. $a \in A$ B. $a \notin A$ C. $a \subseteq A$ D. $a=A$

3. 集合 $\{x|3<x \leq 9\}$ 写成区间的形式为( ).
   A. $[3,9]$ B. $(3,9]$ C. $(3,9)$ D. $[3,9)$

4. 若 $a>b$,则下列式子正确的是( ).
   A. $ac>bc$ B. $a^2>b^2$ C. $-a<-b$ D. $\dfrac{1}{a}>\dfrac{1}{b}$

5. 已知 $f(x)=2x+3$,则 $f(1)=$( ).
   A. 2 B. 3 C. 4 D. 5

6. 不等式 $3x+6>0$ 的解集是( ).
   A. $\{x|x<2\}$ B. $\{x|x<-2\}$ C. $\{x|x>2\}$ D. $\{x|x>-2\}$

7. 化简 $\cos(-\alpha)$ 的结果是( ).
   A. $\cos\alpha$ B. $-\cos\alpha$ C. $\sin\alpha$ D. $-\sin\alpha$

8. 已知 $\lg a=0$,则 $a=$( ).
   A. 0 B. 1 C. 10 D. -10

9. 不等式 $|x-1|<0$ 的解集是( ).
   A. $\{x|x<1\}$ B. $\{x|-1<x<1\}$ C. $\mathbf{R}$ D. $\varnothing$

10. $\dfrac{\pi}{4}$ 角用角度制可表示为( ).
    A. $30°$ B. $45°$ C. $60°$ D. $90°$

三、解答题(共 20 分,解答应写出文字说明及演算步骤)

41. (满分 6 分)在等差数列 $\{a_n\}$ 中,已知 $a_5=17$,$a_{10}=7$.
   (1)求首项 a_1 和公差 d.
   (2)当 n 为何值时,S_n 的值最大?

42. (满分 6 分)已知直线 $2x-y+1=0$ 与 $x+y+2=0$.
   (1)求两直线的交点坐标.
   (2)求以两直线的交点为圆心,且过原点的圆的标准方程.

43. (满分 8 分)某自来水公司为了鼓励居民节约用水,采取了按月用水量分段收费办法,某户居民应缴水费 y(元)与月用水量 $x(m^3)$ 的函数关系如图所示.
   (1)分别写出当 $0 \leq x \leq 15$ 和 $x > 15$ 时,y 与 x 的函数关系式.
   (2)若某户的月用水量为 $21\ m^3$,则应缴水费多少元?

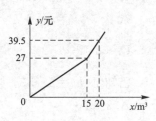

浙江省中等职业学校职业能力大赛"面向人人"语数英项目
数学模拟试卷(七)

本试卷共4页，三大题．满分100分，考试时间90分钟．

选择题部分(共60分)

一、选择题(本大题共30小题，每小题2分，共60分．在每小题给出的四个选项中，只有一项是符合题目要求的)

1. 已知集合 $A=\{0,1,3\}$，集合 $B=\{1,2,4\}$，则 $A\cap B=($　　$)$．
   A. $\{0\}$　　　　　　　　　　　　　　　B. $\{1\}$
   C. $\{2\}$　　　　　　　　　　　　　　　D. $\{0,1,2,3,4\}$

2. 已知 $e\approx 2.718$，则 e 与集合 $A=\{x|x\geqslant 3\}$ 的关系正确的是($\quad$)．
   A. $e\in A$　　　　　　　　　　　　　　B. $e\notin A$
   C. $e\subseteq A$　　　　　　　　　　　　D. $e=A$

3. 集合 $A=\{x|2\leqslant x<4\}$ 写成区间的形式是($\quad$)．
   A. $(2,4)$　　　　　　　　　　　　　　B. $(2,4]$
   C. $[2,4)$　　　　　　　　　　　　　　D. $[2,4]$

4. 若 $a>b$，则下列式子正确的是($\quad$)．
   A. $a+1>b+1$　　　　　　　　　　　B. $-a>-b$
   C. $a+b>0$　　　　　　　　　　　　D. $\dfrac{1}{a}>\dfrac{1}{b}$

5. 已知 $f(x)=3x-1$，则 $f(1)=($　　$)$．
   A. 0　　　　B. 1　　　　C. -1　　　　D. 2

6. 不等式 $3x+5<8-2x$ 的解集是($\quad$)．
   A. $\left(\dfrac{3}{5},+\infty\right)$　　　　　　　　　　B. $\left(-\infty,\dfrac{3}{5}\right)$
   C. $\left(1,\dfrac{5}{3}\right)$　　　　　　　　　　　　D. $\varnothing$

7. 化简 $\sin(2\pi+\alpha)$ 的结果是($\quad$)．
   A. $\cos\alpha$　　　　　　　　　　　　　B. $-\cos\alpha$
   C. $\sin\alpha$　　　　　　　　　　　　　D. $-\sin\alpha$

8. 已知 $\log_3 a=0$，则 $a=($　　$)$．
   A. -1　　　　B. 0　　　　C. 1　　　　D. 3

39. 已知 $\sin\alpha = \dfrac{1}{2}$，且 α 为锐角，则 $\cos\alpha =$ _____．

40. 若将正方体的棱长扩大到原来的 4 倍，则体积扩大到原来的 _____ 倍．

三、解答题(共 20 分，解答应写出文字说明及演算步骤)

41. (满分 6 分) 已知等差数列 3，6，9，12，…．

    (1) 求此数列的第 10 项．

    (2) 这个数列的前几项和是 165？

42. (满分 6 分) 已知圆 C 的圆心为 $(4, -2)$，半径为 6．

    (1) 写出圆 C 的标准方程．

    (2) 直线 $x - y - 2 = 0$ 与圆 C 是否相交？若相交，求弦长．

43. (满分 8 分) 某地居民用水收费标准如表所示．

分档	每户每年用水量/吨	价格/(元·吨$^{-1}$)
第一级	0~240(含)	3.4
第二级	240~360(含)	4.6
第三级	360 以上	8.2

若年用水 390 吨，则水费为 $240 \times 3.4 + 120 \times 4.6 + (390 - 360) \times 8.2 = 1\,614$(元)．

(1) 若小明家去年用水 280 吨，则应交水费多少元？

(2) 若年用水 x 吨，对应水费为 y 元，请写出 y 关于 x 的函数关系式．

浙江省中等职业学校职业能力大赛"面向人人"语数英项目
数学模拟试卷(八)

本试卷共4页,三大题. 满分100分,考试时间90分钟.

选择题部分(共60分)

一、选择题(本大题共30小题,每小题2分,共60分. 在每小题给出的四个选项中,只有一项是符合题目要求的)

1. 已知集合 $A=\{1,2,7,8\}$,$B=\{2,3,5,8\}$,则 $A\cup B=$( ).
   A. $\{2,8\}$ B. $\{1,2,7,8\}$
   C. $\{2,3,5,8\}$ D. $\{1,2,3,5,7,8\}$

2. 已知集合 $A=\{x|x>1\}$,元素 $a=2$,则 a 与 A 的关系为( ).
   A. $a\subseteq A$ B. $a=A$ C. $a\in A$ D. $a\notin A$

3. 集合 $A=\{x|2<x<4\}$ 写成区间的形式是( ).
   A. $(2,4)$ B. $(2,4]$ C. $[2,4)$ D. $[2,4]$

4. 已知 $a>b$,则下列式子一定成立的是( ).
   A. $ac>bc$ B. $a-c>b-c$ C. $\dfrac{1}{a}<\dfrac{1}{b}$ D. $a+c=2b$

5. 已知 $f(x)=x+1$,则 $f(-1)=$( ).
   A. 0   B. 2   C. 1   D. ± 1

6. 不等式 $-2x>-1$ 的解集是( ).
   A. $\left(\dfrac{1}{2},+\infty\right)$ B. $\left(-\infty,\dfrac{1}{2}\right)$ C. $\left(-\dfrac{1}{2},+\infty\right)$ D. R

7. $\dfrac{2\pi}{3}$ 为第( )象限的角.
   A. 一   B. 二   C. 三   D. 四

8. 已知 $\log_3 a=1$,则 $a=$( ).
   A. -1 B. 0   C. 1   D. 3

9. 不等式 $|x|>3$ 的解集是( ).
   A. $(-3,3)$ B. $(-\infty,3)$
   C. $(-\infty,-3)\cup(3,+\infty)$ D. $(3,+\infty)$

10. 直线 $x+3=0$ 与 $y-2=0$ 的交点坐标是( ).
    A. $(-3,-2)$ B. $(-3,2)$ C. $(3,2)$ D. $(3,-2)$

三、解答题(共 20 分，解答应写出文字说明及演算步骤)

41.(满分 6 分)已知等比数列 1，2，4，8，….
   (1)求此数列的第 6 项.
   (2)求此数列前 10 项的和.

42.(满分 6 分)已知圆 C 的圆心坐标为 $(4,2)$，且半径为 4.
   (1)写出圆 C 的标准方程.
   (2)若直线 l：$x+y-4=0$ 与圆 C 相交于 A，B 两点，求弦长 $|AB|$.

43.(满分 8 分)近些年我国高铁飞速发展，已知某路段每年满负荷运送量约为 2 000 万人次，当票价约为 600 元时，年实际运送量约为 800 万人次，估计票价每下降 100 元，实际运送量将提高 400 万人次.
   (1)设票价为 x 元，写出售票收入 y(单位：万元)与票价之间的函数关系式，并指出函数的定义域.
   (2)当票价定为多少时，售票收入最大？最大收入为多少？

浙江省中等职业学校职业能力大赛"面向人人"语数英项目
数学模拟试卷(九)

本试卷共4页,三大题.满分100分,考试时间90分钟.

选择题部分(共60分)

一、选择题(本大题共30小题,每小题2分,共60分.在每小题给出的四个选项中,只有一项是符合题目要求的)

1. 已知集合 $A=\{1,2,3\}$,集合 $B=\{0,1,2\}$,则 $A\cap B=($).
   A. $\{1\}$ B. $\{2\}$
   C. $\{1,2\}$ D. $\{0,1,2,3\}$

2. 已知 $e=2.718$,集合 $A=\{x|x<4\}$,则 A 与集合 e 的关系正确的是( ).
   A. $e\in A$ B. $e\notin A$
   C. $e\subseteq A$ D. $e=A$

3. 集合 $\{x|2\,020\leqslant x<2\,023\}$ 写成区间的形式是( ).
   A. $(2\,020,2\,023)$ B. $(2\,020,2\,023]$
   C. $[2\,020,2\,023)$ D. $[2\,020,2\,023]$

4. 不等式 $\dfrac{1}{2}x-1<0$ 的解集是( ).
   A. $(-\infty,2)$ B. $(2,+\infty)$
   C. $(-\infty,-2)$ D. $(-2,+\infty)$

5. 已知 $f(x)=x^2-2x+2$,则 $f(0)=($).
   A. 0 B. 1 C. 2 D. 3

6. 若 $a>b>0$,则下列式子不正确的是( ).
   A. $a+3>b+3$ B. $a-b>0$
   C. $a+b>0$ D. $-a>-b$

7. 化简 $\cos(360°-\alpha)$ 的结果是( ).
   A. $\cos\alpha$ B. $-\cos\alpha$
   C. $\sin\alpha$ D. $-\sin\alpha$

8. 已知 $\log_2 a=1$,则 $a=($).
   A. 0 B. 1 C. 2 D. 4

39. 在 $\triangle ABC$ 中，已知 $\sin A = \dfrac{1}{2}$，则 $\cos A =$ _____ .

40. 已知圆柱的底面半径为 2，高为 3，则此圆柱的体积为 _____ .

三、解答题(共 **20 分**，解答应写出文字说明及演算步骤)

41. (满分 6 分)已知等比数列 $1, -1, 1, -1, \cdots$.
    (1)求此数列的第 8 项.
    (2)求此数列前 10 项的和.

42. (满分 6 分)如图所示，已知圆 C 的圆心坐标是 $(1, 2)$，且与 x 轴相切.
    (1)求圆 C 半径的长.
    (2)写出圆 C 的方程.
    (3)判断直线 $x - y + 3 = 0$ 与圆 C 的位置关系.

43. (满分 8 分)已知某种窗户的长度 y 与宽度 x 的函数关系式为 $y = -2x + p$，当窗户的宽度 $x = 1$ 时，长度 $y = 6$.
    (1)求 p 的值.
    (2)求当窗户的宽度 x 为多少时，窗户的面积(面积＝长×宽)S 最大，并求出最大面积.
    (3)要使该窗户的面积 S 大于 6，求宽度 x 的取值范围.

浙江省中等职业学校职业能力大赛"面向人人"语数英项目数学模拟试卷(十)

本试卷共4页,三大题. 满分100分,考试时间90分钟.

选择题部分(共60分)

一、选择题(本大题共30小题,每小题2分,共60分. 在每小题给出的四个选项中,只有一项是符合题目要求的)

1. 已知集合 $A=\{1,2\}$,集合 $B=\{2,0\}$,则 $A\cup B=$ ( ).
   A. $\{0\}$ B. $\{1\}$ C. $\{2\}$ D. $\{0,1,2\}$

2. 已知 $\pi\approx 3.14$,集合 $A=\{x|x<3\}$,则 π 与集合 A 的关系正确的是( ).
   A. $\pi\in A$ B. $\pi\notin A$ C. $\pi\subseteq A$ D. $\pi=A$

3. 集合 $\{x|2\ 000\leqslant x<2\ 003\}$ 写成区间的形式是( ).
   A. $(2\ 000,2\ 003)$ B. $[2\ 000,2\ 003]$
   C. $[2\ 000,2\ 003)$ D. $(2\ 000,2\ 003]$

4. 下列不等式的解集为 $(2,+\infty)$ 的是( ).
   A. $x-2<0$ B. $2x-4>0$
   C. $x-2\geqslant 0$ D. $2x-4\leqslant 0$

5. 已知 $f(x)=\dfrac{x-1}{x+1}$,则 $f(1)=$ ( ).
   A. 0 B. 1 C. 2 D. 3

6. 若 $a>0>b$,则下列式子不正确的是( ).
   A. $a+1>b+1$ B. $a-b>0$
   C. $a\cdot b>0$ D. $-3a<-3b$

7. 化简 $\sin(180°-\alpha)$ 的结果是( ).
   A. $\cos\alpha$ B. $-\cos\alpha$ C. $\sin\alpha$ D. $-\sin\alpha$

8. 已知 $\log_2 a=0$,则 $a=$ ( ).
   A. 0 B. 1 C. 2 D. 4

9. $45°$ 角用弧度制可表示为( ).
   A. $\dfrac{\pi}{3}$ B. $\dfrac{\pi}{4}$ C. $\dfrac{\pi}{6}$ D. $\dfrac{\pi}{2}$

10. 已知直线 $y=-x+2$,则该直线的倾斜角是( ).
    A. $30°$ B. $45°$ C. $60°$ D. $135°$

三、解答题(共 20 分,解答应写出文字说明及演算步骤)

41.(满分 6 分)已知等差数列 -3,0,3,6,….
   (1)求此数列的第 6 项.
   (2)求此数列前 10 项的和.

42.(满分 6 分)已知圆 C 的圆心坐标是 $(1,-1)$,且 $M(1,0)$ 在圆 C 上.
   (1)求半径 CM 的长.
   (2)写出圆的方程.
   (3)判断直线 $x-y-1=0$ 与圆 C 的位置关系.

43.(满分 8 分)学校准备围建一个矩形苗圃园. 其中一边靠墙,另外三边用长为 30 米的篱笆围成. 已知墙长为 18 米(如图所示),设这个苗圃园垂直于墙的一边的长为 x 米.
   (1)若平行于墙的一边的长为 y 米,直接写出 y 与 x 之间的函数关系式及其自变量 x 的取值范围.
   (2)垂直于墙的一边的长 x 为多少米时,这个苗圃园的面积最大?求出这个最大值.

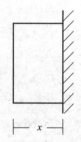

浙江省中等职业学校职业能力大赛"面向人人"语数英项目
数学模拟试卷(十一)

本试卷共4页,三大题. 满分100分,考试时间90分钟.

选择题部分(共60分)

一、选择题(本大题共30小题,每小题2分,共60分. 在每小题给出的四个选项中,只有一项是符合题目要求的)

1. 若 $A=\{1,3,5\}$,$B=\{2,3,7\}$,则 $A\cap B$ 等于(   ).
   A. $\{3\}$ B. $\{1,5\}$
   C. $\{2,7\}$ D. $\{1,2,3,5,7\}$

2. 集合 $A=\{x|x\leqslant 3.14\}$,则下面式子正确的是(   ).
   A. $\pi\in A$ B. $\pi\notin A$
   C. $\pi\subseteq A$ D. $\{\pi\}\subseteq A$

3. 集合 $\{x|2\,019\leqslant x<2\,024\}$ 写成区间的形式是(   ).
   A. $(2\,019,2\,024)$ B. $(2\,019,2\,024]$
   C. $[2\,019,2\,024]$ D. $[2\,019,2\,024)$

4. 不等式 $2x-6\geqslant 0$ 解集是(   ).
   A. $\{x|x\geqslant 3\}$ B. $\{x|x\geqslant -3\}$
   C. $\{x|x\leqslant 3\}$ D. $\{x|x\leqslant -3\}$

5. 已知函数 $f(x)=-x^2+x+1$,求 $f(1)=$(   ).
   A. 0   B. 1   C. 2   D. 3

6. 已知 $a<b$,则下列式子一定正确的是(   ).
   A. $-a>-b$ B. $a-1>b-1$
   C. $a+2<b+1$ D. $a+b<0$

7. $\sin(180°+\alpha)$ 化简的结果是(   ).
   A. $\sin\alpha$ B. $-\sin\alpha$ C. $\cos\alpha$ D. $-\cos\alpha$

8. 已知 $\lg a=1$,则 $a=$(   ).
   A. 0   B. 1   C. 10   D. 100

9. $\dfrac{\pi}{6}$ 转化为角度是(   ).
   A. $10°$ B. $20°$ C. $30°$ D. $40°$

39. 在锐角 $\triangle ABC$ 中，$sinA = \dfrac{4}{5}$，则 $cosA =$ _____ .

40. 正四棱柱的底面边长为 1 cm，高为 3 cm，则表面积为 _____ cm².

三、解答题(共 20 分，解答应写出文字说明及演算步骤)

41. (满分 6 分)已知等差数列 -1，3，7，11，….
    (1)求此数列的第 8 项.
    (2)求此数列的前 8 项的和.

42. (满分 6 分)已知圆 C：$x^2+(y-1)^2=1$，直线 l 的斜率 $k=1$ 且过点 $P(0,4)$.
    (1)求圆 C 的圆心坐标和半径.
    (2)求直线 l 的方程.
    (3)判断直线与圆的位置关系.

43. (满分 8 分)用长 10 米的铝材做一个日字形窗框，如图所示.
    (1)当窗框宽为 2 m 时，求窗框面积.
    (2)求窗框面积 $y(m^2)$ 与窗框宽 $x(m)$ 的函数关系式.
    (3)试问窗框的高和宽各为多少时，窗户的透光面积最大？最大面积是多少？

浙江省中等职业学校职业能力大赛"面向人人"语数英项目数学模拟试卷(十二)

本试卷共4页,三大题.满分100分,考试时间90分钟.

选择题部分(共60分)

一、选择题(本大题共30小题,每小题2分,共60分.在每小题给出的四个选项中,只有一项是符合题目要求的)

1. 若 $A=\{1,3,5\}$,$A\cap B=\{3\}$,则 B 可能是( ).
   A. $\{1,3\}$　　　　　　　　　　B. $\{1,5\}$
   C. $\{2,3,4\}$　　　　　　　　　D. $\{1,2,5\}$

2. 若 $3\in A$,则集合 A 可能是( ).
   A. $A=\{x|x>3\}$　　　　　　　B. $A=\{x|x<3\}$
   C. $A=\{x|x>\pi\}$　　　　　　　D. $A=\{x|x<\pi\}$

3. 区间 $[2024,+\infty)$ 写成集合的形式是( ).
   A. $\{x|x>2\,024\}$　　　　　　B. $\{x|x\geq 2\,024\}$
   C. $\{x|x<2\,024\}$　　　　　　D. $\{x|x\leq 2\,024\}$

4. 已知函数 $f(x)=1-2x$,则 $f(0)=$( ).
   A. 0　　　　B. 1　　　　C. 2　　　　D. 3

5. 不等式 $6-3x\geq 0$ 解集是( ).
   A. $\{x|x\geq 2\}$　　　　　　　B. $\{x|x\geq -2\}$
   C. $\{x|x\leq 2\}$　　　　　　　D. $\{x|x\leq -2\}$

6. 已知 $a>b>0$,则下列式子一定正确的是( ).
   A. $a-b>0$　　　　　　　　　B. $b-a>0$
   C. $a+1>b+3$　　　　　　　D. $a+1<b+3$

7. $\tan(\pi+\alpha)$ 化简的结果是( ).
   A. $\tan\alpha$　　B. $-\tan\alpha$　　C. $\sin\alpha$　　D. $\cos\alpha$

8. 已知 $\log_2 a=3$,则 $a=$( ).
   A. $\dfrac{3}{2}$　　B. $\dfrac{2}{3}$　　C. 6　　D. 8

9. 45°角用弧度制可表示为( ).
   A. $\dfrac{\pi}{3}$　　B. $\dfrac{\pi}{4}$　　C. $\dfrac{\pi}{6}$　　D. $\dfrac{\pi}{2}$

36. 点 $(-1, b)$ 在直线 $2x+y-1=0$ 上，则 b 的值为 _____.

37. 在 $\triangle ABC$ 中，$\cos A = \dfrac{3}{5}$，则 $\sin A =$ _____.

38. 函数 $y = a + 2\sin x$ 的最大值为 3，则 a 的值为 _____.

39. 已知点 $A(2, 0)$，$B(m, \sqrt{5})$，且 $|AB| = 3$，则 $m =$ _____.

40. 圆锥的底面半径为 2 cm，高为 3 cm，则体积为 _____ cm³.

三、解答题(共 20 分，解答应写出文字说明及演算步骤)

41. (满分 6 分) 已知等差数列 $-2, 1, a, 7, \cdots$.
    (1) 求 a 的值.
    (2) 求此数列前 8 项的和.

42. (满分 6 分) 已知圆 C 的圆心坐标是 $(1, 0)$，半径是 2，$M(0, b)$ 是圆上一点.
    (1) 写出圆的标准方程.
    (2) 求 b 的值.
    (3) 判断直线 $x + y + 3 = 0$ 与圆 C 的位置关系.

43. (满分 8 分) 用长为 8 m 的钢材制作如图所示规格的一个框架.
    (1) 求框架的面积 $y(\text{m}^2)$ 与框架宽度 $x(\text{m})$ 之间的函数关系式.
    (2) 当框架的宽度为多少米时框架的面积最大？最大面积为多少？

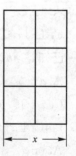

《浙江省"面向人人"数学赛项点对点精准导航》

(参考答案)

主　编　林建仁　吴松英

北京理工大学出版社
BEIJING INSTITUTE OF TECHNOLOGY PRESS

考点和单元测试卷答案

第一章 集合考点答案

考点1：元素与集合的关系

【真题在线】

1. A 【提示】 元素 1 是集合 A 的元素，记作 $1 \in A$，故选 A.
2. B 【提示】 元素 $\pi \approx 3.14$ 不是集合 A 的元素，记作 $\pi \notin A$，故选 B.
3. A 【提示】 元素 $a = \sqrt{3}$ 是集合 A 的元素，记作 $a \in A$，故选 A.

【全真模拟】

1. B 【提示】 元素 π 不是自然数集 $\mathbf{N}$ 的元素，记作 $\pi \notin \mathbf{N}$，故选 B.
2. B 【提示】 元素 $\sqrt{3}$ 不是集合 A 的元素，记作 $\sqrt{3} \notin A$，故选 B.
3. D 【提示】 元素 3 是集合 M 的元素，记作 $3 \in M$，故选 D.
4. D 【提示】 元素 0 是集合 $\{0\}$ 的元素，记作 $0 \in \{0\}$，故选 D.
5. C 【提示】 集合 $A = \{-1, 1\}$，元素 1 是集合 A 的元素，记作 $1 \in A$，故选 C.

【能力拓展】

1. C 【提示】 因为 2 是集合 $\{-1, a, 1\}$ 的元素，所以 $a = 2$，故选 C.
2. B 【提示】 因为 $x \in \mathbf{N}$，所以 $M = \{2, 3, 4\}$，故选 B.
3. C 【提示】 因为集合 $A = \{x \mid -1 < x < 1\}$，故选 C.

考点2：集合之间的关系

【真题在线】

1. 4 【提示】 集合 $\{1, 2\}$ 含有 2 个元素，则它的子集个数为 $2^2 = 4$(个).
2. 2 【提示】 因为 $A \subseteq B$，集合 A 的元素都是集合 B 的元素，故 $a = 2$.
3. 25 【提示】 因为 $A \subseteq B$，集合 A 的元素都是集合 B 的元素，故 $t = 25$.

【全真模拟】

1. B 【提示】 集合 A 含有 3 个元素，则它的子集个数为 $2^3 = 8$ 个，故选 B.
2. 7 【提示】 集合 M 含有 3 个元素，则它的真子集个数为 $2^3 - 1 = 7$.
3. A 【提示】 因为 $A \subseteq B$，集合 A 的元素都是集合 B 的元素，所以 $a = -1$，故选 A.
4. C 【提示】 根据真子集的定义及符号表示，故选 C.
5. D 【提示】 正方形是平行四边形的特殊情形，根据子集的定义及符号表示，故选 D.

【能力拓展】

1. D 【提示】 因为 $A \subseteq B$，集合 A 的元素都是集合 B 的元素，故选 D.
2. C 【提示】 集合 $A = \{a, b, c\}$ 含有元素 a 的所有真子集为 $\{a\}$，$\{a, b\}$，$\{a, c\}$，故选 C.
3. A 【提示】 画数轴解题，要求集合 A 的元素都是集合 B 的元素，因此 $a \leqslant 2$，故选 A.

考点3：集合交运算

【真题在线】

1. C 【提示】 $A\cap B$ 为取 A 与 B 的公共元素9组成的集合，故选C.
2. D 【提示】 $A\cap B$ 为取 A 与 B 的公共元素2组成的集合，故选D.

【全真模拟】

1. C 【提示】 $A\cap B$ 为取 A 与 B 的公共元素2，3组成的集合，故选C.
2. B 【提示】 $A\cap B$ 为取 A 与 B 的公共元素3，4组成的集合，故选B.
3. A 【提示】 $A\cap B$ 为取 A 与 B 的公共元素组成的集合，故选A.
4. B 【提示】 $A\cap B$ 为取 A 与 B 的公共元素1，2组成的集合，故选B.
5. C 【提示】 N 表示自然数集，Z 表示整数集，R 表示实数集.

【能力拓展】

1. D 【提示】 $A\cap B$ 为取 A 与 B 的公共元素组成的集合，则 B 中一定要有元素1，2，但不能有元素3，故选D.
2. $\{x|x>2\}$ 【提示】 画数轴解题，$A\cap B$ 为取 A 与 B 的公共元素组成的集合，因此 $A\cap B=\{x|x>2\}$.
3. 2 【提示】 根据题意，A 与 B 的公共元素为2，3，故 $a=2$.

考点4：集合并运算

【真题在线】

1. D 【提示】 $A\cup B$ 为取 A 与 B 的所有元素组成的集合，故选D.
2. A 【提示】 $A\cup B$ 为取 A 与 B 的所有元素组成的集合，结合数轴，故选A.
3. $\{x|x<2\}$ 【提示】 $A\cup B$ 为取 A 与 B 的所有元素组成的集合，结合数轴易得 $A\cup B=\{x|x<2\}$.
4. $\{x|x>2\}$ 【提示】 $A\cup B$ 为取 A 与 B 的所有元素组成的集合，结合数轴易得 $A\cup B=\{x|x>2\}$.

【全真模拟】

1. D 【提示】 $A\cup B$ 为取 A 与 B 的所有元素组成的集合，故选D.
2. D 【提示】 $A\cup B$ 为取 A 与 B 的所有元素组成的集合，结合数轴易得 $A\cup B=\{x|-1\leqslant x<3\}$，故选D.
3. $\{x|x>-1\}$ 【提示】 $A\cup B$ 为取 A 与 B 的所有元素组成的集合，结合数轴易得 $A\cup B=\{x|x>-1\}$.
4. $\{x|x<3\}$ 【提示】 $A\cup B$ 为取 A 与 B 的所有元素组成的集合，结合数轴易得 $A\cup B=\{x|x<3\}$.
5. $\{x|x<4\}$ 【提示】 $M\cup N$ 为取 M 与 N 的所有元素组成的集合，结合数轴易得 $M\cup N=\{x|x<4\}$.

【能力拓展】

1. D 【提示】 由题意知 $A=\{0,1\}$，$B=\{1,2\}$，$A\cup B$ 为取 A 与 B 的所有元素组成的集合，故选D.
2. 1或2 【提示】 $A\cup B$ 为取 A 与 B 的所有元素组成的集合，故 $a=1$ 或 2.
3. $\{c\}$，$\{a,c\}$，$\{b,c\}$，$\{a,b,c\}$ 【提示】 $A\cup B$ 为取 A 与 B 的所有元素组成的集合，故 B 中一定有元素 c，故 B 可能为 $\{c\}$，$\{a,c\}$，$\{b,c\}$，$\{a,b,c\}$.

考点5：集合补运算

【真题在线】

$\{x|x\geqslant 0\}$ 【提示】 $\complement_U A$ 为全集 U 中去掉集合 A 的元素组成的集合，即 $\complement_U A=\{x|x\geqslant 0\}$.

【全真模拟】

1. $\{x|x\geqslant 1\}$ 【提示】 $\complement_U A$ 为全集 U 中去掉集合 A 的元素组成的集合，即 $\complement_U A=\{x|x\geqslant 1\}$.
2. $\{x|x\leqslant -1\}$ 【提示】 $\complement_U A$ 为全集 U 中去掉集合 A 的元素组成的集合，即 $\complement_U A=\{x|x\leqslant -1\}$.
3. $\{x|x<2\}$ 【提示】 $\complement_U A$ 为全集 U 中去掉集合 A 的元素组成的集合，即 $\complement_U A=\{x|x<2\}$.

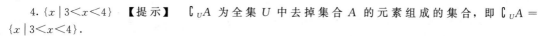

4. $\{x\mid 3<x<4\}$ 【提示】 $\complement_U A$ 为全集 U 中去掉集合 A 的元素组成的集合,即 $\complement_U A = \{x\mid 3<x<4\}$.

5. $\{x\mid x\leqslant 1$ 或 $x>2\}$ 【提示】 $\complement_U A$ 为全集 U 中去掉集合 A 的元素组成的集合,结合数轴进行解题,注意端点的取舍.

【能力拓展】

1. C 【提示】 由题意知 $U=\{0,1,2,3,4\}$ 与 $A=\{2,3\}$,$\complement_U A$ 为全集 U 中去掉集合 A 的元素组成的集合,故选 C.

2. $\{3\}$ 【提示】 因为 $U=\{1,2,3,4,5\}$,$\complement_U B=\{1,2\}$,所以 $B=\{3,4,5\}$,故 $A\cap B=\{1,2,3\}\cap\{3,4,5\}=\{3\}$.

3. 4 【提示】 因为 $U=\{1,2,3,4\}$,$\complement_U A=\{1,3\}$,所以 $A=\{2,4\}$,故 $a=4$.

第一章 集合单元测试卷答案

一、选择题

1. D 【提示】 根据集合的定义,元素具有确定性,故选 D.
2. C 【提示】 元素 a 是集合 $\{a,b\}$ 的元素,则称元素 a 属于集合 A,记作 $a\in A$,故选 C.
3. B 【提示】 含有元素 1 的真子集有 $\{1\}$,$\{1,2\}$,$\{1,3\}$,$\{1,4\}$,$\{1,2,3\}$,$\{1,2,4\}$,$\{1,3,4\}$,共 7 个,故选 B.
4. C 【提示】 因为集合 A 与 B 的元素是有序实数对 (x,y),联立方程组 $\begin{cases}x+y=1\\x-y=5\end{cases}$,解得 $\begin{cases}x=3\\y=-2\end{cases}$,并且注意元素为点的坐标,所以 $A\cap B=\{(3,-2)\}$,故选 C.
5. A 【提示】 $A\cup B$ 为取 A 与 B 的所有元素组成的集合,结合数轴,故选 A.
6. D 【提示】 由 $B=\{0,1,2\}$,$A\cap B$ 为取 A 与 B 的公共元素组成的集合,故选 D.

二、填空题

1. (1) $\in$; (2) $=$; (3) $\supseteq$; (4) $\subseteq$.
2. 3 【提示】 由题意可知 $a+1=4$,即 $a=3$.
3. $\{x\mid x\leqslant 2\}$ 【提示】 根据补集的定义,借助数轴的几何直观性帮助求解.
4. $\{x\mid 1<x\leqslant 3\}$ 【提示】 $A\cap B$ 为取 A 与 B 的公共元素组成的集合,结合数轴易得 $A\cap B=\{x\mid 1<x\leqslant 3\}$.

三、解答题

1. 解:由题意 $U=\{0,1,2,3,4,5,6,7,8,9\}$.
(1) $A\cap B=\{1,3,4,5\}\cap\{3,5,7,8\}=\{3,5\}$;
(2) $A\cup B=\{1,3,4,5\}\cup\{3,5,7,8\}=\{1,3,4,5,7,8\}$.
所以 $\complement_U(A\cup B)=\overline{\{1,3,4,5,7,8\}}=\{0,2,6,9\}$.

2. 解:由题意得:$a^2=4$,解得 $a=\pm 2$.
当 $a=-2$ 时,$A=\{0,2,4\}$,$B=\{1,-2\}$,$A\cup B=\{-2,0,1,2,4\}$,不符合题意,舍去;
当 $a=2$ 时,$A=\{0,2,4\}$,$B=\{1,2\}$,$A\cup B=\{0,1,2,4\}$,符合题意.
综上所述,$a=2$.

第二章 不等式考点答案

考点 6:不等式的基本性质

【真题在线】

1. D 【提示】 根据不等式的性质,不等式两边同时乘以一个负数,不等号方向要改变,故选 D.

2. D 【提示】 两个正数，分母越大分数值越小，由 $a>b>0$ 得 $\frac{1}{a}<\frac{1}{b}$，或在不等式 $a>b>0$ 两边同除以 ab，得 $\frac{1}{b}>\frac{1}{a}$，所以 D 不正确，故选 D.

3. D 【提示】 根据不等式的性质，不等式两边同时乘以一个负数，不等号方向要改变，所以 D 不正确，故选 D.

4. A 【提示】 根据不等式的性质，不等式两边加上同一个数，不等号方向不变，所以 A 正确，故选 A.

【全真模拟】

1. A 【提示】 根据不等式的加法性质，在不等式两边加上同一个数，不等号方向不变，由 $2>1$，可得 $2+a>1+a$，故选 A.

2. B 【提示】 根据不等式的性质，不等式两边乘以一个正数，不等号方向不变，所以 B 不正确，故选 B.

3. D 【提示】 根据不等式的性质，不等式两边乘以同一个负数，不等号方向要改变，所以 D 不正确，故选 D.

4. D 【提示】 根据不等式的性质，不等式两边加上（或减去）同一个数，不等号方向不变，所以 D 正确，故选 D.

5. A 【提示】 根据不等式的性质，不等式两边加上（或减去）同一个数，不等号方向不变，所以 A 正确，故选 A.

【能力拓展】

1. C 【提示】 根据不等式的乘法和加法性质，由 $a>b$ 得 $-a<-b$，所以 $-a+1<-b+1$，即 $1-a<1-b$，故选 C.

2. D 【提示】 根据不等式的乘法性质，由 $a>b>0$，在不等式两边同乘以正数 b，得 $ab>b^2$，所以 D 不正确，故选 D.

3. B 【提示】 根据不等式的加法和乘法性质，可知 A、C、D 均成立，B 中 $a-c$ 与 $b-d$ 的大小同 a,c,b,d 的取值有关，无法确定，故选 B.

考点7：区间的概念

【真题在线】

1. A 【提示】 闭区间，故选 A.
2. D 【提示】 闭区间，故选 D.
3. B 【提示】 左开右闭区间，故选 B.

【全真模拟】

1. B 【提示】 左开右闭区间，故选 B.
2. D 【提示】 左开右闭区间，故选 D.
3. A 【提示】 闭区间，故选 A.
4. D 【提示】 左闭右开区间，故选 D.
5. C 【提示】 开区间，故选 C.

【能力拓展】

1. A 【提示】 闭区间，故选 A.
2. D 【提示】 开区间，故选 D.
3. B 【提示】 左开右闭区间，故选 B.

考点8：一元一次不等式（组）

【真题在线】

1. C 【提示】 由不等式 $x+2>0$ 得 $x>-2$；不等式组的解集为两个不等式解集的交集，结合数轴，得$-2<x<1$,故选 C.

2. C 【提示】 通过移项后,不等式两边同除以 3,得 $x<-\dfrac{4}{3}$,故选 C.

3. B 【提示】 通过移项后,不等式两边同除以 2,得 $x>2$,故选 B.

4. A 【提示】 通过移项得 $x<3$,故选 A.

【全真模拟】

1. A 【提示】 通过移项后,不等式两边同除以 2,得 $x>3$,故选 A.

2. B 【提示】 通过移项后,不等式两边同除以 4,得 $x<\dfrac{3}{4}$,故选 B.

3. D 【提示】 原不等式各项都加 1 得 $0\leqslant 2x<4$,各项再除以 2,得 $0\leqslant x<2$,故选 D. 本题亦可转化为一元一次不等式组求解.

4. A 【提示】 由不等式 $-x-3<0$ 得 $x>-3$;由不等式 $x-5\leqslant 0$ 得 $x\leqslant 5$;不等式组的解集为两个不等式解集的交集,结合数轴,得 $-3<x\leqslant 5$,故选 A.

5. C 【提示】 由不等式 $-x-3\geqslant 0$ 得 $x\leqslant -3$;由不等式 $x-5<0$ 得 $x<5$;不等式组的解集为两个不等式解集的交集,结合数轴,得 $x\leqslant -3$,故选 C.

【能力拓展】

1. D 【提示】 通过移项后,不等式两边同除以 $\dfrac{1}{2}$,得 $x>-6$,故选 D.

2. C 【提示】 原不等式各项都减 1 得 $-2<-2x\leqslant 2$,各项再除以 -2,得 $-1\leqslant x<1$,故选 C. 本题亦可转化为一元一次不等式组求解.

3. B 【提示】 原不等式组可化为 $\begin{cases}x\leqslant 0\\ x>-5\end{cases}$,结合数轴,得 $-5<x\leqslant 0$,用区间表示为 $(-5,0]$,故选 B.

考点 9:一元二次不等式

【真题在线】

1. $\{x\mid x<-3 \text{ 或 } x>1\}$ 【提示】 一元二次方程 $(x-1)(x+3)=0$ 的根为 -3 和 1,结合二次函数图像,得不等式解集为 $\{x\mid x<-3 \text{ 或 } x>1\}$,也可以用区间表示为 $(-\infty,-3)\cup(1,+\infty)$.

2. A 【提示】 一元二次方程 $x(x-1)=0$ 的根为 0 和 1,结合二次函数图像,得不等式解集为 $\{x\mid x<0 \text{ 或 } x>1\}$,故选 A.

3. A 【提示】 一元二次方程 $(x-36)(x-50)=0$ 的根为 36 和 50,结合二次函数图像,得不等式解集为 $\{x\mid 36<x<50\}$,故选 A.

4. D 【提示】 一元二次方程 $(x+4)(x-2)=0$ 的根为 -4 和 2,结合二次函数图像,得不等式解集为 $\{x\mid x<-4 \text{ 或 } x>2\}$,用区间可表示为 $(-\infty,-4)\cup(2,+\infty)$,故选 D.

【全真模拟】

1. $\{x\mid 0<x<2\}$ 【提示】 一元二次方程 $x(x-2)=0$ 的根为 0 和 2,结合二次图像,得不等式解集为 $\{x\mid 0<x<2\}$,也可以用区间表示为 $(0,2)$.

2. A 【提示】 一元二次方程 $(x+1)(x-1)=0$ 的根为 -1 和 1,结合二次函数图像,得不等式解集为 $\{x\mid -1<x<1\}$,故选 A.

3. D 【提示】 一元二次方程 $(x+4)(x-2)=0$ 的根为 -4 和 2,结合二次函数图像,得不等式解集为 $\{x\mid x<-4 \text{ 或 } x>2\}$,也可以用区间表示为 $(-\infty,-4)\cup(2,+\infty)$,故选 D.

4. D 【提示】 一元二次方程 $x^2-4x+3=0$ 的根为 1 和 3,结合二次函数图像,得不等式解集为 $\{x\mid 1<x<3\}$,故选 D.

5. $\{x\mid x<-6 \text{ 或 } x>2\}$ 【提示】 一元二次方程 $x^2+4x-12=0$ 的根为 -6 和 2,结合二次函数图像,得不等式解集为 $\{x\mid x<-6 \text{ 或 } x>2\}$.

【能力拓展】

1. A 【提示】 一元二次方程$(2+x)(3-x)=0$的根为-2和3，结合二次函数图像，得不等式解集为$\{x|-2<x<3\}$，故选A.

2. $\{x|x\leq-2$或$x\geq2\}$ 【提示】 一元二次方程$x^2-4=0$的根为-2和2，结合二次函数图像，得不等式解集为$\{x|x\leq-2$或$x\geq2\}$.

3. -7 【提示】 由题意知，一元二次方程$ax^2+5x+c=0$的根为$\dfrac{1}{3}$和$\dfrac{1}{2}$，因此有 $\begin{cases}\dfrac{1}{9}a+5\times\dfrac{1}{3}+c=0\\ \dfrac{1}{4}a+5\times\dfrac{1}{2}+c=0\end{cases}$，解得$a=-6,c=-1$，故$a+c=-7$. 本题亦可用韦达定理求解.

考点10：含绝对值的不等式

【真题在线】

1. A 【提示】 由含绝对值的不等式的含义，故选A.
2. C 【提示】 由含绝对值的不等式的含义可得$-1<x-1<1$，即$0<x<2$，故选C.
3. D 【提示】 由含绝对值的不等式的含义，故选D.
4. D 【提示】 移项得$|x|<2$，由含绝对值的不等式的含义，故选D.

【全真模拟】

1. C 【提示】 由含绝对值的不等式的含义，故选C.
2. C 【提示】 由含绝对值的不等式的含义，故选C.
3. A 【提示】 由含绝对值的不等式的含义可得$x-1<-1$或$x-1>1$，即$x<0$或$x>2$，故选A.
4. $\{x|-1<x<5\}$ 【提示】 由含绝对值的不等式的含义可得$-3<x-2<3$，即$-1<x<5$，所以原不等式的解集为$\{x|-1<x<5\}$.
5. C 【提示】 由含绝对值的不等式的含义可得$x-6\leq-2$或$x-6\geq2$，即$x\leq4$或$x\geq8$，故选C.

【能力拓展】

1. $\{x|x\leq-2$或$x\geq3\}$ 【提示】 移项得$|2x-1|\geq5$，由含绝对值的不等式的含义可得$2x-1\leq-5$或$2x-1\geq5$，即$x\leq-2$或$x\geq3$，故原不等式解集为$\{x|x\leq-2$或$x\geq3\}$.

2. C 【提示】 由含绝对值的不等式的含义可得$-1<3-2x<1$，即$1<x<2$，用区间表示为$(1,2)$，故选C.

3. 4 【提示】 由含绝对值的不等式的含义可得$-9\leq5x-12\leq9$，即$\dfrac{3}{5}\leq x\leq\dfrac{21}{5}$，这区间的整数有1，2，3，4，故有4个.

第二章 不等式单元测试卷答案

一、选择题

1. D 【提示】 由含绝对值的不等式的含义可知选D.
2. B 【提示】 根据不等式的性质，不等式两边乘以同一个负数，不等号方向要改变，所以B不成立，故选B.
3. B 【提示】 移项得$|x|\leq4$，由含绝对值的不等式的含义可知选B.
4. C 【提示】 根据不等式的乘法性质，因为$|a|>|b|\geq0$，所以有$a^2>b^2$，故选C.
5. A 【提示】 原不等式组可化为$\begin{cases}x>1\\ x\leq2\end{cases}$，结合数轴或根据"大小小大中间找"，得$1<x\leq2$，故选A.
6. C 【提示】 一元二次方程$(x+3)(x-4)=0$的根为-3和4，结合二次函数图像，得不等式解集为$\{x|-3<x<4\}$，故选C.

二、填空题

1. $(-\infty, 2]$ 【提示】 移项得 $3x \leqslant 6$，即 $x \leqslant 2$，用区间表示为 $(-\infty, 2]$.

2. $\{x \mid x < -2 \text{ 或 } x > 1\}$ 【提示】 由含绝对值的不等式的含义可得 $2x+1 < -3$ 或 $2x+1 > 3$，即 $x < -2$ 或 $x > 1$，故原不等式解集为 $\{x \mid x < -2 \text{ 或 } x > 1\}$.

3. $(-\infty, 0] \cup [1, +\infty)$ 【提示】 一元二次方程 $x^2 - x = 0$ 的根为 0 和 1，结合二次函数图像，得不等式解集为 $\{x \mid x \leqslant 0 \text{ 或 } x \geqslant 1\}$，也可以用区间表示为 $(-\infty, 0] \cup [1, +\infty)$.

4. $\{m \mid m < 1\}$ 【提示】 由题意知 $\begin{cases} m-1 < 0 \\ 3-m > 0 \end{cases}$，解得 $\begin{cases} m < 1 \\ m < 3 \end{cases}$，所以 m 的取值范围是 $\{m \mid m < 1\}$.

三、解答题

1. 解：(1) 由原不等式得 $3 - 2x \leqslant -3$ 或 $3 - 2x \geqslant 3$，整理得 $x \geqslant 3$ 或 $x \leqslant 0$，所以原不等式的解集为 $(-\infty, 0] \cup [3, +\infty)$.

(2) 由 $\frac{1}{2}x + 3 > 1$ 得 $x > -4$，由 $3(x-1) + 2 \leqslant 5$ 得 $x \leqslant 2$，所以 $-4 < x \leqslant 2$，故原不等式的解集为 $(-4, 2]$.

2. 解：$A = \{x \mid x^2 - 2x - 8 > 0\} = \{x \mid x < -2 \text{ 或 } x > 4\}$，$B = \{x \mid |x+3| < 2\} = \{x \mid -5 < x < -1\}$.

所以 $A \cup B = \{x \mid x < -1 \text{ 或 } x > 4\}$，$\complement_U (A \cup B) = \{x \mid -1 \leqslant x \leqslant 4\}$.

第三章 函数考点答案

考点 11：函数求值

【真题在线】

1. D 【提示】 $f(-1) = 2 - 3 \times (-1) = 5$，故选 D.
2. B 【提示】 $f(1) = 2 \times 1 - 1 = 1$，故选 B.
3. B 【提示】 $f(0) = 0 + 0 + 1 = 1$，故选 B.
4. C 【提示】 $f(-1) = 2 \times (-1) + 1 = -1$，故选 C.

【全真模拟】

1. C 【提示】 $f(2) = 2 + 1 = 3$，故选 C.
2. B 【提示】 $f(1) = 2 \times 1^2 - 1 = 1$，故选 B.
3. C 【提示】 $f(2) = 2 \times 2 + 1 = 5$，故选 C.
4. C 【提示】 $f(2) = 2 + \frac{1}{2} = \frac{5}{2}$，故选 C.
5. B 【提示】 $f(2) = -2^2 + 5 = 1$，故选 B.

【能力拓展】

1. C 【提示】 $f(-2) = (-2)^2 - 2 \times (-2) = 8$，故选 C.
2. B 【提示】 $f(-a) = 1 - 3(-a) = 1 + 3a$，故选 B.
3. B 【提示】 当 $x + 1 = 0$ 时，$x = -1$，所以 $f(0) = f(-1+1) = 2 \times (-1) + 3 = 1$，故选 B.

考点 12：函数的定义域

【真题在线】

1. $\left\{x \mid x \geqslant \frac{1}{2}\right\}$ 或 $\left[\frac{1}{2}, +\infty\right)$ 【提示】 要使函数有意义，则有 $2x - 1 \geqslant 0$，解得 $x \geqslant \frac{1}{2}$，所以该函数的定义域为 $\left\{x \mid x \geqslant \frac{1}{2}\right\}$ 或 $\left[\frac{1}{2}, +\infty\right)$.

2. $\{x \mid x \neq 1\}$ 【提示】 要使函数有意义，则有 $x - 1 \neq 0$，解得 $x \neq 1$，所以该函数的定义域是

$\{x\mid x\neq 1\}$.

3. $\{x\mid x\geqslant -2\}$ 或 $[-2,+\infty)$ 【提示】 要使函数有意义，则有 $x+2\geqslant 0$，解得 $x\geqslant -2$，所以该函数的定义域是 $\{x\mid x\geqslant -2\}$ 或 $[-2,+\infty)$.

4. $\{x\mid x\geqslant 3\}$ 或 $[3,+\infty)$ 【提示】 要使函数有意义，则有 $x-3\geqslant 0$，解得 $x\geqslant 3$，所以该函数的定义域是 $\{x\mid x\geqslant 3\}$ 或 $[3,+\infty)$.

【全真模拟】

1. A 【提示】 要使函数有意义，则有 $x\neq 0$，所以该函数的定义域为 $\{x\mid x\neq 0\}$，故选 A.

2. $\{x\mid x\neq 2\}$ 【提示】 要使函数有意义，则有 $x-2\neq 0$，解得 $x\neq 2$，所以该函数的定义域为 $\{x\mid x\neq 2\}$.

3. $\left\{x\mid x\geqslant \dfrac{7}{3}\right\}$ 或 $\left[\dfrac{7}{3},+\infty\right)$ 【提示】 要使函数有意义，则有 $3x-7\geqslant 0$，解得 $x\geqslant \dfrac{7}{3}$，所以该函数的定义域是 $\left\{x\mid x\geqslant \dfrac{7}{3}\right\}$ 或 $\left[\dfrac{7}{3},+\infty\right)$.

4. $\{x\mid x\geqslant 1\}$ 或 $[1,+\infty)$ 【提示】 要使函数有意义，则有 $x-1\geqslant 0$，解得 $x\geqslant 1$，所以该函数的定义域是 $\{x\mid x\geqslant 1\}$ 或 $[1,+\infty)$.

5. $\left\{x\mid x>\dfrac{3}{2}\right\}$ 【提示】 要使函数有意义，则有 $2x-3\geqslant 0$ 且 $2x-3\neq 0$，解得 $x>\dfrac{3}{2}$，所以该函数的定义域是 $\left\{x\mid x>\dfrac{3}{2}\right\}$.

【能力拓展】

1. $\{x\mid x>-1\}$ 【提示】 要使函数有意义，则有 $x+1\geqslant 0$ 且 $x+1\neq 0$，解得 $x>-1$，所以该函数的定义域是 $\{x\mid x>-1\}$，或用区间表示为 $(-1,+\infty)$.

2. C 【提示】 要使函数有意义，则有 $x^2-4\geqslant 0$，得不等式解集为 $\{x\mid x\leqslant -2$ 或 $x\geqslant 2\}$，所以该函数的定义域是 $\{x\mid x\leqslant -2$ 或 $x\geqslant 2\}$，用区间表示为 $[-\infty,-2]\cup [2,+\infty]$，故选 C.

3. $\{x\mid x\geqslant -1$ 且 $x\neq 2\}$ 【提示】 要使函数有意义，则有 $x+1\geqslant 0$ 且 $x-2\neq 0$，解得 $x\geqslant -1$ 且 $x\neq 2$，所以该函数的定义域是 $\{x\mid x\geqslant -1$ 且 $x\neq 2\}$，或用区间表示为 $[-1,2)\cup (2,+\infty)$.

考点 13：函数的图像

【真题在线】

1. D 【提示】 根据函数图像上升、下降的变化，可知在区间 $[4,20]$ 上，血液中药物残留量逐步减小，故选 D.

2. A 【提示】 对于匀速骑行，函数图像上升趋势，当中途遇到红灯时，车停止不动，故选 A.

3. A 【提示】 往一圆柱形杯子中匀速注水，函数图像上升趋势，注满水后体积不再发生变化，故选 A.

4. B 【提示】 根据每行走 20 分钟休息 5 分钟，45 分钟后步行结束，可知整体函数图像呈上升趋势，但中途有 1 次休息时间，路程没有变化，故选 B.

【全真模拟】

1. B 【提示】 出租车起步价为 5 元（起步价内行驶里程为 3 km），以后每 1 km 收费 1.8 元（不足 1 km 按 1 km 计价），故行驶里程为 $(0,3]$ 时都是收费 5 元，以后每 1 km 收费 1.8 元（不足 1 km 按 1 km 计价），故选 B.

2. D 【提示】 往一个空的浇花壶里匀速加满水后离开一段时间，回来后匀速浇花，直到壶里的水浇完为止，从图像上看水量从 0 匀速增加，加满后保持不变，后来浇水后水量匀速减小，直到水量为 0，故选 D.

3. C 【提示】 小明早上离开家去学校上学，刚离开家不久，发现自己的作业本忘在家里了，于是返回家里找到了作业本再上学，观察小明离开家的距离与时间的图像，故选 C.

4. 10，6. 【提示】 从分段函数图像可知，开始授课后 10 分钟学生的注意力最集中，维持时间为 6 分钟.

5. 解：(1) 由题意，当 $0<x\leqslant 100$ 时，设函数的解析式 $y=kx$，因为函数过点 $(100,40)$，则 $100k=$

40，$k=\dfrac{2}{5}$，故解析式为 $y=\dfrac{2}{5}x$，所以当月通话为 50 分钟时，应交话费 $y=\dfrac{2}{5}\times 50=20$(元).

(2)当 $x>100$ 时，设 y 与 x 之间的函数关系式为 $y=kx+b$，因为函数过点(100，40)，(200，60)，则 $\begin{cases}100k+b=40\\200k+b=60\end{cases}$，解得 $\begin{cases}k=\dfrac{1}{5}\\b=20\end{cases}$，所以当 $x>100$ 时，$y=\dfrac{1}{5}x+20$.

结合(1)中结论可知，y 与 x 的函数关系式为 $y=\begin{cases}\dfrac{2}{5}x,&0<x\leqslant 100\\\dfrac{1}{5}x+20,&x>100\end{cases}$.

【能力拓展】

1．解：(1)小李从 A 城出发到 B 城用时 $\dfrac{200}{80}=2.5$(h)，x 的取值范围是 $\{x\mid 0<x\leqslant 2.5\}$，$y$ 与 x 的对应关系是 $y=80x$.

小李到 B 城后停留 3 h，x 的取值范围是 $\{x\mid 2.5<x\leqslant 5.5\}$，对应关系是 $y=200$.

小李从 B 城返回 A 城用时 $\dfrac{200}{100}=2$(h)，x 的取值范围是 $\{x\mid 5.5<x\leqslant 7.5\}$，$y$ 与 x 的对应关系是 $y=200-100(x-5.5)$，即 $y=-100x+750$.

因此，用解析法将函数 $f(x)$ 表示为
$$y=\begin{cases}80x,&0<x\leqslant 2.5\\200,&2.5<x\leqslant 5.5.\\-100x+750,&5.5<x\leqslant 7.5\end{cases}$$

(2)函数 $y=f(x)$ 的图像如图所示.

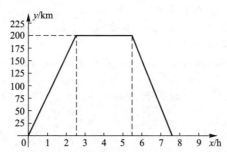

(3)小李从早上 8：00 出发到 15：00，共经历了 7 h，所以 $x=7$，由解析式得小李与 A 城之间的距离为 $-100\times 7+750=50$(km)，故小李返回 A 城途中接到家人电话时，距离 A 城刚好 50 km.

2．解：根据题意，建立"阶梯电价"的分段函数，设居民这个月用电为 x 度，缴纳电费 y 元，
$$y=\begin{cases}0.5x,&0<x\leqslant 230\\115+0.6(x-230),&230<x\leqslant 400,\\217+0.8(x-400),&x>400\end{cases}$$

当用电不超过 230 度时，电费最多为 $230\times 0.5=115$(元)；当超过 230 度但不超过 400 度时，电费最多为 $115+(400-230)\times 0.6=217$(元)，则有 $217+(x-400)\times 0.8=380$(元)，解得 $x=603.75$ 度.

3．解：李某月应纳税所得额(含税)为 $18\,000-5\,000-2\,000-2\times 1\,000=9\,000$(元)，不超过 3 000 元的部分税额为 $3\,000\times 3\%=90$(元)，超过 3 000 元至 12 000 元的部分税额为 $6\,000\times 10\%=600$(元)，所以李某月应缴纳的个税金额为 $90+600=690$(元).

考点 14：一次函数的图像

【真题在线】

1．B 【提示】 由一次函数的图像特征可知选 B.

2. C 【提示】 由一次函数 $f(x)=2x$ 的图像为直线，又因为 $0\leqslant x\leqslant 6$，所以相应函数图像为线段，故选 C.

3. C 【提示】 由一次函数 $f(x)=4x+3$ 的图像为直线，又因为 $2\,001\leqslant x\leqslant 2\,022$，所以相应函数图像为线段，故选 C.

4. A 【提示】 由一次函数的图像特征，$k>0$，且截距为 1，与 y 轴交点在 x 轴上方，故选 A.

【全真模拟】

1. B 【提示】 由一次函数解析式，把点坐标代入计算可得 B 正确，故选 B.

2. B 【提示】 由一次函数 $f(x)=2x+4$ 的图像为直线，又因为 $-5\leqslant x\leqslant 5$，所以相应函数图像为线段，故选 B.

3. C 【提示】 利用待定系数法，把点坐标 $(-5,7)$ 代入计算可得 $k=-2$，故选 C.

4. A 【提示】 由一次函数的图像特征，结合定义域的范围，故选 A.

5. B 【提示】 由一次函数的图像特征，$k>0$，且截距为 1，与 y 轴交点在 x 轴上方，故选 B.

【能力拓展】

1. 解：设一次函数解析式为 $y=kx+b$，因为与直线 $y=-2x+3$ 平行，所以 $k=-2$，又因为与直线 $y=4x-5$ 交于点 $(2,m)$，将点 $(2,m)$ 代入 $y=4x-5$，得 $m=4\times 2-5=3$.

将点 $(2,3)$ 代入 $y=kx+b$，其中 $k=-2$，得 $3=-2\times 2+b$，解得 $b=7$，故一次函数解析式为 $y=-2x+7$.

2. 解：(1)因为直线 $y=kx+b$ 经过点 $A(1,1)$，$B(-1,-3)$，代入得 $\begin{cases} k+b=1 \\ -k+b=-3 \end{cases}$，解得 $\begin{cases} k=2 \\ b=-1 \end{cases}$，所以所求直线解析式为 $y=2x-1$.

(2)因为点 P 到 y 轴的距离为 2，所以点 P 的横坐标为 ± 2.

当 $x=2$ 时，$y=2\times 2-1=3$，点 P 的坐标为 $(2,3)$；

当 $x=-2$ 时，$y=2\times(-2)-1=-5$，点 P 的坐标为 $(-2,-5)$.

故所求点 P 的坐标为 $(2,3)$ 或 $(-2,-5)$.

3. 解：(1)设一次函数的解析式为 $y=kx+b$，把点 $P(6,4)$ 和点 $B(0,-4)$ 代入 $y=kx+b$ 得 $\begin{cases} 6k+b=4 \\ b=-4 \end{cases}$，解得 $\begin{cases} k=\dfrac{4}{3} \\ b=-4 \end{cases}$，所以一次函数解析式为 $y=\dfrac{4}{3}x-4$.

(2)当 $y=0$ 时，$\dfrac{4}{3}x-4=0$，解得 $x=3$，则点 A 的坐标为 $(3,0)$，因为在 y 轴上存在一点 M，且 $\triangle ABM$ 的面积为 $\dfrac{15}{2}$，则 $S_{\triangle ABM}=\dfrac{1}{2}BM\cdot x_A=\dfrac{15}{2}$，解得 $BM=5$.

又由于 $B(0,-4)$，故点 M 的坐标为 $(0,1)$ 或 $(0,-9)$.

考点 15：二次函数的图像与性质

【真题在线】

解：(1)观察函数图像可得抛物线的顶点坐标为 $(2,-2)$，对称轴方程为 $x=2$.

(2)把 $(1,0)$，$(3,0)$，$(2,-2)$ 三点坐标代入 $y=ax^2+bx+c(a\neq 0)$ 得到 $\begin{cases} a+b+c=0 \\ 9a+3b+c=0 \\ 4a+2b+c=-2 \end{cases}$，解得 $\begin{cases} a=2 \\ b=-8 \\ c=6 \end{cases}$，故二次函数的解析式为 $y=2x^2-8x+6$.

(3)观察图像可知当 $1<x<3$ 时，$y<0$；当 $x>3$ 或 $x<1$ 时，$y>0$.

【全真模拟】

1. D 【提示】 由二次函数的性质可知最小值为 -1，故选 D.

2. D 【提示】 由二次函数的性质可知与 y 轴有交点 $(0,-6)$，故选 D.

3. C 【提示】 由二次函数的性质知对称轴为 $x=-\dfrac{b}{2a}=-\dfrac{-m}{4}=-2$,故 $m=-8$,选 C.

4. A 【提示】 由二次函数的性质或配方法可知顶点坐标为 $(-1,0)$,故选 A.

5. 解:(1)观察函数图像,令 $x=0$,可得 $y=2$,故铅球离手时的高度是 2 米.

(2)由 $x=-\dfrac{b}{2a}=-\dfrac{1}{2\times\left(-\dfrac{1}{8}\right)}=4$,得到 $y=-\dfrac{1}{8}\times 4^2+4+2=4$,故铅球在飞行过程中离地面的最大高度是 4 米.

(3)令 $-\dfrac{1}{8}x^2+x+2=0$,解得 $x=4-4\sqrt{2}$(舍去)或 $x=4+4\sqrt{2}$,故该同学的成绩是 $(4+4\sqrt{2})$ 米.

【能力拓展】

1. D 【提示】 由二次函数的性质可知 $a<0$,对称轴为 $x=1$,所以 $b>0$,又根据对称轴为 $x=1$ 知 $b=-2a$ 成立,故选 D.

2. B 【提示】 因为抛物线的开口向上,图像过原点,顶点纵坐标为 -3,所以 $a>0$,$c=0$. $\dfrac{4ac-b^2}{4a}=\dfrac{-b^2}{4a}=-3$,即 $b^2=12a$.

因为一元二次方程 $ax^2+bx+m=0$ 有实数根,则 $\Delta=b^2-4am\geqslant 0$,即 $12a-4am\geqslant 0$,即 $12-4m\geqslant 0$,解得 $m\leqslant 3$.

所以 m 的最大值为 3,故选 B.

3. 解:(1)由题意可得:$B(2,2)$,$C(0,2)$,将 B,C 坐标代入 $y=-\dfrac{2}{3}x^2+bx+c$,得 $c=2$,$b=\dfrac{4}{3}$,所以该二次函数的解析式是 $y=-\dfrac{2}{3}x^2+\dfrac{4}{3}x+2$.

(2)令 $-\dfrac{2}{3}x^2+\dfrac{4}{3}x+2=0$,得 $x_1=3$,$x_2=-1$.

由图像可知:$y>0$ 时 x 的取值范围是 $-1<x<3$.

考点 16:函数的实际应用

【真题在线】

1. 解:(1)把 $x=20$,$y=300$ 代入 $y=-x^2+bx-500$,得 $b=60$.

(2)由(1)知 $x=-\dfrac{b}{2a}=-\dfrac{60}{2\times(-1)}=30$ 时,$y_{\max}=\dfrac{4ac-b^2}{4a}=\dfrac{4\times(-1)\times(-500)-60^2}{2\times(-1)}=800$.

故当售价 x 为 30 元时,利润最大,最大利润为 800 元.

(3)要使该产品能盈利,则有 $-x^2+60x-500>0$,解得 $10<x<50$,所以售价 x 的取值范围为 $(10,50)$.

2. 解:(1)把 $x=1$,$y=3$ 代入 $y=-x^2+px$ 得 $p=4$.

(2)由(1)知当 $x=-\dfrac{b}{2a}=-\dfrac{4}{2\times(-1)}=2$ 时,$y_{\max}=-2^2+4\times 2=4$,故当窗户的宽度为 2 时,窗户的最大面积为 4.

(3)要使该窗户的面积 y 大于 3,则有 $-x^2+4x>3$,解得 $1<x<3$,宽度的取值范围为 $(1,3)$.

3. 解:(1)把 $x=20$,$y=700$ 代入 $y=a(x-30)^2+900$,得 $a=-2$.

(2)由(1)知 $x=30$ 时,$y_{\max}=900$.

(3)要使该产品利润 y 大于 100 元,$-2(x-30)^2+900>100$,解得 $10<x<50$,售价 x 的取值范围为 $(10,50)$.

【全真模拟】

1. 解:(1)因为生产 x 件风衣所需成本 $c=500+30x$,所以生产 20 件风衣所需成本 $c=500+30x=500+30\times 20=1\,100$(元).

(2)设该厂每天获得的利润为 y 元,则 $y=(160-2x)x-(500+30x)=-2x^2+130x-500$,又由

$p=160-2x>0$，得 $0<x<80$．

由题意知 $-2x^2+130x-500\geqslant 1\,300$，解得 $20\leqslant x\leqslant 45$．

所以日销量为 20～45 件时，每天获得的利润不少于 1 300 元．

2. 解：(1)把 $x=5$，$y=250$ 代入 $y=-2x^2+mx+100$ 得 $m=40$．

(2)由(1)知 $x=-\dfrac{b}{2a}=-\dfrac{40}{2\times(-2)}=10$ 时，$y_{\max}=-2\times 10^2+40\times 10+100=300$．

故矩形的宽度 x 为 10 时矩形菜地的面积 y 最大，为 300．

(3)要使矩形菜地的面积 y 大于 100，则有 $-2x^2+40x+100>100$，解得 $0<x<20$，故要使矩形菜地的面积 y 大于 100，宽度的取值范围为 $(0,20)$．

3. 解：由已知可得矩形菜地长为 $400-2x(0<x<200)$，则矩形菜地的面积 $S=(400-2x)x$．

(1)$y=-2x^2+400x(0<x<200)$；

(2)由(1)得 $y=-2(x-100)^2+20\,000$，即当 $x=100$ 时，$y_{\max}=20\,000(m^2)$．

4. C 【提示】 第一天降价后价格为 90%，第二天又涨价 10% 后价格为 $90\%\times(1+10\%)=99\%$，故两天后的价格与原来的关系是下降了 1%，选 C．

5. B 【提示】 第一个三年后价格为 $90\times\left(1-\dfrac{1}{3}\right)=60(元)$，第二个三年后价格为 $60\times\left(1-\dfrac{1}{3}\right)=40(元)$，故 6 年后的价格为 40 元，选 B．

【能力拓展】

1. 解：(1)由题意得矩形场地的另一边长为 $(80-2x)$ m，又 $80-2x>0$，得 $0<x<40$，所以 $S=x(80-2x)=80x-2x^2(0<x<40)$．

(2)由(1)得 $S=80x-2x^2=-2(x-20)^2+800(0<x<40)$，当且仅当 $x=20$ 时，函数取得最大值 800 m^2．

2. 解：设售价为 x 元，总利润为 W 元，则 $W=(x-40)[500-10(x-50)]=-10x^2+1\,400x-40\,000=-10(x-70)^2+9\,000$，当 $x=70$ 时，W 最大，最大销售利润 $W_{\max}=9\,000$ 元．

故售价为 70 元时，可获得最大利润，最大销售利润是 9 000 元．

3. 解：(1)由题意，商家降价前每星期的销售利润为 $(130-100)\times 80=2\,400(元)$．

(2)设售价定为 x 元，则销售利润 $y=(x-100)\left(80+\dfrac{130-x}{5}\times 20\right)=-4x^2+1\,000x-60\,000=-4(x-125)^2+2\,500$．

当 $x=125$ 时，y 有最大值 2 500．

故应将售价定为 125 元，最大销售利润是 2 500 元．

第三章　函数单元测试卷答案

一、选择题

1. A 【提示】 将选项中的点代入，可知 $(1,2)$ 满足 $2=3\times 1-1$，故选 A．

2. B 【提示】 因为分式的分母不为零，所以 $2x-3\neq 0$，解得 $x\neq\dfrac{3}{2}$，故选 B．

3. A 【提示】 二次函数的顶点式为 $f(x)=a(x-h)^2+k$，$a\neq 0$，顶点为 (h,k)，故选 A．

4. A 【提示】 因为 $k=4>0$，所以函数 $y=4x+3$ 在 $\mathbf{R}$ 上为增函数，所以增区间为 $(-\infty,+\infty)$，故选 A．

5. C 【提示】 因为点 (x,y) 关于原点的对称点为 $(-x,-y)$，所以点 $P(-2,1)$ 关于原点的对称点为 $(2,-1)$，故选 C．

6. C 【提示】 因为 $f(-3)=(-3)^2-7=2$，故选 C．

二、填空题

1. 3 【提示】 $f(-2)=(-2)^2-1=3$．

2. $(-1,-3)$ 【提示】 因为点 (x,y) 关于 x 轴的对称点为 $(x,-y)$，所以点 $P(-1,3)$ 关于 x

轴的对称点为(-1,-3).

3. $y=2.5x$, $x\in \mathbf{N}$ 【提示】 应付款与领料瓶数成正比例函数关系,故 $y=2.5x$,且购买饮料瓶数为自然数.

4. 2 【提示】 因为对称轴为 $x=-\dfrac{b}{2a}=-\dfrac{-2}{2}=1$,且函数图像开口向上,所以 $f(x)_{\min}=f(1)=1^2-2\times 1+3=2$.

三、解答题

1. 解:(1)因为 $f(2)=8$,所以 $a(2-1)(2+2)=8$,解得 $a=2$.

(2)因为 $a=1$,所以 $f(x)=(x-1)(x+2)$.

又 $f(x)<0$,所以 $(x-1)(x+2)<0$,解得 $-2<x<1$.

所以不等式 $f(x)<0$ 的解集为 $\{x\mid -2<x<1\}$.

2. 解:设旅行团的人数为 x 人,每张飞机票的价格为 y 元,旅行社可获得的利润为 W 元.

当 $0\leqslant x\leqslant 20$ 时,$y=800$.

当 $20<x\leqslant 75$ 时,$y=800-10(x-20)=-10x+1\ 000$.

当 $0\leqslant x\leqslant 20$ 时,$W=800x-10\ 000$;一次函数随 x 的增加而增大,当 $x=20$ 时,取得最大值,$W_{\max}=800\times 20-10\ 000=6\ 000$(元).

当 $20<x\leqslant 75$ 时,$W=(-10x+1\ 000)x-10\ 000=-10x^2+1\ 000x-10\ 000=-10(x-50)^2+15\ 000$,二次函数当 $x=50$ 时取得最大值,$W_{\max}=15\ 000$.

因为 $15\ 000>6\ 000$,所以该旅行社可获得利润的最大值为 $15\ 000$ 元.

第四章 三角函数考点答案

考点17:角的概念

【真题在线】

C 【提示】 $30°+20°=50°$,故选 C.

【全真模拟】

1. B 【提示】 钝角一定是第二象限角,故选 B.

2. A 【提示】 $30°+60°=90°$,故选 A.

3. C 【提示】 $\beta=\alpha+(-60°)=60°+(-60°)=0°$,故选 C.

4. 重合 【提示】 根据零角的定义可得.

5. D 【提示】 根据负角的定义可知 $-15°$ 角终边落在第四象限,故选 D.

【能力拓展】

1. A 【提示】 $\alpha-5\pi$ 是第一象限角,故选 A.

2. A 【提示】 角 α 和角 $-\alpha$ 关于 x 轴对称,故选 A.

3. 180° 【提示】 $\beta=90°+(-180°)+270°=180°$.

考点18:象限角和终边相同的角

【真题在线】

1. C 【提示】 240°角的终边在第三象限或 y 轴非正半轴的角,故选 C.

2. D 【提示】 $-50°$ 角的终边在第四象限,故选 D.

3. B 【提示】 150°是第二象限角,故选 B.

【全真模拟】

1. C 【提示】 201°角是第三象限角,故选 C.

2. A 【提示】 390°角是第一象限角,故选 A.

3. C 【提示】 根据负角的定义可知 $-150°$ 角的终边在第三象限,故选 C.

4. D 【提示】 $360°$ 角的始边与终边重合,且落在 x 轴正半轴上,故选 D.

5. C 【提示】 $2\ 024°=5\times360°+224°$,即 $2\ 024°$ 角的终边与 $224°$ 角的终边相同,故选 C.

【能力拓展】

1. A 【提示】 $10°<\alpha<90°$,故选 A.

2. C 【提示】 $-\dfrac{3\pi}{2}=\dfrac{\pi}{2}-2\pi$,即 $-\dfrac{3\pi}{2}$ 与 $\dfrac{\pi}{2}$ 的终边相同,故选 C.

3. $\{\alpha\mid\alpha=15°+k\cdot360°,k\in\mathbf{Z}\}$ 【提示】 与 $15°$ 角终边相同的角可表示为 $\alpha=15°+k\cdot360°,k\in\mathbf{Z}$.

考点 19:弧度制与角度制

【真题在线】

1. C 【提示】 $60\times\dfrac{\pi}{180}=\dfrac{\pi}{3}$,故选 C.

2. D 【提示】 $\dfrac{\pi}{2}\times\left(\dfrac{180}{\pi}\right)°=90°$,故选 D.

3. C 【提示】 $30\times\dfrac{\pi}{180}=\dfrac{\pi}{6}$,故选 C.

4. B 【提示】 $\left(-\dfrac{\pi}{4}\right)\times\left(\dfrac{180}{\pi}\right)°=-45°$,故选 B.

【全真模拟】

1. B 【提示】 $\dfrac{\pi}{4}\times\left(\dfrac{180}{\pi}\right)°=45°$,故选 B.

2. $90°$ 【提示】 $\dfrac{\pi}{2}\times\left(\dfrac{180}{\pi}\right)°=90°$.

3. $\dfrac{2\pi}{3}$ 【提示】 $120\times\dfrac{\pi}{180}=\dfrac{2\pi}{3}$.

4. B 【提示】 $\dfrac{2\pi}{15}\times\left(\dfrac{180}{\pi}\right)°=24°$,故选 B.

5. 2 【提示】 $\alpha=\dfrac{l}{r}=4\div2=2(\text{rad})$.

【能力拓展】

1. B 【提示】 $\dfrac{5\pi}{12}\times\left(\dfrac{180}{\pi}\right)°=75°$,故选 B.

2. B 【提示】 $\dfrac{2\pi}{3}$ 是第二象限角,故选 B.

3. 36 【提示】 $r=\dfrac{l}{\alpha}=\dfrac{24\pi}{\dfrac{2\pi}{3}}=36$.

考点 20:任意角三角函数的定义

【真题在线】

1. A 【提示】 $\sin\alpha=\dfrac{y}{\sqrt{x^2+y^2}}=\dfrac{4}{5}$,故选 A.

2. A 【提示】 $\cos\alpha=\dfrac{x}{\sqrt{x^2+y^2}}=\dfrac{3}{5}$,故选 A.

3. C 【提示】 $\tan\alpha=\dfrac{y}{x}=\dfrac{3}{4}$,故选 C.

4. B 【提示】 $\sin\alpha=\dfrac{y}{\sqrt{x^2+y^2}}=\dfrac{8}{10}=\dfrac{4}{5}$，故选 B．

【全真模拟】

1. $\dfrac{4}{3}$ 【提示】 $\tan\alpha=\dfrac{y}{x}=\dfrac{4}{3}$．

2. C 【提示】 $\sin\alpha=\dfrac{y}{\sqrt{x^2+y^2}}=-\dfrac{3}{5}$，故选 C．

3. A 【提示】 $\cos\alpha=\dfrac{x}{\sqrt{x^2+y^2}}=\dfrac{4}{5}$，故选 A．

4. C 【提示】 由题可知点 $P(0,-3)$ 到原点的距离 $r=3$，则 $\cos\alpha=\dfrac{0}{3}=0$，故选 C．

5. C 【提示】 $\sin\alpha+\cos\alpha=\dfrac{y}{\sqrt{x^2+y^2}}+\dfrac{x}{\sqrt{x^2+y^2}}=\dfrac{7}{5}$，故选 C．

【能力拓展】

1. C 【提示】 在射线 $y=2x(x\geqslant 0)$ 上取点 $(1,2)$，则该点到原点的距离 $r=\sqrt{5}$，则 $\sin\alpha=\dfrac{2}{\sqrt{5}}=\dfrac{2\sqrt{5}}{5}$，故选 C．

2. D 【提示】 由任意角三角函数的定义可得 $\cos\alpha=\dfrac{6}{r}=\dfrac{3}{5}$，则 $r=10$，又 $r=\sqrt{6^2+a^2}=10$，则 $a=\pm 8$，故选 D．

3. D 【提示】 $\sin\alpha-\cos\alpha=\dfrac{y}{\sqrt{x^2+y^2}}-\dfrac{x}{\sqrt{x^2+y^2}}=\dfrac{1}{5}$，故选 D．

考点 21：特殊角三角函数值

【真题在线】

C 【提示】 $\sin 90°=1$，故选 C．

【全真模拟】

1. D 【提示】 $\sin 60°=\dfrac{\sqrt{3}}{2}$，故选 D．

2. D 【提示】 $\cos 30°=\dfrac{\sqrt{3}}{2}$，故选 D．

3. B 【提示】 $\sin 150°=\sin 30°=\dfrac{1}{2}$，故选 B．

4. A 【提示】 $\cos 120°=-\cos 60°=-\dfrac{1}{2}$，故选 A．

5. C 【提示】 $\tan 135°=-\tan 45°=-1$，故选 C．

【能力拓展】

1. $\dfrac{\sqrt{2}}{4}$ 【提示】 $\sin 45°\cdot\cos 60°=\dfrac{\sqrt{2}}{2}\times\dfrac{1}{2}=\dfrac{\sqrt{2}}{4}$．

2. $\dfrac{\pi}{6}$ 【提示】 $\sin\dfrac{\pi}{6}=\dfrac{1}{2}$．

3. C 【提示】 $\sin 30°+\cos 45°+\tan 60°=\dfrac{1}{2}+\dfrac{\sqrt{2}}{2}+\sqrt{3}=\dfrac{1+\sqrt{2}+2\sqrt{3}}{2}$，故选 C．

考点22：同角三角函数的基本关系式

【真题在线】

1. $\dfrac{1}{2}$ 【提示】 由 $\sin^2\alpha+\cos^2\alpha=1$ 得 $\sin\alpha=\pm\dfrac{1}{2}$，$\alpha$ 为锐角，故 $\sin\alpha=\dfrac{1}{2}$.

2. $\dfrac{\sqrt{2}}{2}$ 【提示】 由 $\sin^2\alpha+\cos^2\alpha=1$ 得 $\cos\alpha=\pm\dfrac{\sqrt{2}}{2}$，$\alpha$ 为锐角，故 $\cos\alpha=\dfrac{\sqrt{2}}{2}$.

3. $\dfrac{\sqrt{3}}{2}$ 【提示】 由 $\sin^2 A+\cos^2 A=1$ 得 $\sin A=\pm\dfrac{\sqrt{3}}{2}$，因为 $\cos A>0$，所以 A 为锐角，故 $\sin A=\dfrac{\sqrt{3}}{2}$.

4. $\dfrac{1}{2}$ 【提示】 由 $\sin^2 A+\cos^2 A=1$ 得 $\sin A=\pm\dfrac{1}{2}$，A 为锐角，故 $\sin A=\dfrac{1}{2}$.

【全真模拟】

1. $\dfrac{4}{5}$ 【提示】 由 $\sin^2\alpha+\cos^2\alpha=1$ 得 $\cos\alpha=\pm\dfrac{4}{5}$，$\alpha$ 是第一象限角，故 $\cos\alpha=\dfrac{4}{5}$.

2. $\dfrac{1}{2}$ 【提示】 由 $\sin^2\alpha+\cos^2\alpha=1$ 得 $\cos\alpha=\pm\dfrac{1}{2}$，$\alpha$ 为锐角，故 $\cos\alpha=\dfrac{1}{2}$.

3. $\dfrac{\sqrt{3}}{2}$ 【提示】 由 $\sin^2\alpha+\cos^2\alpha=1$ 得 $\sin\alpha=\pm\dfrac{\sqrt{3}}{2}$，因为 α 为第一象限角，故 $\sin\alpha=\dfrac{\sqrt{3}}{2}$.

4. D 【提示】 由 $\sin^2\alpha+\cos^2\alpha=1$ 得 $\cos\alpha=\pm\dfrac{3}{5}$，因为 α 为钝角，所以 $\cos\alpha=-\dfrac{3}{5}$，故选 D.

5. C 【提示】 由 $\sin^2\alpha+\cos^2\alpha=1$ 得 $\cos\alpha=\pm\dfrac{12}{13}$，因为 α 是第一象限角，所以 $\cos\alpha=\dfrac{12}{13}$，故选 C.

【能力拓展】

1. $-\dfrac{3}{5}$ 【提示】 由 $\sin^2\alpha+\cos^2\alpha=1$ 得 $\cos\alpha=\pm\dfrac{3}{5}$，由 $\sin\alpha=-\dfrac{4}{5}$ 且 $\tan\alpha>0$，得 α 是第三象限角，故 $\cos\alpha=-\dfrac{3}{5}$.

2. A 【提示】 $\dfrac{2\sin\alpha-\cos\alpha}{2\sin\alpha+\cos\alpha}=\dfrac{2\tan\alpha-1}{2\tan\alpha+1}=\dfrac{5}{7}$，故选 A.

3. 解：【提示】 由 $\sin^2\alpha+\cos^2\alpha=1$ 得 $\sin\alpha=\pm\dfrac{4}{5}$.

由 $\alpha\in\left(\pi,\dfrac{3}{2}\pi\right)$，得 $\sin\alpha=-\dfrac{4}{5}$.

由 $\dfrac{\sin\alpha}{\cos\alpha}=\tan\alpha$ 得 $\tan\alpha=\dfrac{4}{3}$.

考点23：诱导公式

【真题在线】

1. C 【提示】 因为 $\sin(\pi-\alpha)=\sin\alpha$，故选 C.
2. C 【提示】 因为 $\sin(\alpha+k\cdot 360°)=\sin\alpha$，故选 C.
3. A 【提示】 因为 $\cos(k\cdot 360°+\alpha)=\cos\alpha$，故选 A.
4. D 【提示】 因为 $\cos(\pi+\alpha)=-\cos\alpha$，故选 D.

【全真模拟】

1. A 【提示】 因为 $\cos(2\pi+\alpha)=\cos\alpha$，故选 A.
2. C 【提示】 因为 $\sin(\pi+\alpha)=-\sin\alpha$，故选 C.
3. C 【提示】 因为 $\sin(-\alpha)=-\sin\alpha$，故选 C.
4. D 【提示】 因为 $\cos(-\alpha)=\cos\alpha$，故选 D.
5. B 【提示】 因为 $\cos(180°-\alpha)=-\cos\alpha$，故选 B.

【能力拓展】

1. B 【提示】 因为 $\sin(-\alpha)=-\sin\alpha$，故选 B.
2. B 【提示】 因为 $\cos(180°+60°)=-\cos60°$，故选 B.
3. 解：【提示】 $\sin(\pi-\alpha)-2\cos(\alpha+2\pi)+\sin(\pi+\alpha)+2\cos(-\alpha)$
   $=\sin\alpha-2\cos\alpha-\sin\alpha+2\cos\alpha$
   $=0$

考点24：三角函数的最值

【真题在线】

1. 2 【提示】 由 $-1\leqslant\sin x\leqslant 1$ 得，当 $\sin x=1$ 时，y 的最大值为 2.
2. -1 【提示】 由 $-1\leqslant\sin x\leqslant 1$ 得，当 $\sin x=1$ 时，y 的最小值为 -1.
3. 100 【提示】 由 $-1\leqslant\sin x\leqslant 1$ 得，当 $\sin x=1$ 时，y 的最大值为 100.
4. 200 【提示】 由 $-1\leqslant\sin x\leqslant 1$ 得，当 $\sin x=1$ 时，y 的最大值为 200.

【全真模拟】

1. B 【提示】 由 $-1\leqslant\sin x\leqslant 1$ 得，当 $\sin x=1$ 时，取得最大值 3. 由 $y=2+\sin x$ 最小正周期是 2π，故选 B.
2. -3 【提示】 由 $-1\leqslant\sin x\leqslant 1$ 得，当 $\sin x=-1$ 时，y 的最小值为 -3.
3. -3 【提示】 由 $-1\leqslant\sin x\leqslant 1$ 得，当 $\sin x=-1$ 时，y 的最小值为 -3.
4. 8 【提示】 由 $-1\leqslant\sin x\leqslant 1$ 得，当 $\sin x=1$ 时，y 的最小值为 8.
5. 4 【提示】 由 $-1\leqslant\sin x\leqslant 1$ 得，当 $\sin x=-1$ 时，y 的最大值为 4.

【能力拓展】

1. 2 【提示】 因为 $-1\leqslant\sin x\leqslant 1$ 且 $A>0$，所以当 $\sin x=1$ 时，取得最大值 $A+3=5$，故 $A=2$.
2. 1 【提示】 因为 $-1\leqslant\sin x\leqslant 1$ 且 $A>0$，所以 $A+3=4$ 且 $-A+3=2$，故 $A=1$.
3. 解：【提示】 因为 $-1\leqslant\sin x\leqslant 1$ 且 $b>0$，所以 $\begin{cases}a+b=3\\a-b=-1\end{cases}$，解得 $\begin{cases}a=1\\b=2\end{cases}$.

第四章　三角函数单元测试卷答案

一、单项选择题

1. D 【提示】 由象限角的定义可知选 D.
2. C 【提示】 由弧长公式 $l=\alpha r=\dfrac{\pi}{3}\times 2=\dfrac{2\pi}{3}$，故选 C.
3. B 【提示】 因为 $\cos\alpha=\dfrac{x}{r}$，且 $r=\sqrt{(-1)^2+2^2}=\sqrt{5}$，所以 $\cos\alpha=\dfrac{-1}{\sqrt{5}}=-\dfrac{\sqrt{5}}{5}$，故选 B.
4. B 【提示】 因为 $\sqrt{1-\sin^2\alpha}=|\cos\alpha|$，且 α 是第二象限的角，所以 $\cos\alpha<0$，于是原式 $=\dfrac{\cos\alpha}{|\cos\alpha|}=\dfrac{\cos\alpha}{-\cos\alpha}=-1$，故选 B.
5. B 【提示】 根据三角函数在各象限的符号可知选 B.
6. D 【提示】 因为 $\cos\dfrac{\pi}{3}=\dfrac{1}{2}$，所以 $\cos\left(2\pi-\dfrac{\pi}{3}\right)=\dfrac{1}{2}$，又因为 $x\in(0,2\pi)$，所以 $x=\dfrac{\pi}{3}$ 或 $\dfrac{5\pi}{3}$，故选 D.

二、填空题

1. $\dfrac{5\pi}{6}$ 【提示】 $150°=150\times\dfrac{\pi}{180}=\dfrac{5\pi}{6}$.
2. $-\dfrac{1}{2}$ 【提示】 因为 $2\sin\alpha+\cos\alpha=0$，得 $\cos\alpha=-2\sin\alpha$，所以 $\tan\alpha=\dfrac{\sin\alpha}{\cos\alpha}=\dfrac{\sin\alpha}{-2\sin\alpha}=-\dfrac{1}{2}$.
3. π 【提示】 $T=\dfrac{2\pi}{2}=\pi$.

4. 30°或150° 【提示】 因为 $0°<\angle A<180°$，$\sin A=\dfrac{1}{2}$，所以 $\angle A=30°$ 或 $150°$.

三、解答题

1. 解：因为 $x\geqslant 0$，所以在终边上取一点 $(1,3)$，$\tan\alpha=\dfrac{y}{x}=3$，$\dfrac{3\sin\alpha+\cos\alpha}{2\sin\alpha-\cos\alpha}=\dfrac{3\tan\alpha+1}{2\tan\alpha-1}=2$.

2. 解：因为 $a>0$，$-1\leqslant\sin x\leqslant 1$，所以 $\begin{cases}a+b=4\\-a+b=1\end{cases}$，解得 $\begin{cases}a=\dfrac{3}{2}\\b=\dfrac{5}{2}\end{cases}$.

第五章 指数函数与对数函数考点答案

考点25：指数幂的运算

【真题在线】

1. C 【提示】 $mn=2^2\times 2^3=2^5$，故选 C.
2. B 【提示】 由 0 的指数定义可知 $2^0=1$ 成立，故选 B.
3. A 【提示】 因为 $2^3=8$，所以 $x=3$，故选 A.

【全真模拟】

1. 11 【提示】 $3^2+4^{\frac{1}{2}}=9+2=11$.
2. B 【提示】 $3^{x+y}=3^x\cdot 3^y=ab$，故选 B.
3. D 【提示】 $\left(\dfrac{1}{2}\right)^{-2}=(2^{-1})^{-2}=2^2=4$，故选 D.
4. B 【提示】 因为 $5^4=625$，所以 $x=4$，故选 B.
5. D 【提示】 $(a^{-\frac{1}{2}})^2=a^{-\frac{1}{2}\times 2}=a^{-1}=\dfrac{1}{a}$，故选 D.

【能力拓展】

1. C 【提示】 $\dfrac{a^2}{\sqrt{a\sqrt[3]{a^2}}}=\dfrac{a^2}{(a^{1+\frac{2}{3}})^{\frac{1}{2}}}=a^{2-\frac{5}{6}}=a^{\frac{7}{6}}$，故选 C.

2. B 【提示】 因为正数 x 满足 $x^{\frac{1}{2}}+x^{-\frac{1}{2}}=\sqrt{5}$，所以 $(x^{\frac{1}{2}}+x^{-\frac{1}{2}})^2=5$，即 $x+x^{-1}+2=5$，则 $x+x^{-1}=3$，所以 $(x+x^{-1})^2=9$，即 $x^2+x^{-2}+2=9$，因此 $x^2+x^{-2}=7$，故选 B.

3. (1) -3 【提示】 解：(1) 因为 $\sqrt{x^2-2x+1}+\sqrt{y^2+6y+9}=0$，所以 $\sqrt{(x-1)^2}+\sqrt{(y+3)^2}=|x-1|+|y+3|=0$，于是 $x=1$，$y=-3$，故 $y^x=(-3)^1=-3$.

(2) $\dfrac{1}{5}$ 【提示】 由 $a^{\frac{1}{2}}+a^{-\frac{1}{2}}=3$，得 $a+2a^{\frac{1}{2}}\cdot a^{-\frac{1}{2}}+a^{-1}=9$，进而得 $a+a^{-1}=7$，所以 $a^2+2a\cdot a^{-1}+a^{-2}=49$，于是 $a^2+a^{-2}=47$，故 $\dfrac{a+a^{-1}+2}{a^2+a^{-2}-2}=\dfrac{7+2}{47-2}=\dfrac{9}{45}=\dfrac{1}{5}$.

考点26：根式运算

【真题在线】

2 【提示】 $\sqrt{(-2)^2}=|-2|=2$.

【全真模拟】

1. -3 【提示】 $\sqrt[3]{(-3)^3}=-3$.

2.$\pi-2$ 【提示】 $\sqrt{(2-\pi)^2}=|2-\pi|=\pi-2$.

3.B 【提示】 $(\sqrt[3]{-6})^3=\sqrt[3]{-6}\times\sqrt[3]{-6}\times\sqrt[3]{-6}=-6$,故选 B.

4.$\pi-5$ 【提示】 $\sqrt[5]{-32}+\sqrt{(3-\pi)^2}=-2+\pi-3=\pi-5$.

5.$-m$ 【提示】 因为 $m<0$,有 $-m>0$,所以 $(\sqrt{-m})^2=\sqrt{-m}\cdot\sqrt{-m}=-m$.

【能力拓展】

1.C 【提示】 根据二次根式的被开方数的非负性,故选 C.

2.$3-2x$ 【提示】 $\sqrt{(x-2)^2}-\sqrt{(1-x)^2}=|x-2|-|1-x|=-(x-2)+(1-x)=3-2x$.

3.-1 【提示】 由题意得 $x-1\geqslant 0$ 且 $1-x\geqslant 0$,解得 $x=1$,可得 $y<3$,故 $|y-3|-\sqrt{y^2-8y+16}=(3-y)-(4-y)=-1$.

考点 27:指数函数

【真题在线】

1.B 【提示】 分裂次数 x 与细胞数 y 之间是指数函数关系,故选 B.

2.$m>n$ 【提示】 $y=2^x$ 为单调递增函数.

3.B 【提示】 结合指数函数的过定点 (0,1) 的特征,故选 B.

4.D 【提示】 结合指数函数的过定点 (0,1) 的特征,故选 D.

5.> 【提示】 $y=3^x$ 为单调递增函数,故有 $3^m>3^n$.

6.B 【提示】 结合指数函数的过定点 (0,1) 的特征,故选 B.

【全真模拟】

1.B 【提示】 结合指数函数的过定点 (0,1) 的特征,故选 B.

2.> 【提示】 $y=\left(\dfrac{1}{3}\right)^x$ 为单调递减函数.

3.< 【提示】 $y=0.3^x$ 为单调递减函数.

4.B 【提示】 $y=5^x$ 为单调递增函数,故选 B.

5.> 【提示】 $y=3^x$ 为单调递增函数.

【能力拓展】

1.B 【解析】 由题意,函数 $f(x)=a^x$,因为 $f(1)=2$,可得 $f(1)=a^1=2$,解得 $a=2$,即 $f(x)=2^x$,所以 $f(0)+f(2)=2^0+2^2=5$.故选 B.

2.A 【解析】 因为 $a=2^{0.2}>2^0=1$,$b=2^{-1}=\dfrac{1}{2}<1$,$c=1$,所以 $a>c>b$,故选 A.

3.【解析】 (1)因为指数函数 $f(x)=a^x(a>0$,且 $a\neq 1)$ 过点 $(-2,9)$,则 $f(-2)=a^{-2}=\dfrac{1}{a^2}=9$,解得 $a=\dfrac{1}{3}$,所以函数 $f(x)$ 的解析式为 $f(x)=\left(\dfrac{1}{3}\right)^x$.

(2)若 $f(2m-1)-f(m+3)>0$,则 $f(2m-1)>f(m+3)$,即 $\left(\dfrac{1}{3}\right)^{2m-1}>\left(\dfrac{1}{3}\right)^{m+3}$,由指数函数的单调性知,$f(x)=\left(\dfrac{1}{3}\right)^x$ 在 **R** 上单调递减,则 $2m-1<m+3$,解得 $m<4$,故实数 m 的取值范围是 $(-\infty,4)$.

考点 28:对数的概念

【真题在线】

1.A 【提示】 根据指数式的定义可知选 A.

2.D 【提示】 $a=3^1=3$,故选 D.

3.81 【提示】 根据对数式的定义可得.

4. D 【提示】 $a=2^2=4$，故选 D．

【全真模拟】

1. C 【提示】 $a=4^2=16$，故选 C．
2. C 【提示】 $x=2^4=16$，故选 C．
3. D 【提示】 根据指数式和对数式转化可知选 D．
4. B 【提示】 $\log_b b^2 = 2\log_b b = 2$，故选 B．
5. C 【提示】 $\log_2 16 = 4$，故选 C．

【能力拓展】

1. A 【提示】 $(\sqrt{2})^{-1} = \dfrac{1}{\sqrt{2}} = \dfrac{\sqrt{2}}{2}$，故选 A．

2. B 【提示】 $\log_x(x^{\frac{2}{3}} \cdot x^{\frac{1}{3}}) = \log_x(x^1) = 1$，故选 B．

3. C 【提示】 $x+2=2^4=16 \Rightarrow x=14$，故选 C．

考点 29：对数函数

【真题在线】

＞ 【提示】 函数 $y=\log_3 x$ 是单调递增函数，故选"＞"．

【全真模拟】

1. C 【提示】 $f(4)=\log_2 4=2$，故选 C．
2. ＞ 【提示】 函数 $y=\lg x$ 是单调递增函数，故选"＞"．
3. D 【提示】 $x+1=2^3+1=9$，故选 D．
4. $(-1, +\infty)$ 【提示】 $x+1>0$．
5. ＜ 【提示】 函数 $y=\log_{\frac{1}{3}} x$ 是单调递减函数，故选"＜"．

【能力拓展】

1. $[1, +\infty)$ 【提示】 $\ln x \geqslant 0$，即 $x \geqslant 1$，故函数的定义域为 $[1, +\infty)$．
2. ＞ 【提示】 函数 $y=\log_3 x$ 是单调递增函数，故填"＞"．
3. A 【提示】 对数函数 $y=\log_a x$，当 $a>1$ 时，函数单调递增，故选 A．

第五章　指数函数与对数函数单元测试卷答案

一、选择题

1. C 【提示】 $\lg 12 = \lg 4 + \lg 3 = 2\lg 2 + \lg 3 = 2a+b$，故选 C．
2. C 【提示】 由指数函数的定义可知选 C．
3. B 【提示】 因为指数函数 $f(x)=\left(\dfrac{1}{5}\right)^x$ 在 **R** 上是减函数，且 $\left(\dfrac{1}{5}\right)^m > \left(\dfrac{1}{5}\right)^n$，所以 $m<n$，故选 B．
4. A 【提示】 $f(2)=\log_2(3\times 2+2)=\log_2 8=3$，故选 A．
5. B 【提示】 因为函数 $y=(t+1)^x$ 是一个在 **R** 上单调递增的指数函数，所以 $t+1>1$，解得 $t>0$，故选 B．
6. D 【提示】 因为 $0<\dfrac{1}{2}<1$，所以函数 $y=\log_{\frac{1}{2}} x$ 是 $(0, +\infty)$ 上的单调递减函数，故选 D．

二、填空题

1. 2 【提示】 $\ln e^2 = 2\ln e = 2$．
2. ＞ 【提示】 因为 $y=\log_2 x$ 是 $(0, +\infty)$ 上的增函数，且 $m>n>0$，所以 $\log_2 m > \log_2 n$．
3. $a^{\frac{2}{3}}$ 【提示】 根据幂的运算性质得 $(a^{\frac{1}{3}})^2 = a^{\frac{2}{3}}$．

4. $\{x \mid x>1\}$ 【提示】 因为对数的真数大于零，所以 $x-1>0$，解得 $x>1$.

三、解答题

1. 解：原式 $=1+\lg(2\times 5)=1+\lg 10=1+1=2$.

2. 解：(1)设函数 $f(x)=a^x(a>0$ 且 $a\neq 1)$，将 $(2,4)$ 代入 $f(x)=a^x$，得 $a^2=4$，解得 $a=2$，所以 $f(x)=2^x$.

(2)因为 $2^x\geq 8$，所以 $2^x\geq 2^3$，解得 $x\geq 3$，即 x 的取值范围为 $[3,+\infty)$.

第六章　直线与圆的方程考点答案

考点30：两点间距离公式

【真题在线】

1. B 【提示】 根据两点间的距离公式得 $|AB|=\sqrt{(2-0)^2+(0-2)^2}=2\sqrt{2}$，故选 B.

2. 5 【提示】 根据两点间的距离公式 $|AB|=\sqrt{(4-1)^2+(-1-3)^2}=5$.

3. 99 【提示】 根据两点间的距离公式 $|AB|=\sqrt{(1\,997-1\,898)^2+(7-7)^2}=99$.

【全真模拟】

1. 5 【提示】 根据两点间的距离公式得 $|AB|=\sqrt{(-2-1)^2+[2-(-2)]^2}=5$.

2. 12 【提示】 根据两点间的距离公式得 $|AB|=\sqrt{(2\,011-2\,023)^2+(3-3)^2}=12$.

3. D 【提示】 根据两点间的距离公式得 $|AB|=\sqrt{[1-(-1)]^2+(2-3)^2}=\sqrt{5}$，故选 D.

4. A 【提示】 根据两点间的距离公式得 $|AB|=\sqrt{(5-1)^2+(9-1)^2}=4\sqrt{5}$，故选 A.

5. C 【提示】 根据两点间的距离公式得 $|PQ|=\sqrt{(-2-1)^2+(0-0)^2}=3$，故选 C.

【能力拓展】

1. $\sqrt{10}$ 【提示】 根据两点间的距离公式得 $|PO|=\sqrt{(1-0)^2+(-3-0)^2}=\sqrt{10}$.

2. 4 或 0 【提示】 根据两点间的距离公式得 $|AB|=\sqrt{(t-2)^2+(1-1)^2}=\sqrt{(t-2)^2}=|t-2|=2$，解得 $t=4$ 或 0.

3. A 【提示】 由两点间距离公式的定义可知 $\sqrt{(a-1)^2+(b+2)^2}$ 可以表示点 (a,b) 与点 $(1,-2)$ 之间的距离，故选 A.

考点31：中点坐标公式

【真题在线】

1. $\left(\dfrac{7}{2},3\right)$ 【提示】 根据两点间的中点坐标公式，得线段 AB 中点坐标为 $\left(\dfrac{3+4}{2},\dfrac{1+5}{2}\right)=\left(\dfrac{7}{2},3\right)$.

2. B 【提示】 根据两点间的中点坐标公式，得线段 AB 中点坐标为 $\left(\dfrac{3+1}{2},\dfrac{2+4}{2}\right)=(2,3)$，故选 B.

3. B 【提示】 根据两点间的中点坐标公式，得线段 AB 中点坐标为 $\left[\dfrac{2+(-2)}{2},\dfrac{3+1}{2}\right]=(0,2)$，故选 B.

【全真模拟】

1. $\left(\dfrac{1}{2},1\right)$ 【提示】 根据两点间的中点坐标公式，得线段 PQ 中点坐标为 $\left[\dfrac{2+(-1)}{2},\dfrac{1+1}{2}\right]=$

$\left(\dfrac{1}{2},\ 1\right)$.

2. A 【提示】 根据两点间的中点坐标公式,得线段 AB 中点坐标为 $\left[\dfrac{1+(-1)}{2},\ \dfrac{2+2}{2}\right]=(0,\ 2)$,故选 A.

3. D 【提示】 根据两点间的中点坐标公式,得线段 MN 中点坐标为 $\left(\dfrac{-2+2}{2},\ \dfrac{0+2}{2}\right)=(0,\ 1)$,故选 D.

4. $\left(\dfrac{3}{2},\ 1\right)$ 【提示】 根据两点间的中点坐标公式,得线段 AB 中点坐标为 $\left(\dfrac{1+2}{2},\ \dfrac{-1+3}{2}\right)=\left(\dfrac{3}{2},\ 1\right)$,所以点 M 的坐标为 $\left(\dfrac{3}{2},\ 1\right)$.

5. 3 【提示】 根据两点间的中点坐标公式,得线段 AB 中点坐标为 $\left[\dfrac{1+3}{2},\ \dfrac{t+(-1)}{2}\right]=\left(2,\ \dfrac{t-1}{2}\right)=(2,\ 1)$,所以 $\dfrac{t-1}{2}=1$,则 $t=3$.

【能力拓展】

1. B 【提示】 设点 B 的坐标为 $(x,\ y)$,根据两点间的中点坐标公式得,线段 AB 中点坐标为 $\left(\dfrac{-3+x}{2},\ \dfrac{2+y}{2}\right)=(2,\ 4)$,则 $\begin{cases}\dfrac{-3+x}{2}=2\\ \dfrac{2+y}{2}=4\end{cases}$,解得 $\begin{cases}x=7\\ y=6\end{cases}$,故选 B.

2. 2 【提示】 根据两点间的中点坐标公式,得线段 PQ 中点坐标为 $\left(\dfrac{2+m}{2},\ \dfrac{-1+1}{2}\right)=(2,\ 0)$,则 $m=2$.

3. (3,-3) 【提示】 设点 B 的坐标为 $(x,\ y)$,由题可知点 P 为点 A 与点 B 的中点,所以根据两点间的中点坐标公式得,线段 AB 中点坐标为 $\left(\dfrac{-1+x}{2},\ \dfrac{3+y}{2}\right)=(1,\ 0)$,则 $\begin{cases}\dfrac{-1+x}{2}=1\\ \dfrac{3+y}{2}=0\end{cases}$,解得 $\begin{cases}x=3\\ y=-3\end{cases}$,故点 B 的坐标为 $(3,-3)$.

考点 32:直线的倾斜角和斜率

【真题在线】

1. B 【提示】 根据已知两点求斜率的公式得,直线的斜率 $k=\dfrac{-1-2}{2-4}=\dfrac{3}{2}$,故选 B.
2. D 【提示】 由斜率的定义得,直线的斜率 $k=\tan\alpha=1$,则倾斜角 $\alpha=45°$,故选 D.
3. A 【提示】 由题可知,直线的斜率 $k=-1$,故选 A.
4. C 【提示】 由题可知,直线的斜率 $k=2$,故选 C.
5. B 【提示】 由斜率的定义得,直线的斜率 $k=\tan45°=1$,故选 B.

【全真模拟】

1. B 【提示】 由题可知,直线的斜率为 $k=-3$,故选 B.
2. C 【提示】 直线的斜截式方程为 $y=2x$,所以直线的斜率为 $k=2$,故选 C.
3. A 【提示】 由斜率的定义得直线的斜率 $k=\tan\alpha=\dfrac{\sqrt{3}}{3}$,则 $\alpha=30°$,故选 A.
4. D 【提示】 根据已知两点求斜率的公式得直线的斜率 $k=\dfrac{1-2}{-1-2}=\dfrac{1}{3}$,故选 D.
5. C 【提示】 直线方程可化为 $y=x+2\ 024$,直线的斜率 $k=\tan\alpha=1$,解得倾斜角 $\alpha=45°$,故选 C.

【能力拓展】

1. 25 【提示】 根据已知两点求斜率的公式得直线的斜率 $k=\dfrac{4-m}{-1-2}=-\dfrac{4-m}{3}=7$,解得 $m=25$.

2. A 【提示】 根据已知两点求斜率的公式得直线的斜率 $k=\dfrac{1-0}{1-0}=1$,即 $\tan\alpha=1$,所以 $\alpha=45°$,故选 A.

3. D 【提示】 根据斜率的定义可知,倾斜角为 90° 的直线斜率不存在,故选 D.

考点 33:直线方程

【真题在线】

1. $2x-y-7=0$ 【提示】 直线的点斜式方程为 $y-1=2(x-4)$,即 $2x-y-7=0$.

2. $2x-y+1=0$ 【提示】 因为直线在 y 轴上的截距为 1 且斜率为 2,所以直线的斜截式方程为 $y=2x+1$,即 $2x-y+1=0$.

3. B 【提示】 因为直线在 y 轴上的截距为 -1 且斜率为 2,所以直线的斜截式方程为 $y=2x-1$,故选 B.

4. $3x-y+1=0$ 【提示】 直线的点斜式方程为 $y-1=3(x-0)$,即 $3x-y+1=0$.

5. D 【提示】 因为直线在 y 轴上的截距为 4 且斜率为 5,所以直线的斜截式方程为 $y=5x+4$,故选 D.

6. $y=-x+1$ 【提示】 根据已知两点求斜率的公式得直线的斜率 $k=\dfrac{0-1}{1-0}=-1$,所以直线的点斜式方程为 $y-0=-(x-1)$,即 $y=-x+1$.

【全真模拟】

1. $2x-y+1=0$ 【提示】 直线的点斜式方程为 $y-3=2(x-1)$,即 $2x-y+1=0$.

2. C 【提示】 因为直线在 y 轴上的截距为 3 且斜率为 -2,所以直线的斜截式方程为 $y=-2x+3$,故选 C.

3. $3x+y-3=0$ 【提示】 直线的点斜式方程为 $y-0=-3(x-1)$,即 $3x+y-3=0$.

4. $x-y-1=0$ 【提示】 根据已知两点求斜率的公式得直线的斜率 $k=\dfrac{-1-1}{0-2}=1$,所以直线的点斜式方程为 $y-1=x-2$,即 $x-y-1=0$.

5. B 【提示】 根据已知两点求斜率的公式得直线的斜率 $k=\dfrac{-1-(-1)}{0-2}=0$,所以直线的点斜式方程为 $y-(-1)=0(x-0)$,即 $y+1=0$,故选 B.

【能力拓展】

1. $x-1=0$ 【提示】 由题可知经过点 $(1,-1)$ 和 $(1,99)$ 的直线与 x 轴垂直,即直线的斜率不存在,所以直线方程为 $x=1$,即 $x-1=0$.

2. B 【提示】 因为直线在 x 轴上的截距为 2,所以直线过点 $(2,0)$,则直线的点斜式方程为 $y-0=x-2$,即 $x-y-2=0$,故选 B.

3. B 【提示】 因为直线的倾斜角为 90°,所以直线的斜率不存在且与 x 轴垂直,因此经过点 $(-1,0)$ 的直线方程为 $x=-1$,即 $x+1=0$,故选 B.

考点 34:两条直线平行

【真题在线】

1. A 【提示】 由 $\dfrac{1}{1}=\dfrac{-2}{-2}\ne\dfrac{-5}{1}$ 得两条直线互相平行,故选 A.

2. A 【提示】 由两条直线互相平行的一般式方程可知,它们的斜率必须相等且截距不相等,故选 A.

3. B 【提示】 对于选项 B,$\dfrac{1}{1}=\dfrac{-2}{-2}\ne\dfrac{-1}{1}$,所以这两条直线平行,故选 B.

【全真模拟】

1. A 【提示】 直线 $3x-y+1=0$ 可化为 $y=3x+1$，得到该直线的斜率为 3，截距为 1，即两直线的斜率相等且截距不相等，故选 A.

2. A 【提示】 由 $\frac{1}{1}=\frac{3}{3}\neq\frac{-3}{5}$，所以两条直线互相平行，故选 A.

3. B 【提示】 根据两直线平行的判定方法，两直线的斜率相等，即 $m=\frac{2}{3}$，故选 B.

4. $y=x+1$ 【提示】 由题可知与直线 $y=x-1$ 平行的直线斜率为 1，所以所求的直线方程为 $y=x+1$.

5. $2x-3y+4=0$ 【提示】 由题可知与直线 $2x-3y+5=0$ 平行的直线斜率为 $\frac{2}{3}$，所以所求的直线方程为 $y-2=\frac{2}{3}(x-1)$，即 $2x-3y+4=0$.

【能力拓展】

1. D 【提示】 由题可知两条直线的斜截式方程分别为 $y=-2x+m$，$y=-2x-m$. 当 $m=0$ 时，两直线重合；当 $m\neq 0$ 时，两直线互相平行，故选 D.

2. $x+1=0$ 【提示】 因为直线 $x-1=0$ 的斜率不存在，故与其平行且过点 $(-1,2)$ 的直线方程为 $x=-1$，即 $x+1=0$.

3. -2 【提示】 由 $\frac{a}{a+1}=\frac{2}{1}\neq\frac{-1}{5}$，解得 $a=-2$.

考点 35：两条直线垂直

【真题在线】

C 【提示】 由题可知两直线的斜率不相等且相乘不等于 -1，因此两条直线相交但不垂直，故选 C.

【全真模拟】

1. B 【提示】 由题可知两直线的斜率相乘等于 -1，因此两条直线垂直，故选 B.

2. B 【提示】 由题可知两直线的斜率分别为 2 和 $-\frac{1}{2}$ 且相乘等于 -1，因此两条直线垂直，故选 B.

3. A 【提示】 由题可知两直线的斜率分别为 $\frac{3}{4}$ 和 $-\frac{4}{3}$ 且相乘等于 -1，因此两条直线垂直，故选 A.

4. C 【提示】 由题可知两直线的斜率分别为 5 和 $\frac{1}{5}$，即斜率不相等且相乘不等于 -1，因此两条直线相交但不垂直，故选 C.

5. $y=-x+1$ 【提示】 由题可知直线 $y=x+1$ 的斜率为 1，所以所求的直线斜率为 -1，因此所求直线方程为 $y=-x+1$.

【能力拓展】

1. B 【提示】 由题可知直线 $y=x+1$ 的斜率为 1，因此所求直线斜率为 -1，故选 B.

2. $x-y+1=0$ 【提示】 由题可知直线 $x+y+2=0$ 的斜率为 -1，所以所求的直线的斜率为 1，因此直线方程为 $y-2=x-1$，即 $x-y+1=0$.

3. -2 【提示】 由题可知直线 $x+y+5=0$ 的斜率为 -1，所以所求的直线斜率为 1，即 $-\frac{a}{2}=1$，解得 $a=-2$.

考点 36：两条直线的交点

【真题在线】

1. D 【提示】 把 $x=0$ 代入方程求出 $y=1$，所以与 y 轴的交点坐标是 $(0,1)$，故选 D.

2. A 【提示】 联立方程组 $\begin{cases}x-y+1=0\\x+y-1=0\end{cases}$，解得 $\begin{cases}x=0\\y=1\end{cases}$，所以交点坐标为 $(0,1)$，故选 A.

3. B 【提示】 把 $y=0$ 代入方程求出 $x=-2$，所以交点坐标为$(-2,0)$，故选 B.

4. C 【提示】 联立方程组 $\begin{cases} x+y+2=0 \\ y=x \end{cases}$，解得 $\begin{cases} x=-1 \\ y=-1 \end{cases}$，故选 C.

【全真模拟】

1. A 【提示】 联立方程组 $\begin{cases} x+2y+1=0 \\ x+y-1=0 \end{cases}$，解得 $\begin{cases} x=3 \\ y=-2 \end{cases}$，所以交点坐标是$(3,-2)$，故选 A.

2. A 【提示】 联立方程组 $\begin{cases} x-y-3=0 \\ x+y+1=0 \end{cases}$，解得 $\begin{cases} x=1 \\ y=-2 \end{cases}$，所以交点坐标为$(1,-2)$，故选 A.

3. C 【提示】 联立方程组 $\begin{cases} x+y-2=0 \\ y=x \end{cases}$，解得 $\begin{cases} x=1 \\ y=1 \end{cases}$，所以交点坐标为$(1,1)$，故选 C.

4. B 【提示】 把 $y=0$ 代入方程求出 $x=-3$，所以交点坐标为$(-3,0)$，故选 B.

5. D 【提示】 把 $x=0$ 代入方程求出 $y=4$，所以交点坐标为$(0,4)$，故选 D.

【能力拓展】

1. A 【提示】 联立方程组 $\begin{cases} x=2\,024 \\ x-y-1=0 \end{cases}$，解得 $\begin{cases} x=2\,024 \\ y=2\,023 \end{cases}$，所以交点坐标为$(2\,024, 2\,023)$，故选 A.

2. 3 【提示】 把 $x=-3$，$y=0$ 代入方程即可解得 $m=3$.

3. 2 【提示】 当 $x=0$ 时，求得 $y=2$，所以 y 轴上的截距是 2.

考点 37：圆的标准方程

【真题在线】

1. A 【提示】 由题可得圆心为$(-2,3)$，半径为 $\sqrt{5}$，故选 A.

2. A 【提示】 由题可得圆心为$(1,3)$，半径为 4，故选 A.

3. C 【提示】 由题可得圆心为$(8,8)$，半径为 3，故选 C.

【全真模拟】

1. C 【提示】 由题可得圆心为$(-2,-1)$，半径为 $2\sqrt{2}$，故选 C.

2. D 【提示】 由题可得圆心为$(3,-1)$，半径为 2，故选 D.

3. C 【提示】 由题可得圆心为$(2,0)$，半径为 $\sqrt{3}$，故选 C.

4. C 【提示】 由题可得圆心为$(0,-1)$，半径为 $\sqrt{2}$，故选 C.

5. D 【提示】 由题可得圆心为$(-1,2)$，半径为 2，故选 D.

【能力拓展】

1. D 【提示】 由题可得圆心为$(2,-2)$，半径为 2，$S_{圆}=\pi r^2=\pi\times 2^2=4\pi$，故选 D.

2. B 【提示】 圆的一般方程为 $x^2+y^2+Dx+Ey+F=0(D^2+E^2-4F>0)$，圆心坐标为 $\left(-\dfrac{D}{2},-\dfrac{E}{2}\right)$，即 $\left(-\dfrac{-2}{2},-\dfrac{-4}{2}\right)$ $(1,-2)$，故选 B.

3. $(x-1)^2+(y-2)^2=9$ 【提示】 由圆的标准方程可得$(x-1)^2+(y-2)^2=9$.

考点 38：直线与圆的位置关系

【真题在线】

1. 解：(1)圆心为线段 AB 的中点且为$(0,3)$，半径 $r=\dfrac{1}{2}|AB|=\dfrac{1}{2}\sqrt{(-4-4)^2+6^2}=5$，所以圆的标准方程为 $x^2+(y-3)^2=25$.

(2)圆心到直线的距离 $d=\dfrac{|0-3-1|}{\sqrt{1^2+(-1)^2}}=2\sqrt{2}<5$，所以直线与圆相交.

2. 解：(1)因为圆心坐标是(1,1)，半径为3，所以圆的标准方程为$(x-1)^2+(y-1)^2=9$.

(2)圆心到直线的距离$d=\dfrac{|1+1+1|}{\sqrt{1^2+1^2}}=\dfrac{3\sqrt{2}}{2}<3$，所以直线与圆相交.

3. 解：(1)$|CM|=\sqrt{(1-1)^2+(1-0)^2}=1$.

(2)圆的标准方程为$(x-1)^2+y^2=1$.

(3)圆心到直线的距离$d=\dfrac{|1-0+1|}{\sqrt{1^2+(-1)^2}}=\sqrt{2}>1$，所以直线与圆相离.

4. 解：(1)因为$|CN|=\sqrt{(a-2)^2+(0-2)^2}=2$，所以$a=2$.

(2)因为圆心坐标是(2,0)，半径为2，所以圆的标准方程为$(x-2)^2+y^2=4$.

(3)圆心到直线的距离$d=\dfrac{|2+0+2|}{\sqrt{1^2+1^2}}=2\sqrt{2}>2$，所以直线与圆相离.

【全真模拟】

1. C 【提示】 圆心为(2,-3)，圆心到直线的距离$d=\dfrac{|6-12+6|}{\sqrt{3^2+4^2}}=0$，即直线过圆心，故选C.

2. 解：(1)由题得圆心(0,2)，半径$r=1$.

(2)圆心到直线的距离$d=\dfrac{|0-8+4|}{\sqrt{3^2+(-4)^2}}=\dfrac{4}{5}<1$，所以直线与圆相交.

3. 解：因为圆心坐标是(-2,1)，半径为4，所以圆的标准方程为$(x+2)^2+(y-1)^2=16$.

(2)圆心到直线的距离$d=\dfrac{|-4-1+1|}{\sqrt{2^2+(-1)^2}}=\dfrac{4}{\sqrt{5}}<4$，所以直线与圆相交.

4. 解：因为$D=0,E=-2,F=-4$，所以圆心坐标为$\left(-\dfrac{D}{2},-\dfrac{E}{2}\right)$，即为(0,1)，半径$r=\dfrac{1}{2}\sqrt{D^2+E^2-4F}=\dfrac{1}{2}\sqrt{4+16}=\sqrt{5}$.

(或将圆方程化为$x^2+(y-1)^2=5$，得圆心为(0,1)，半径$r=\sqrt{5}$)

(2)圆心到直线的距离$d=\dfrac{|0+4+6|}{\sqrt{3^2+4^2}}=2$.

5. (1)因为圆心坐标是(2,0)，半径为1，所以圆的标准方程为$(x-2)^2+y^2=1$.

(2)圆心到直线的距离$d=\dfrac{|1\times2-0-1|}{\sqrt{1+(-\sqrt{3})^2}}=\dfrac{1}{2}<r$，所以直线与圆相交.

【能力拓展】

1. $(x-2)^2+(y-3)^2=9$ 【提示】 圆心为(2,3)，半径为3.

2. 解：$r=\sqrt{(0-0)^2+(2-0)^2}=2$，所以圆的标准方程为$x^2+(y-2)^2=4$.

(2)圆心到直线的距离$d=\dfrac{|2|}{\sqrt{1^2+1^2}}=\sqrt{2}$，所以$l=2\sqrt{r^2-d^2}=2\sqrt{4-2}=2\sqrt{2}$.

3. 解：(1)联立方程组$\begin{cases}x+y-1=0\\x-y+1=0\end{cases}$，解得$\begin{cases}x=0\\y=1\end{cases}$.

因此，圆心为(0,1)，半径为$\sqrt{2}$，圆的标准方程为$x^2+(y-1)^2=2$.

(2)圆心到直线的距离$d=\dfrac{|0+1+3|}{\sqrt{1^2+1^2}}=2\sqrt{2}>r$，所以直线与圆相离.

考点39：点与圆的位置关系

【真题在线】

C 【提示】 将点P的坐标代入圆方程，得$(2-2)^2+(1+1)^2=4$，所以点P在圆上，故选C.

【全真模拟】

1. B 【提示】 将点 P 的坐标代入圆方程，得 $(1-1)^2+(1+1)^2<5$，点 P 不为圆心但在圆内，故选 B.

2. C 【提示】 将点 P 的坐标代入圆方程，得 $(2-1)^2+(1+1)^2=5$，点 P 在圆上，故选 C.

3. A 【提示】 将点 P 为圆心，故选 A.

4. D 【提示】 将点 P 的坐标代入圆方程，得 $(3-1)^2+(1+1)^2>5$，点 P 在圆外，故选 D.

5. C 【提示】 将点 P 的坐标代入圆方程，得 $(1-1)^2+(1+1)^2=4$，点 P 在圆上，故选 C.

【能力拓展】

1. B 【提示】 把选项中点的坐标代入圆方程，满足方程的点即在圆上，故选 B.

2. 0 【提示】 将点 $(1,1)$ 的坐标代入圆方程，$1+1-2+c=0$，故 $c=0$.

3. 解：(1) 将点 $P(2,-1)$ 的坐标代入圆方程，得 $(2-1)^2+(-1+3)^2<16$. 所以点 P 在圆内.

(2) 圆内的最长弦为直径，即最长弦的长度为 $2r=8$.

第六章 直线与圆的方程单元测试卷答案

一、选择题

1. B 【提示】 因为斜率 $k=\tan 135°=-1$，所以根据直线的点斜式方程可得 $y-1=-x$，整理成一般式 $x+y-1=0$，故选 B.

2. B 【提示】 由直线方程 $x-y+4=0$ 可知直线斜率为 1，则 $a=1$，故选 B.

3. B 【提示】 根据圆的标准方程 $(x-a)^2+(y-b)^2=r^2$ 可得圆心与半径分别为 (a,b)，r，故选 B.

4. C 【提示】 由圆的标准方程可知圆心为 $(-1,0)$，半径为 $\sqrt{2}$，利用点（圆心）到直线的距离公式可得 $d=\dfrac{|-1-1|}{\sqrt{2}}=\sqrt{2}=r$，所以直线与圆相切，故选 C.

5. A 【提示】 根据条件知轨迹为圆，根据圆的标准方程可知 A 正确，故选 A.

6. D 【提示】 因为点 M 是圆 C 上的点，所以点 M 恰好是圆的切点且直线 CM 与切线互相垂直，又因为圆心 $C(0,0)$，所以 $k_{CM}=1$，则切线方程的斜率为 $k=-1$，最后通过点斜式方程可得 $y-1=-(x-1)$，化简为一般式方程为 $x+y-2=0$，故选 D.

二、填空题

1. $x-2y+1=0$ 【提示】 由题意可知直线斜率 $k=\dfrac{1}{2}$，根据直线的点斜式方程可得 $y=\dfrac{1}{2}(x+1)$，则化简为 $x-2y+1=0$.

2. 3 【提示】 把点 $(-1,0)$ 代入直线 $y=kx+3$ 中，即 $k=3$.

3. $(x+1)^2+(y-3)^2=25$ 【提示】 根据 $(x-a)^2+(y-b)^2=r^2$ 可得圆的标准方程.

4. ±4 【提示】 根据圆的半径公式 $r=\dfrac{\sqrt{D^2+E^2-4F}}{2}$，可得 $r=\dfrac{\sqrt{E^2}}{2}=\dfrac{|E|}{2}=2$，即 $E=±4$.

三、解答题

1. 解：(1) 由题意得 $r=\sqrt{(1-0)^2+(-1-2)^2}=\sqrt{10}$.

(2) 圆 C 的方程为 $x^2+(y-2)^2=10$.

(3) 由题意得，圆心 $(0,2)$ 到直线 $x+y+2=0$ 的距离 $d=\dfrac{|0+2+2|}{\sqrt{1^2+1^2}}=2\sqrt{2}$，得 $d<r$，所以直线与圆相交，且相交弦长为 $2\sqrt{r^2-d^2}=2\sqrt{(\sqrt{10})^2-(2\sqrt{2})^2}=2\sqrt{2}$.

2. 解：(1) 由圆的标准方程可知圆心坐标为 $(0,2)$，半径 $r=\sqrt{2}$.

(2) 直线与圆相切满足圆心到直线的距离等于半径，所以圆心到直线的距离 $d=\dfrac{|0+2-c|}{\sqrt{1^2+1^2}}=$

$\frac{|2-c|}{\sqrt{2}}=\sqrt{2}=r$，化简得 $|2-c|=2$，即 $c=0$ 或 4.

第七章　立体几何考点答案

考点40：棱柱

【真题在线】

1. 4　【提示】　熔化前后体积不变，$2\times4\times8=a^3$，则 $a=4$.
2. 8　【提示】　正方体的体积 $V=a^3$，$V'=(2a)^3=8a^3$.
3. 24　【提示】　长方体的体积 $V=2\times3\times4=24$.
4. C　【提示】　正方体的表面积 $S_{表}=6a^2=6\times5^2=150$，故选 C.

【全真模拟】

1. 64　【提示】　正方体的体积 $V=a^3=4^3=64$.
2. 96　【提示】　正方体的表面积 $S_{表}=6a^2=6\times4^2=96$.
3. 32　【提示】　正四棱柱的体积 $V=Sh=4\times4\times2=32$.
4. 2　【提示】　正方体的体对角线的长 $l=\sqrt{3}a=2\sqrt{3}$，故 $a=2$.
5. 2　【提示】　正方体的全面积 $S=6a^2=24$，所以 $a=2$.

【能力拓展】

1. $5\sqrt{3}$　【提示】　正方体的体对角线的长 $l=\sqrt{3}a=5\sqrt{3}$.
2. 18　【提示】　正三棱柱的侧面积 $S_{侧}=Ch=3\times2\times3=18$.
3. 2　【提示】　熔化前后体积不变，$4^3=8a^3$，因为 $a^3=8$，所示 $a=2$.

考点41：棱锥

【真题在线】

16　【提示】　正四棱锥的体积 $V=\frac{1}{3}Sh=\frac{1}{3}\times4\times4\times3=16$.

【全真模拟】

1. D　【提示】　正四棱锥的体积 $V=\frac{1}{3}Sh=\frac{1}{3}\times2\times2\times9=12$，故选 D.

2. B　【提示】　棱长都相等的正三棱锥的表面积 $S_{表}=4S=4\times\frac{\sqrt{3}}{4}\times2^2=4\sqrt{3}$，故选 B.

3. A　【提示】　正三棱锥的体积 $V=\frac{1}{3}Sh=\frac{1}{3}\times\frac{\sqrt{3}}{4}\times4^2\times2=\frac{8\sqrt{3}}{3}$，故选 A.

4. 20　【提示】　正四棱锥的表面积 $S_{表}=S_{底}+S_{侧}=2\times2+4\times\frac{1}{2}\times2\times4=20$.

5. 1　【提示】　正六棱锥体积 $V=\frac{1}{3}Sh=\frac{1}{3}\times1\times3=1$.

【能力拓展】

1. C　【提示】　$\frac{V_{棱柱}}{V_{棱锥}}=\frac{Sh}{\frac{1}{3}Sh}=\frac{3}{1}$，故选 C.

2. $\frac{8}{3}$　【提示】　正三棱锥的体积 $V=\frac{1}{3}Sh=\frac{1}{3}\times2\times4=\frac{8}{3}$.

3. $9\sqrt{3}$　【提示】　正三棱锥的侧面积 $S_{侧}=\frac{1}{2}Ch=\frac{1}{2}\times3\times3\times2\sqrt{3}=9\sqrt{3}$.

考点42：圆柱

【真题在线】

1. C 【提示】 由题，圆柱的 $r=2$，$h=3$，则圆柱的体积 $V=\pi r^2 h=12\pi$，故选 C.
2. B 【提示】 由题，圆柱的 $r=1$，$h=3$，则圆柱的体积 $V=\pi r^2 h=3\pi$，故选 B.

【全真模拟】

1. C 【提示】 由题，圆柱的 $h=3$，$r=2$，则圆柱的体积 $V=\pi r^2 h=12\pi$，故选 C.
2. B 【提示】 由题，圆柱的 $r=4$，$h=2$，则圆柱的体积 $V=\pi r^2 h=32\pi$，故选 B.
3. A 【提示】 由直径为2，得圆柱的半径 $r=1$，又 $h=2$，则圆柱的体积 $V=\pi r^2 h=2\pi$，故选 A.
4. 24π 【提示】 由直径为 4 cm，得圆柱的半径 $r=2$ cm，又 $h=6$ cm，所以圆柱的体积 $V=\pi r^2 h=24\pi(\text{cm}^3)$.
5. 8π 【提示】 由题，圆柱的 $r=2$ cm，$h=2$ cm，所以圆柱的体积 $V=\pi r^2 h=8\pi(\text{cm}^3)$.

【能力拓展】

1. B 【提示】 由题，圆柱的体积 $V=\pi r^2 h=8\pi$，又 $r=2$，得 $h=2$，故选 B.
2. D 【提示】 圆柱的底面周长 $C=2\pi r=2\pi$，得 $r=1$，又 $h=2$，则圆柱的体积 $V=\pi r^2 h=2\pi$，故选 D.
3. 2π，4π 【提示】 由题，$r=1$，$h=2$，所以根据公式，圆柱的体积 $V=\pi r^2 h=2\pi$，圆柱的侧面积 $S=2\pi rh=4\pi$.

考点43：圆锥

【真题在线】

D 【提示】 由题圆锥的 $r=3$，$h=4$，则圆锥的体积 $V=\frac{1}{3}\pi r^2 h=12\pi$，故选 D.

【全真模拟】

1. D 【提示】 由题，圆锥的 $r=2$，$h=3$，则圆锥的体积 $V=\frac{1}{3}\pi r^2 h=4\pi$，故选 D.
2. A 【提示】 由题，圆锥的 $r=2$，$h=6$，则圆锥的体积 $V=\frac{1}{3}\pi r^2 h=8\pi$，故选 A.
3. C 【提示】 由题，圆锥的 $r=5$，$h=12$，则圆锥的体积 $V=\frac{1}{3}\pi r^2 h=100\pi$，故选 C.
4. B 【提示】 由题，圆锥的 $r=1$，$h=6$，则圆锥的体积 $V=\frac{1}{3}\pi r^2 h=2\pi$，故选 B.
5. $\frac{\sqrt{3}\pi}{3}$ 【提示】 由题，圆锥的 $h=\sqrt{3}$，$r=1$，则圆锥的体积 $V=\frac{1}{3}\pi r^2 h=\frac{\sqrt{3}\pi}{3}$.

【能力拓展】

1. A 【提示】 由题，圆锥的 $r=1$，$l=2$ 得 $h=\sqrt{3}$，则圆锥的体积 $V=\frac{1}{3}\pi r^2 h=\frac{\sqrt{3}}{3}\pi$，故选 A.
2. 3 【提示】 由题，圆锥的体积 $V=\frac{1}{3}\pi r^2 h=9\pi$ 且 $r=3$，所以 $h=3$.
3. 12π 【提示】 由题，圆锥的 $r=3$，$l=4$，所以侧面积 $S=\pi rl=12\pi$.

第七章 立体几何单元测试卷答案

一、选择题

1. D 【提示】 根据确定平面的推论，两平行直线确定一个平面，故选 D.
2. D 【提示】 类似切豆腐，先切十字两刀，再横着切一刀，共分成8块，故选 D.

3. A 【提示】 直线与平面平行,则直线与平面无交点,故选 A.

4. C 【提示】 长方体的表面积 $S_{表}=2\times(1\times2+2\times4+1\times4)=28$,故选 C.

5. B 【提示】 圆柱的体积 $V_{圆柱}=\pi r^2 h=\pi\times 2^2\times 4=16\pi$,故选 B.

6. D 【提示】 由球的体积公式 $V=\frac{4}{3}\pi R^3$,所以当半径变成 $2R$ 时,球的体积 $V'=\frac{4}{3}\pi(2R)^3=8\times\frac{4}{3}\pi R^3=8V$,故选 D.

二、填空题

1. 36 【提示】 正四棱柱的体积 $V=Sh=3\times 3\times 4=36$.

2. 3 【提示】 圆锥的体积 $V=\frac{1}{3}Sh=\frac{1}{3}\pi r^2 h=\frac{1}{3}\pi\times 2^2 h=4\pi$,解得 $h=3$.

3. 36π 【提示】 球的表面积 $S=4\pi r^2=4\pi\times 3^2=36\pi$.

4. $\sqrt{3}$ 【提示】 正三棱锥的体积 $V=\frac{1}{3}Sh=\frac{1}{3}\times\frac{\sqrt{3}}{4}\times 2^2\times 3=\sqrt{3}$.

三、解答题

1. 解:(1)因为 $2r=3$,所以高 $h=3$,半径 $r=\frac{3}{2}$.

(2)$S_{侧}=2\pi rh=2\pi\times\frac{3}{2}\times 3=9\pi$,$V_{圆柱}=\pi r^2 h=\pi\times\left(\frac{3}{2}\right)^2\times 3=\frac{27\pi}{4}$.

2. 解:(1)$S_{正方体表}=6a^2=6\times 2^2=24$,$V_{正方体}=a^3=2^3=8$.

(2)由题可得,$2R=2$,$R=1$,所以 $V_{球}=\frac{4}{3}\pi R^3=\frac{4}{3}\pi\times 1^3=\frac{4\pi}{3}$.

第八章 概率与统计初步考点答案

考点 44:计数原理

【真题在线】

1. A 【提示】 从 A 地到 B 地共有 3 类办法:第 1 类是坐飞机,有 2 种方法;第 2 类是坐火车,有 4 种方法;第 3 类是坐汽车,有 6 种方法.根据分类计数原理,不同的乘坐方法有 2+4+6=12(种),故选 A.

2. A 【提示】 从书架上任取一本书有 3 类办法:第 1 类是从语文书中取,有 10 种取法;第 2 类是从数学书中取,有 8 种取法;第 3 类是从英语书中取,有 6 种取法.根据分类计数原理,不同的取法有 10+8+6=24(种),故选 A.

3. A 【提示】 从袋子里任取一个球有 3 类办法:第 1 类是从红球中取,有 6 种取法;第 2 类是从白球中取,有 7 种取法;第 3 类是从蓝球中取,有 8 种取法.根据分类计数原理,不同的取法有 6+7+8=21(种),故选 A.

【全真模拟】

1. D 【提示】 该同学从中选一门课有 2 类办法:第 1 类是从 A 类课中选,有 4 种选法;第 2 类是从 B 类课中选,有 3 种选法.根据分类计数原理,不同的选法有 4+3=7(种),故选 D.

2. B 【提示】 从中任选一名学生作为文艺委员有 2 类办法:第 1 类是从音乐爱好者中选,有 7 种选法;第 2 类是从美术爱好者中选,有 8 种选法.根据分类计数原理,不同的选法有 7+8=15(种),故选 B.

3. C 【提示】 从中任选一人去献血有 4 类办法:第 1 类是从 O 型血中选,有 8 种选法;第 2 类是从 A 型血中选,有 7 种选法;第 3 类是从 B 型血中选,有 5 种选法;第 4 类是从 AB 型血中选,有 3 种选法.根据分类计数原理,不同的选法有 8+7+5+3=23(种),故选 C.

4. A 【提示】 学校选聘一人有 2 类办法:第 1 类是从女大学生中选,有 3 种选法;第 2 类是从男大学生中选,有 4 种选法.根据分类计数原理,不同的选法有 3+4=7(种),故选 A.

5. B 【提示】 从书架上任取一本书有 3 类办法：第 1 类是从第 1 层中取，有 4 种取法；第 2 类是从第 2 层中取，有 3 种取法；第 3 类是从第 3 层中取，有 2 种取法．根据分类计数原理，不同的取法有 4＋3＋2＝9(种)，故选 B．

【能力拓展】

1. 8 【提示】 要选出一套衣服，可以分成 2 个步骤：第 1 步，从 4 件上衣中选出 1 件，有 4 种选法；第 2 步，从 2 条裤子中选出 1 条，有 2 种选法．根据分步计数原理，不同的选法有 4×2＝8(种)．

2. 81 【提示】 每一封信都有 3 个信箱可以选择，所以投好 4 封信有 3×3×3×3＝81(种)投法．

3. 30 【提示】 要配制一个套餐，可以分成 3 个步骤：第 1 步，从 5 种素菜中选出 1 件，有 5 种选法；第 2 步，从 3 种荤菜中选出 1 种，有 3 种选法；第 3 步，从 2 种汤中选出 1 种，有 2 种选法．根据分步计数原理，不同的配制方法有 5×3×2＝30(种)．

考点 45：概率

【真题在线】

1. C 【提示】 抛掷两枚硬币有以下四种结果——"正正、正反、反正、反反"，则基本事件 $n=4$，而两枚都是"正面朝上"只有一种，即 $m=1$，所以概率是 $P=\dfrac{m}{n}=\dfrac{1}{4}$，故选 C．

2. D 【提示】 投掷两枚骰子，则基本事件有 $n=6×6=36$，而两枚骰子都是 6 点只有一种情况，即 $m=1$，所以概率是 $P=\dfrac{m}{n}=\dfrac{1}{36}$，故选 D．

3. A 【提示】 抛掷两枚硬币有以下四种结果——"正正、正反、反正、反反"，则基本事件 $n=4$，而两枚都是"反面向上"只有一种，即 $m=1$，所以概率是 $P=\dfrac{m}{n}=\dfrac{1}{4}$，故选 A．

4. A 【提示】 摸到红球的概率为 60%，则摸到白球的概率为 40%，从而总数有 2÷40%＝5(个)，所以红球有 3 个，故选 A．

【全真模拟】

1. C 【提示】 在一副扑克牌中，基本事件 $n=54$，其中扑克牌"K"有 4 张，即 $m=4$，所以概率为 $P=\dfrac{m}{n}=\dfrac{4}{54}=\dfrac{2}{27}$，故选 C．

2. A 【提示】 抛掷两枚硬币有四种结果——"正正、正反、反正、反反"，则基本事件 $n=4$，而"一正一反"有两种，即 $m=2$，所以概率为 $P=\dfrac{m}{n}=\dfrac{2}{4}=\dfrac{1}{2}$，故选 A．

3. D 【提示】 投掷两枚骰子，则基本事件 $n=6×6=36$，设事件"点数之和为 9"为 A，则 A 有以下 4 种情况——(3，6)，(4，5)，(5，4)，(6，3)，即 $m=4$，所以概率为 $P=\dfrac{m}{n}=\dfrac{4}{36}=\dfrac{1}{9}$，故选 D．

4. C 【提示】 抽一人去参加比赛有 5 种选法，则基本事件 $n=5$，甲被抽中只有一种，即 $m=1$，所以概率为 $P=\dfrac{m}{n}=\dfrac{1}{5}$，故选 C．

5. B 【提示】 摸到红球的概率为 80%，则摸到白球的概率为 20%，所以球总数有 2÷20%＝10(个)，从而红球的个数为 8 个，故选 B．

【能力拓展】

1. B 【提示】 步兵俑的总数为 $\dfrac{2}{5}×8\ 000=3\ 200$(件)，故选 B．

2. A 【提示】 有 10 张奖券，则基本事件 $n=10$，获奖的奖券一共有 3 张，即 $m=3$，所以概率为 $P=\dfrac{m}{n}=\dfrac{3}{10}$，故选 A．

3. D 【提示】 红球有 5 个且红球的概率为 $\dfrac{1}{2}$，因此球的总数有 10 个，从而白球有 2 个，故选 D．

第八章 概率与统计初步单元测试卷答案

一、选择题

1. C 【提示】 5个数中任选一个数,则基本事件 $n=5$,其中奇数有3个,即 $m=3$,所以概率 $P=\frac{m}{n}=\frac{3}{5}$,故选 C.

2. A 【提示】 从口袋中任取一球,有2类办法:第1类是从装黑球的口袋中取,有4种取法;第2类是从装红球的口袋中选,有5种选法;根据分类计数原理,不同的取法有 $4+5=9$(种),故选 A.

3. B 【提示】 抛一枚骰子,则基本事件 $n=6$,其中点数大于4有两种情况,即 $m=2$,从而其概率为 $P=\frac{m}{n}=\frac{2}{6}=\frac{1}{3}$,故选 B.

4. A 【提示】 从杭州到北京,有2类出行办法:第1类是坐火车,有8种选法;第2类是坐飞机,有3种选法。根据分类计数原理,不同的取法有 $8+3=11$(种),故选 A.

5. D 【提示】 某人第一步从南面上山,有3种选择;第二步从北面下山,有5种选择。根据分步计数原理,不同的走法有 $3×5=15$(种)。故选 D.

6. B 【提示】 从书架上任取一本书,则基本事件 $n=3+4+5=12$,其中是数学书的有4本,即 $m=4$,所以概率是 $P=\frac{m}{n}=\frac{4}{12}=\frac{1}{3}$,故选 B.

二、填空题

1. 12 【提示】 该同学从中选一本书有2类办法:第1类是从科技书中选,有5种选法;第2类是从文艺书中选,有7种选法。根据分类计数原理,不同的选法有 $5+7=12$(种).

2. $\frac{1}{4}$ 【提示】 有4个答案供选择,则基本事件总数 $n=4$,而正确答案只有1个,即 $m=1$,所以概率为 $P=\frac{m}{n}=\frac{1}{4}$.

3. 6 【提示】 从A村到C村,分成2个步骤:第1步,从A村到B村,有3种走法;第2步,从B村到C村,有2种选法。根据分步计数原理,不同的选法有 $3×2=6$(种).

4. $\frac{1}{6}$ 【提示】 从1~6中任选一个数,则基本事件总数 $n=6$,其中大于5的数只有1个,即 $m=1$,所以概率为 $P=\frac{m}{n}=\frac{1}{6}$.

三、解答题

1. 解:(1)从书架上取一本书,有两类方法:第一类从6本数学书中任取一本,有6种方法;第2类从5本语文书中任取一本,有5种方法。根据分类计数原理,可得共有 $6+5=11$(种)不同的取法.

(2)从书架上任取数学书、语文书各一本,可以分成两步完成:第一步任取一本数学书,有6种方法;第二步任取一本语文书,有5种方法。据分步计数原理,可得共有 $6×5=30$(种)不同的取法.

2. 解:(1)一枚骰子连续抛掷两次的基本事件总数 $n=6×6=36$(个),设出现"两次点数都是6"的事件为 A,则 A 有(6,6),即 $m=1$,所以概率为 $P=\frac{m}{n}=\frac{1}{36}$.

(2)设出现"两次点数之和为9"的事件为 B,则 B 有(3,6),(4,5),(5,4),(6,3),即 $m=4$,所以概率为 $P=\frac{m}{n}=\frac{4}{36}=\frac{1}{9}$.

第九章 圆锥曲线考点答案

考点46:椭圆的定义与标准方程

1. D 【提示】 根据椭圆的标准方程特征,选 D.

2. C 【提示】 略.
3. B 【提示】 由椭圆方程可得 $a^2=25$，$b^2=16$，则 $c^2=a^2-b^2=9$，可得 $c=3$，且焦点在 x 轴上，故选 B.
4. y 【提示】 由椭圆标准方程可得 $16>9$，故该椭圆焦点在 y 轴上.
5. 8 【提示】 椭圆的焦距即两焦点之间的距离，由焦点坐标可得焦距为 8.

考点 47：椭圆的性质

1. C 【提示】 由椭圆标准方程可得 $a^2=9$，则长半轴长 $a=3$，故选 C.
2. C 【提示】 由椭圆标准方程可得 $b^2=4$，则短轴长 $2b=4$，故选 C.
3. 12 【提示】 由题意可得 $2a=20$，$2b=16$，则 $c^2=a^2-b^2=36$，故焦距 $2c=12$.
4. $\dfrac{x^2}{16}+y^2=1$ 【提示】 略.
5. $\sqrt{7}$ 【提示】 由题可得 $b^2=a^2-c^2=7$，故 $b=\sqrt{7}$.

考点 48：双曲线的定义与标准方程

1. A 【提示】 略.
2. C 【提示】 A、B 选项表示焦点在 x 轴上的双曲线，D 选项表示椭圆，故选 C.
3. x 【提示】 略.
4. 8 【提示】 由焦距定义可知，焦距即两焦点之间的距离，故焦距为 8.
5. 2 【提示】 由方程可得 $a^2=2$，$b^2=2$，则 $c^2=a^2+b^2=4$，可得 $c=2$.

考点 49：双曲线的性质

1. B 【提示】 由已知可得 $a^2=9$，即 $a=3$，双曲线实轴长为 6，故选 B.
2. B 【提示】 由已知可得 $b^2=4$，即 $b=2$，双曲线虚轴长为 4，故选 B.
3. 10 【提示】 由方程可得 $a^2=9$，$b^2=16$，则 $c^2=a^2+b^2=25$，可得 $c=5$，焦距为 10.
4. $(0,\pm 2)$ 【提示】 由题可得焦点在 y 轴上，且 $a^2=4$，$a=2$，故双曲线顶点坐标为 $(0,\pm 2)$.
5. $\sqrt{41}$ 【提示】 由已知可得焦点在 x 轴上，且 $a=4$，$b=5$，则 $c^2=a^2+b^2=41$，可得 $c=\sqrt{41}$.

考点 50：抛物线的定义与标准方程

1. D 【提示】 略.
2. C 【提示】 略.
3. x 【提示】 略.
4. 1 【提示】 将点 $(2,2)$ 坐标代入抛物线方程可得 $p=1$.
5. 4 【提示】 由抛物线的定义可知，点 M 到焦点距离与到准线距离相等，故为 4.

考点 51：抛物线的性质

1. B 【提示】 由已知可得抛物线的焦点在 x 轴正半轴上，且 $p=4$，焦点坐标为 $(2,0)$，故选 B.
2. D 【提示】 由题可得抛物线焦点在 y 轴正半轴上，且 $p=2$，故准线方程为 $y=-1$，故选 D.
3. $y^2=4x$ 【提示】 略.
4. $y^2=-4x$ 【提示】 略.
5. y 轴 【提示】 略.

第九章　圆锥曲线单元测试卷答案

一、选择题

1. A 【提示】 由椭圆标准方程可得焦点在 x 轴上，故选 A.

2. D 【提示】 由椭圆标准方程可得 $a=4$，得长轴长为 $2a=8$，故选 D.

3. C 【提示】 根据双曲线的定义可知选 C.

4. C 【提示】 根据椭圆的定义，$|MF_1|+|MF_2|=2a$，且 $|MF_1|=5$，$a^2=16$，$a=4$，所以 $|MF_2|=2a-|MF_1|=8-5=3$，故选 C.

5. C 【提示】 由双曲线标准方程可得 $a^2=12$，$b^2=3$，即 $a=2\sqrt{3}$，$b=\sqrt{3}$，又焦点在 x 轴上，所以双曲线的渐近线方程为 $y=\pm\dfrac{b}{a}x$，即 $y=\pm\dfrac{1}{2}x$，故选 C.

6. B 【提示】 由已知得焦点在 y 轴的正半轴上，且 $-\dfrac{p}{2}=-1$，所以 $p=2$，故选 B.

二、填空题

1. $(\pm 2, 0)$ 【提示】 由椭圆标准方程可得 $a^2=9$，$b^2=5$，所以 $c=\sqrt{a^2-b^2}=\sqrt{9-5}=2$，故焦点坐标为 $(\pm 2, 0)$.

2. $\dfrac{3}{5}$ 【提示】 由椭圆标准方程可知焦点在 x 轴上，且 $a^2=25$，$b^2=16$，所以 $a=5$，$c=\sqrt{a^2-b^2}=\sqrt{25-16}=3$，故离心率为 $e=\dfrac{c}{a}=\dfrac{3}{5}$.

3. $2\sqrt{3}$ 【提示】 由双曲线标准方程可知焦点在 x 轴上，且 $a^2=3$，得 $a=\sqrt{3}$，故长轴长为 $2a=2\sqrt{3}$.

4. $y^2=-4x$ 【提示】 由已知得抛物线焦点在 x 轴的负半轴上，可设其标准方程为 $y^2=-2px(p>0)$，且 $-\dfrac{p}{2}=-1$，所以 $p=2$，故抛物线的标准方程为 $y^2=-4x$.

三、解答题

1. 解：由双曲线的标准方程可知焦点在 x 轴上，并且 $a^2=9$，$b^2=16$，$c^2=a^2+b^2=25$，故 $a=3$，$b=4$，$c=5$，所以双曲线的实轴长 $2a=6$，虚轴长 $2b=8$，焦点坐标为 $(5,0)$，$(-5,0)$，顶点坐标为 $(3,0)$，$(-3,0)$.

2. 解：(1)由抛物线标准方程可知，抛物线的焦点在 x 轴的正半轴上，且 $2p=16$，因此 $p=8$，$\dfrac{p}{2}=4$，故抛物线的焦点坐标为 $(4,0)$.

(2)由(1)可设双曲线的标准方程为 $\dfrac{x^2}{a^2}-\dfrac{y^2}{b^2}=1$，且 $c=4$，又因为实半轴 $a=2$，所以 $b^2=c^2-a^2=12$，故双曲线的标准方程为 $\dfrac{x^2}{4}-\dfrac{y^2}{12}=1$.

第十章　数列考点答案

考点 52：数列的概念

【真题在线】

A 【提示】 根据偶数正负相间的特点，故选 A.

【全真模拟】

1. $7\dfrac{1}{128}$ 【提示】 数列 $1\dfrac{1}{2^1}$，$2\dfrac{1}{2^2}$，$3\dfrac{1}{2^3}$，$4\dfrac{1}{2^4}$，…的第 7 项为 $7\dfrac{1}{2^7}$，即 $7\dfrac{1}{128}$.

2. B 【提示】 根据正负相间和 2^{n-1} 的特点可知 x 为 2^4，即 16，故选 B.

3. C 【提示】 根据奇数正负相间的特点可知选 C.

4. D 【提示】 根据数列分母为 $2n$ 的特点可知选 D.

5. D 【提示】 根据数列分子为 $2n-1$、分母为 2^n 的特点可知选 D.

【能力拓展】

1. 7 【提示】 方法一：由数列的递推公式 $a_{n+1}=a_n+2$，分别令 $n=1,2,3$，可得 $a_2=3, a_3=5, a_4=7$.

方法二：由 $a_{n+1}=a_n+2$，可得 $a_{n+1}-a_n=2$（常数），所以 $\{a_n\}$ 是一个首项为 1，公差为 2 的等差数列，由等差数列通项公式 $a_n=a_1+(n-1)d$，可求得 a_4.

2. 18 【提示】 由数列递推公式可得 $a_2=3a_1=6, a_3=3a_2=18$.

3. A 【提示】 $a_3=S_3-S_2=3^2-2^2=5$，故选 A.

考点 53：数列的通项公式

【真题在线】

1. B 【提示】 $a_3=2\times3-5=1$，故选 B.
2. C 【提示】 $a_1=2\times1+1=3, a_2=2\times2+1=5, a_3=2\times3+1=7,\cdots$，依此类推，故选 C.
3. D 【提示】 $a_5=3\times5-1=14$，故选 D.
4. B 【提示】 $a_1=2\times1-3=-1$，故选 B.

【全真模拟】

1. D 【提示】 $a_4=2\times4+3=11$，故选 D.
2. C 【提示】 $a_6=4\times6-1=23$，故选 C.
3. A 【提示】 $a_1=2\times1-1=1, a_2=2\times2-1=3, a_3=2\times3-1=5,\cdots$，故选 A.
4. B 【提示】 $a_5=3\times5+1=16$，故选 B.
5. B 【提示】 $a_3=1-3\times3=-8$，故选 B.

【能力拓展】

1. D 【提示】 $a_n=n^2-n=n(n-1), 42=7\times(7-1)$，故选 D.
2. B 【提示】 根据数列分子为 $(-1)^n$、分母为 $2n+3$ 的特点可知选 B.
3. A 【提示】 $a_3=(-1)^3\times2^3+a=-5$，得 $a=3$，故选 A.

考点 54：等差数列的概念

【真题在线】

1. 100 【提示】 由等差中项的定义得 $2A=50+150, A=100$.
2. C 【提示】 根据定义，公差 d 是后一项与前一项的差值，故选 C.

【全真模拟】

1. 5 【提示】 由等差中项的定义得 $2A=3+7, A=5$.
2. 10 【提示】 由等差中项的定义得 $2\times8=6+a, a=10$.
3. B 【提示】 由等差中项的定义得 $2x=3+7, x=5$，故选 B.
4. B 【提示】 根据定义，公差 d 是后一项与前一项的差值，故选 B.
5. B 【提示】 根据定义，公差 d 是后一项与前一项的差值，故选 B.

【能力拓展】

1. 5 【提示】 由等差中项的定义得 $2\times3=a+1+a-5$，得 $a=5$.
2. 6 【提示】 由等差中项的定义得 $2\times(15-a)=a-1+2a+1$，得 $a=6$.
3. B 【提示】 由等差中项的定义得 $2b=a+c$，得 $2b=3+\sqrt{6}+(3-\sqrt{6}), b=3$，故选 B.

考点 55：等差数列通项公式

【真题在线】

C 【提示】 $a_4=a_1+3d=10, d=2, a_7=a_1+6d=16$，故选 C.

【全真模拟】

1. D 【提示】 $d=a_2-a_1=3$，$a_4=a_1+3d=14$，故选 D.

2. B 【提示】 $2a_4=a_2+a_6$，$a_6=2a_4-a_2=14-3=11$，故选 B.

3. B 【提示】 $a_5=a_1+4d$，$d=\dfrac{7}{4}$，故选 B.

4. 2 【提示】 由已知得 $d=17-20=-3$，由等差数列通项公式得 $a_7=a_1+6d=20+6\times(-3)=2$.

5. 19 【提示】 由已知得 $d=-5-(-11)=6$，由等差数列通项公式得 $a_6=a_1+5d=-11+5\times 6=19$.

【能力拓展】

1. 11 【提示】 $a_1=1$，$d=a_{n+1}-a_n=2$，$d=2$，故 $a_6=a_1+5d=11$.

2. 180 【提示】 $a_3+a_7=a_4+a_6=2a_5$，故 $5a_5=450$，$a_5=90$，$a_2+a_8=2a_5=180$.

3. 18 【提示】 $a_3+a_7=a_2+a_8=18$.

考点56：等差数列求和

【真题在线】

1. 解：(1) 第六层放 6 根钢管.

(2) 每层的钢管数构成首项为 1、公差为 1 的等差数列，$S_{20}=\dfrac{20\times(1+20)}{2}=210$.

因此，这个V形架共放了 210 根钢管.

2. 解：(1) 由题可知 $a_1=2$，$d=6-2=4$，所以 $a_6=2+5\times 4=22$.

(2) 由题可知 $S_n=128$，所以 $2n+\dfrac{n(n-1)}{2}\times 4=128$.

解得 $n=8$.

因此，这个数列的前 8 项和是 128.

3. 解：(1) 由题可知 $a_1=-1$，$d=1-(-1)=2$，所以 $a_7=-1+6\times 2=11$.

(2) $S_{10}=10\times(-1)+\dfrac{10\times 9}{2}\times 2=80$.

4. 120 【提示】 $S_{10}=10\times 3+\dfrac{10\times 9}{2}\times 2=120$.

【全真模拟】

1. 解：(1) $a_3=15-2\times 3=9$，$a_7=15-2\times 7=1$.

(2) $S_9=\dfrac{(a_1+a_9)\times 9}{2}=\dfrac{(a_3+a_7)\times 9}{2}=\dfrac{(9+1)\times 9}{2}=45$.

2. 解：(1) 由题可知 $a_1=-2$，$d=1-(-2)=3$，所以 $a_8=-2+7\times 3=19$.

(2) $S_{10}=10\times(-2)+\dfrac{10\times 9}{2}\times 3=115$.

3. 解：(1) 每排座位数构成等差数列，其中 $n=25$，$d=2$，$a_n=70$.

由此 $a_1+24\times 2=70$，$a_1=22$，所以第一排有 22 个座位.

(2) $S_{25}=\dfrac{(22+70)\times 25}{2}=1\,150$，所以礼堂共有 1 150 个座位.

4. 解：(1) $\dfrac{a+3a}{2}=8$，$a=4$.

(2) 由(1)可知，$a_1=4$，$d=4$，$S_{10}=10\times 4+\dfrac{10\times 9}{2}\times 4=220$.

5. 解：(1) $a_1=10-3\times 1=7$，$a_2=10-3\times 2=4$，$d=a_2-a_1=4-7=-3$.

(2) $S_{10}=10\times 7+\dfrac{10\times 9}{2}\times(-3)=-65$.

【能力拓展】

1. 解：(1) $a_1=S_1=1+1=2$，$a_2=S_2-S_1=6-2=4$．
(2) $d=4-2=2$，$a_n=a_1+(n-1)\times d=2+(n-1)\times 2=2n$．即 $a_n=2n$．

2. 解：(1) $\begin{cases} a_2=a_1+d=4 \\ a_4=a_1+3d=10 \end{cases}$，解得 $\begin{cases} a_1=1 \\ d=3 \end{cases}$．

(2) $S_8=8\times 1+\dfrac{8\times 7}{2}\times 3=92$．

3. 解：每年造林的万亩数构成首项为 5、公差为 1 的等差数列．

$S_{10}=10\times 5+\dfrac{10\times 9}{2}\times 1=95$．

因此，至 2030 年林场共造林 95 亩．

考点57：等比数列的概念

【真题在线】

1. ± 4 【提示】 根据等比中项的定义，$G=\pm\sqrt{2\times 8}=\pm 4$．

2. A 【提示】 根据等比中项的定义，$G=\pm\sqrt{1\times 4}=\pm 2$，故选 A．

【全真模拟】

1. B 【提示】 根据等比数列和等差数列的定义判断，故选 B．

2. B 【提示】 等比中项 $b=\pm\sqrt{2\times 0.5}=\pm 1$，故选 B．

3. C 【提示】 $x=\pm\sqrt{1\times 9}=\pm 3$，故选 C．

4. C 【提示】 $\dfrac{-10}{5}\neq\dfrac{-20}{-10}$，故选 C．

5. 8 【提示】 公比 $q=\dfrac{-4}{2}=-2$，$A=-4\times(-2)=8$．

【能力拓展】

1. A 【提示】 $a_1=3^0=1$，$q=\dfrac{a_2}{a_1}=\dfrac{3}{1}=3$，故选 A．

2. 16 【提示】 $q=\dfrac{a_2}{a_1}=\dfrac{-8}{4}=-2$，$a_3=a_2q=16$．

3. A 【提示】 根据等比数列的定义，由 $\dfrac{n}{8}=\dfrac{m}{2}$ 得 $\dfrac{n}{m}=\dfrac{8}{2}=4$，故选 A．

考点58：等比数列通项公式

【真题在线】

1. 8 【提示】 $a_3=a_1q^2=2\times 2^2=8$．

2. C 【提示】 $q=\dfrac{a_3}{a_2}=\dfrac{60}{20}=3$，故选 C．

【全真模拟】

1. 32 【提示】 公比 $q=2$，$a_6=a_1q^5=1\times 2^5=32$．

2. 8 【提示】 $a_4^2=a_1\cdot a_7=64$，又 $q>0$，所以 $a_4=8$．

3. ± 4 【提示】 $a_2^2=a_1\cdot a_3=2\times 8=16$，所以 $a_2=\pm 4$．

4. D 【提示】 公比 $q=3$，$a_5=a_1q^4=2\times 3^4=162$，故选 D．

5. B 【提示】 由题可知 $a_3a_4a_5=a_4^3=27$，所以 $a_4=3$，故选 B．

【能力拓展】

1. C 【提示】 $\begin{cases} a_2=a_1q \\ a_4=a_1q^3 \end{cases}$，所以 $q^2=9$，$q=\pm 3$，故选 C．

2. D 【提示】 因为 $\frac{a_{n+1}}{a_n} = \frac{1}{2}$，所以数列 $\{a_n\}$ 为等比数列，又因为 $q = \frac{1}{2}$，所以 $a_4 = a_1 q^3 = 4 \times \left(\frac{1}{2}\right)^3 = \frac{1}{2}$，故选 D.

3. B 【提示】 $a_n = a_1 q^{n-1} = 2 \times 2^{n-1} = 2^n = 1\,024$，$n = 10$，故选 B.

考点59：等比数列求和

【真题在线】

解：(1) 由题可知 $a_1 = 1$，$q = 2$，$a_6 = a_1 q^5 = 1 \times 2^5 = 32$.

(2) $S_7 = \dfrac{a_1(1-q^7)}{1-q} = \dfrac{1-2^7}{1-2} = 127$.

【全真模拟】

1. 解：(1) $q = 2$.

(2) $S_{10} = \dfrac{a_1(1-q^{10})}{1-q} = \dfrac{1-2^{10}}{1-2} = 1\,023$.

2. 解：(1) 由题可知 $a_1 = 1$，$q = 3$，$a_4 = a_1 q^3 = 1 \times 3^3 = 27$.

(2) $S_5 = \dfrac{a_1(1-q^5)}{1-q} = \dfrac{1-3^5}{1-3} = 121$.

3. 45 【提示】 由题可知 $a_2 = S_2 - S_1 = 6 - 3 = 3$，所以 $q = 1$，故 $S_{15} = 15 \times 3 = 45$.

4. 189 【提示】 $S_6 = \dfrac{a_1(1-q^6)}{1-q} = \dfrac{3 \times (1-2^6)}{1-2} = 189$.

5. D 【提示】 $S_4 = a_1 + a_2 + a_3 + a_4 = 3 + 9 + 27 + 81 = 120$，故选 D.

【能力拓展】

1. 21 【提示】 $a_1 = -1$，$q = -2$，$S_6 = \dfrac{a_1(1-q^6)}{1-q} = \dfrac{(-1) \times [1-(-2)^6]}{1-(-2)} = 21$.

2. $\dfrac{127}{4}$ 【提示】 $S_n = \dfrac{a_1 - a_n q}{1-q} = \dfrac{16 - \dfrac{1}{4} \times \dfrac{1}{2}}{1 - \dfrac{1}{2}} = \dfrac{127}{4}$.

3. 解：三年总共退耕公顷数为 $10 + 10 \times (1+10\%) + 10 \times (1+10\%)^2 = 33.1$.

第十章 数列单元测试卷答案

一、选择题

1. A 【提示】 $a_1 = 1$，$d = 4 - 1 = 3$，$a_8 = 1 + 7 \times 3 = 22$，故选 A.

2. A 【提示】 $a_4 = \dfrac{1}{4^2} = \dfrac{1}{16}$，故选 A.

3. B 【提示】 由 $a_4 = a_1 + 3d$，得 $0 = 6 + 3d$，$d = -2$，故选 B.

4. C 【提示】 $S_6 = \dfrac{1 \times (1-2^6)}{1-2} = 63$，故选 C.

5. B 【提示】 根据规律可知第 7 项为 $\dfrac{8}{9}$，故选 B.

6. C 【提示】 每排人数构成等差数列，其中 $n = 5$，$d = 2$，$S_5 = 60$，所以 $5a_1 + \dfrac{5 \times 4}{2} \times 2 = 60$，解得 $a_1 = 8$，故选 C.

二、填空题

1. -5 【提示】 $a_{10} = a_1 q^9 = 5 \times (-1)^9 = -5$.

2.6 【提示】 $n\cdot(n+1)=42$,$n=6$.

3.±3 【提示】 等比中项 $G=\pm\sqrt{36\times\dfrac{1}{4}}=\pm 3$.

4.4 【提示】 因为 $a_3+a_9=2a_6=8$,所以 $a_6=4$.

三、解答题

1.解:(1)由 $\begin{cases}a_1+d=1\\a_1+6d=21\end{cases}$,解得 $\begin{cases}a_1=-3\\d=4\end{cases}$.

因此,$a_{12}=-3+11\times 4=41$.

(2)因为 $a_6=-3+5\times 4=17$,所以 $a_1+a_2+a_3+a_4+a_5+a_6=\dfrac{(a_1+a_6)\times 6}{2}=\dfrac{(-3+17)\times 6}{2}=42$.

2.解:(1)由题可知 $a_1=\dfrac{1}{9}$,$q=2$,所以 $a_5=\dfrac{1}{9}\times 2^4=\dfrac{16}{9}$.

(2)由 $S_n=\dfrac{\dfrac{1}{9}\times(1-2^n)}{1-2}=7$,整理得 $2^n=64$,解得 $n=6$.

知识拓展答案

*考点1：作差比较法

【全真模拟】

1. > 【提示】 $\frac{3}{7}-\frac{2}{5}=\frac{3\times5-2\times7}{7\times5}=\frac{1}{35}>0$，故 $\frac{3}{7}>\frac{2}{5}$。

2. > 【提示】 $(x+1)-(x-1)=2>0$，故 $x+1>x-1$。

3. C 【提示】 因为 $-\frac{2}{5}-\left(-\frac{1}{3}\right)=-\frac{2}{5}+\frac{1}{3}=-\frac{6}{15}+\frac{5}{15}=-\frac{1}{15}<0$，所以 $-\frac{2}{5}<-\frac{1}{3}$，故选 C。

4. A 【提示】 因为 $a+2-(a+1)=1>0$，所以 $a+2>a+1$，故选 A。

5. < 【提示】 $(x-1)(x+3)-(x^2+2x+3)=(x^2+2x-3)-(x^2+2x+3)=-6<0$，故 $(x-1)(x+3)<x^2+2x+3$。

*考点2：函数的单调性

【全真模拟】

1. < 【提示】 函数 $f(x)$ 在 **R** 上是增函数，且 $-1<1$，则 $f(-1)<f(1)$。

2. > 【提示】 函数 $f(x)$ 在 **R** 上是减函数，且 $\frac{1}{2}<2$，则 $f\left(\frac{1}{2}\right)>f(2)$。

3. 增 【提示】 因为 $k>0$，所以一次函数 $f(x)=x-2023$ 在定义域范围内为增函数。

4. D 【提示】 由图像可知，函数 $f(x)$ 在 $[0,2)$ 上为减函数，在 $[2,+\infty)$ 上为增函数，故选 D。

5. C 【提示】 因为函数 $f(x)=\log_2 x$ 在 $(0,+\infty)$ 上是增函数，且 $3<5$，所以 $\log_2 3<\log_2 5$，故选 C。

*考点3：函数的奇偶性

【全真模拟】

1. B 【提示】 对于选项 B，函数定义域 **R** 内，有 $f(-x)=(-x)^2=x^2=f(x)$，故为偶函数。故选 B。

2. A 【提示】 对于选项 A，函数定义域 **R** 内，有 $f(-x)=-x=-f(x)$，故为奇函数。故选 A。

3. 4 【提示】 由题意可知 $f(2)=f(-2)=4$。

4. 2 【提示】 由题意可知 $f(-3)=-f(3)=2$。

5. 解：(1)因为函数图像过点 $(1,-2)$，所以 $2\times1+m=-2$，解得 $m=-4$。

(2)要使函数 $f(x)$ 为奇函数，则 $f(-x)=-f(x)$，即 $-2x+m=-(2x+m)$，解得 $m=0$。

*考点4：对数的运算

【全真模拟】

1. 2 【提示】 $\log_2 \frac{1}{2}+\log_2 8=\log_2\left(\frac{1}{2}\times 8\right)=\log_2 4=2$。

2. 1 【提示】 $\log_3 6-\log_3 2=\log_3 \frac{6}{2}=\log_3 3=1$。

3. C 【提示】 由 $\log_a\left(\frac{M}{N}\right)=\log_a M-\log_a N$，可知 $\lg 6-\lg 3=\lg \frac{6}{3}=\lg 2$，故选 C。

4. C 【提示】 $\dfrac{\log_2 8}{\log_2 4}=\dfrac{\log_2 2^3}{\log_2 2^2}=\dfrac{3\log_2 2}{2\log_2 2}=\dfrac{3}{2}$，故选 C.

5. 3 【提示】 $\log_5 125=\log_5 5^3=3\log_5 5=3$.

*考点 5：三角函数值符号判定

【全真模拟】

1. D 【提示】 因为角 α 在第三象限或第四象限正弦值为负，故选 D.

2. C 【提示】 $30°$ 角的终边在第一象限，故 $\sin 30°>0$；$-45°$ 角的终边在第四象限，故 $\cos(-45°)>0$；$150°$ 角的终边在第二象限，故 $\tan 150°<0$；$120°$ 角的终边在第二象限，故 $\sin 120°>0$，故选 C.

3. B 【提示】 因为 $\alpha\in\left(\dfrac{\pi}{2},\pi\right)$ 是第二象限角，所以 $\cos\alpha<0$，故选 B.

4. B 【提示】 因为 $\sin\alpha>0$，则角 α 为第一象限角或第二象限角，又因为 $\cos\alpha<0$，则角 α 为第二象限角或第三象限角，所以角 α 为第二象限角，故选 B.

5. D 【提示】 $-\dfrac{\pi}{6}$ 的终边在第四象限，故 $\sin\left(-\dfrac{\pi}{6}\right)<0$；$-\dfrac{\pi}{2}$ 的终边在 y 轴非正半轴上，故 $\cos\left(-\dfrac{\pi}{2}\right)=0$；$\dfrac{3\pi}{4}$ 的终边在第二象限，故 $\sin\dfrac{3\pi}{4}>0$；π 的终边在 x 轴非正半轴上，故 $\tan\pi=0$，故选 D.

*考点 6：正弦函数的图像与性质

【全真模拟】

1. B 【提示】 函数 $y=1+\sin x$ 在 $[0,2\pi]$ 上的最大值为 2，最小值为 0，所以从函数图像的最高点和最低点的纵坐标即可判定，故选 B.

2. D 【提示】 由正弦函数的图像与性质可知，正弦函数在 $\left[0,\dfrac{\pi}{2}\right]$ 上是增函数，在 $\left(\dfrac{\pi}{2},\pi\right]$ 上是减函数，故选 D.

3. 2π 【提示】 $T=2\pi$.

4. < 【提示】 因为正弦函数 $y=\sin x$ 在 $\left(0,\dfrac{\pi}{2}\right)$ 上单调递增，故 $\sin 15°<\sin 20°$.

5. B 【提示】 因为 $-1\leqslant\sin x\leqslant 1$，当 $\sin x=-1$ 时，$y_{\min}=-1+1=0$，故选 B.

*考点 7：已知三角函数值求角

【全真模拟】

1. $\dfrac{\pi}{6}$ 【提示】 在 $\left(0,\dfrac{\pi}{2}\right)$ 范围内，使 $\sin\alpha=\dfrac{1}{2}$ 的 α 值只有一个，即 $\alpha=\dfrac{\pi}{6}$.

2. π 【提示】 在 $(0,2\pi)$ 范围内，使 $\cos\alpha=-1$ 的 α 值只有一个，即 $\alpha=\pi$.

3. $\dfrac{\pi}{2}$ 【提示】 在 $(0,\pi)$ 范围内，使 $\sin A=1$ 的 A 值只有一个，即 $A=\dfrac{\pi}{2}$.

4. C 【提示】 在 $\triangle ABC$ 中，因为 $\cos A=-\dfrac{1}{2}<0$，所以角 A 为钝角，故选 C.

5. B 【提示】 在 $(0,\pi)$ 范围内，使 $\tan\alpha=1$ 的 α 值只有一个，即 $\alpha=\dfrac{\pi}{4}$.

*考点 8：点到直线的距离公式

【全真模拟】

1. B 【提示】 直线方程 $y=x+1$ 化为一般式 $x-y+1=0$，点 $O(0,0)$ 到该直线的距离为 $d=$

$\dfrac{|0-0+1|}{\sqrt{1^2+(-1)^2}}=\dfrac{\sqrt{2}}{2}$,故选 B.

2.2 【提示】 点 $P(-2,3)$ 到 y 轴的距离 $d=|x|=2$.

3.±2 【提示】 点 $A(a,0)$ 到直线 $x-y=0$ 的距离 $d=\dfrac{|a-0|}{\sqrt{1^2+(-1)^2}}=\sqrt{2}$,解得 $a=\pm 2$.

4.$2\sqrt{2}$ 【提示】 在直线 $x+y+1=0$ 上取点 $P(0,-1)$,点 P 到直线 $x+y-3=0$ 的距离 $d=\dfrac{|0-1-3|}{\sqrt{1^2+1^2}}=2\sqrt{2}$.

5.解:(1)$|BC|=\sqrt{(-1-1)^2+(-2-0)^2}=2\sqrt{2}$.

(2)直线 BC 的斜率 $k=\dfrac{-2-0}{-1-1}=1$,直线 BC 的方程为 $y=x-1$,即 $x-y-1=0$;

(3)点 A 到直线 BC 的距离 $d=\dfrac{|0-3-1|}{\sqrt{1^2+(-1)^2}}=2\sqrt{2}$,所以 $S_{\triangle ABC}=\dfrac{1}{2}\times 2\sqrt{2}\times 2\sqrt{2}=4$.

*考点 9:平面的概念及性质

【全真模拟】

1.B 【提示】 不共线的三个点、两条相交直线、两条平行直线、直线和直线外一点等条件可以确定一个平面,故选 B.

2.D 【提示】 两个平面相交,把空间分成 4 个部分,故选 D.

3.C 【提示】 点 A 在直线 l 外,则 $A\notin l$;直线 l 在平面 α 内,则 $l\subseteq\alpha$.故选 C.

4.D 【提示】 若平面 α 与平面 β 相交,则 $\alpha\cap\beta$ 有一条交线,所以平面 α 与平面 β 有无数多个公共点,故选 D.

5.A 【提示】 由不共线的三个点确定一个平面可得三角形是平面图形;四边形有可能为空间四边形,圆柱和长方体是空间几何体,故选 A.

*考点 10:球

【全真模拟】

1.36π 【提示】 $S=4\pi R^2=4\pi\times 3^2=36\pi$.

2.2 【提示】 $V=\dfrac{4}{3}\pi R^3=\dfrac{32\pi}{3}$,解得 $R=2$.

3.2π 【提示】 球的表面积为 4π,即 $S_{球表面积}=4\pi R^2=4\pi$,即 $R=1$,所以球的大圆周长为 $2\pi\times 1=2\pi$.

4.4π 【提示】 正方体内切球的直径恰好为正方体的棱长,即球的半径为 1,则 $S_{球表面积}=4\pi R^2=4\pi$.

5.1∶8 【提示】 球的体积之比为半径之比的立方,故两球的体积之比为 1∶8.

*考点 11:三视图

【全真模拟】

1.D 【提示】 俯视图要从上往下看,故选 D.

2.A 【提示】 主视图要从前往后看,故选 A.

3.10 【提示】 由主视图和左视图可得,长方体长为 2,宽为 1,高为 1,所以长方体的表面积为 $2\times(2\times 1+1\times 2+1\times 1)=10$.

4.16π 【提示】 球三视图均为球的大圆,可得球的半径为 2,所以球的表面积为 $4\pi\times 2^2=16\pi$.

5.A 【提示】 俯视图要从上往下看,且可以看得到的边用实线,故选 A.

*考点 12：随机事件

【全真模拟】

1. B 【提示】 购买一张彩票中奖是随机事件；三角形中任两边之和大于第三边是必然事件；明天是晴天是随机事件；经过有交通信号灯的路口遇到红灯是随机事件，故选 B.

2. D 【提示】 不可能事件发生的概率为 0，故选 D.

3. A 【提示】 掷一枚硬币，可能反面朝上，也可能正面朝上，为随机事件；火柴点燃一定会产生热量，为必然事件；在标准大气压下，水的沸点是 100 ℃是必然事件；5 是 3 的倍数是不可能事件，故选 A.

4. 白色或黑色 【提示】 从 3 个白色小球和 2 个黑色小球的盒子中随机摸出一个小球，为随机事件，即摸出的小球颜色可能为白色，也可能为黑色.

5. 随机，必然 【提示】 因为共有 4 人报名参加，所以随机抽取 1 人，甲恰好被抽中是随机事件；因为只有一名男教师，其余都是女教师，所以随机抽取 2 人时，女教师被抽中是必然事件.

*考点 13：抽签法

【全真模拟】

1. B 【提示】 确保公平性要保证每个签抽到机会是相等的，因此抽签法要做到搅拌均匀，才具有公平性，故选 B.

2. B 【提示】 根据抽签法，每个个体被抽取的可能性相等，则甲、乙、丙 3 位选手被抽到的可能性是一样的，故选 B.

3. A 【提示】 由抽签法步骤可知，抽签法的过程为②①④③，故选 A.

4. $\dfrac{1}{5}$ 【提示】 根据抽签法的等可能性，每个个体被抽到的可能性为 $\dfrac{20}{100}=\dfrac{1}{5}$.

5. 解：(1)总体是该中学高三年级 400 名学生的视力；样本是所抽取的 50 名学生的视力.

(2)利用抽签法的过程如下.

第一步：将这 50 名学生编号，编号为 1，2，3，…，50.

第二步：将 50 个号码分别写在纸条上，并揉成团，制成号签.

第三步：将得到的号签放在一个不透明的容器中，并搅拌均匀.

第四步：从容器中逐一抽取 6 个号签，并记录上面的号码.

对应上面 6 个号码的学生就是抽取的学生.

*考点 14：系统抽样

【全真模拟】

1. C 【提示】 根据总体样本的特点，该大厅总体容量较大，又有编号，符合系统抽样的特点，最合理的抽样方法为系统抽样，故选 C.

2. B 【提示】 用系统抽样的方法抽取一个容量为 30 的样本，故将人数平均分成 30 组，每组有 $\dfrac{300}{30}=10$(人)，则 $m=26+10=36$，故选 B.

3. D 【提示】 依题意，将 100 名教师编号后，从 1 号开始每 10 个号码一组，分成 10 组，显然第 23 号在第 3 组，因此其他各组抽到的编号依次为 3，13，23，33，43，53，63，73，83，93，故选 D.

4. 20 【提示】 分段的间隔为 $\dfrac{1\,000}{50}=20$.

5. 6 【提示】 根据系统抽样的方法，从 182 人中抽取 30 人，182 除以 30，商 6 余 2，故抽样的间隔为 6.

*考点 15：分层抽样

【全真模拟】

1. C 【提示】 由于样本中年龄分为三个层次——老年，中年，青年，所以采取分层抽样方法，故选 C.

43

2. D 【提示】 根据分层抽样即可判断每位学生被抽到的可能性相等,故选 D.

3. 900 【提示】 抽样比 $k=\dfrac{400}{2\,000}=\dfrac{1}{5}$,设这所学校的男生人数为 x,则被抽到的男生人数为 $\dfrac{1}{5}x=180$,那么这所学校的男生人数为 $x=900$.

4. 6 【提示】 按照性别进行分层抽样,应抽取的志愿者人数为 $10\times\dfrac{18}{18+12}=6$.

5. 130 【提示】 由题意得,空调总数为 $2\,400+1\,600+1\,200=5\,200$,若从乙车间的产品中抽取了 40 件,则 $\dfrac{n}{5\,200}=\dfrac{40}{1\,600}$,解得 $n=130$.

*考点 16:频率分布直方图

【全真模拟】

1. A 【提示】 由题意,频数=样本容量×频率=$50\times 0.18=9$,故选 A.

2. 7 【提示】 找出最大值和最小值,求出极差,即 $168-142=26$,故当组距为 4 cm 时,$\dfrac{26}{4}=6.5$,则分成 7 组.

3. 0.32 【提示】 在频率分布直方图中,样本数据在区间[80,90)的频率为 $0.032\times 10=0.32$.

4. 解:频率分布表如下所示.

车速分布区间	频数	频率
[60,70)	2	0.10
[70,80)	4	0.20
[80,90)	8	0.40
[90,100)	5	0.25
[100,110)	1	0.05

5. 0.1 【提示】 根据频率分布直方图中各小矩形面积和为 1,则 $(0.05+a+0.03+0.02)\times 5=1$,解得 $a=0.1$,所以直方图中 a 的值为 0.1.

*考点 17:样本均值与样本方差

【全真模拟】

1. D 【提示】 因为数据 1,2,x,4 的平均数是 2,所以 $\dfrac{1+2+x+4}{4}=2$,解得 $x=1$,故选 D.

2. D 【提示】 因为百米短跑的时间越短,成绩越好,所以从数据的平均水平看,A 运动员的成绩最好,故 B 错误,D 正确;方差越大,数据的波动越大,方差越小,数据的波动越小,所以从数据的波动情况看,C 运动员数据的波动最大,A 运动员数据的波动最小,故 A 和 C 错误,故选 D.

3. 90 【提示】 平均数 $\bar{x}=\dfrac{89+90+92+91+88}{5}=90$.

4. 1.2 【提示】 根据方差和标准差的关系,得 $s=\sqrt{1.44}=1.2$.

5. 33,18.8 【提示】 $\bar{x}=\dfrac{1}{6}(27+38+30+37+35+31)=33$.

$s^2=\dfrac{1}{5}[(27-33)^2+(38-33)^2+(30-33)^2+(37-33)^2+(35-33)^2+(31-33)^2]=18.8$.

数学模拟卷参考答案

数学模拟卷(一)参考答案

一、选择题

1. A 【提示】 根据并集的定义，选 A.
2. C 【提示】 根据元素与集合的关系，选 C.
3. B 【提示】 根据区间的概念，选 B.
4. C 【提示】 根据一元一次不等式的解法，选 C.
5. B 【提示】 由 $f(2)=2-3=-1$ 可知选 B.
6. B 【提示】 根据不等式的性质，不等式的两边都加上同一个数 -3，不等号方向不变，故选 B.
7. D 【提示】 $\sin 120°=\sin(180°-60°)=\sin 60°=\dfrac{\sqrt{3}}{2}$，故选 D.
8. A 【提示】 $8^{\frac{1}{3}}=(2^3)^{\frac{1}{3}}=2^{3\times\frac{1}{3}}=2$，故选 A.
9. D 【提示】 由题意得 $|x|<\dfrac{5}{2}$，即 $-\dfrac{5}{2}<x<\dfrac{5}{2}$，故选 D.
10. C 【提示】 $\dfrac{7\pi}{6}=\pi+\dfrac{\pi}{6}$，在第三象限，故选 C.
11. A 【提示】 令 $y=0$，得 $x=\dfrac{3}{2}$，故选 A.
12. C 【提示】 $-\dfrac{\pi}{3}=-\dfrac{\pi}{3}\times\left(\dfrac{180}{\pi}\right)°=-60°$，故选 C.
13. D 【提示】 选项 A 表示直线，选项 B 表示圆，选项 C 表示椭圆，故选 D.
14. D 【提示】 由斜率定义知，倾斜角为 $90°$ 的直线斜率不存在，故选 D.
15. D 【提示】 公差 $d=a_2-a_1=6-9=-3$，故选 D.
16. A 【提示】 中点坐标为 $\left(\dfrac{-2+0}{2},\dfrac{4+2}{2}\right)=(-1,3)$，故选 A.
17. B 【提示】 根据 $\pi+\alpha$ 的诱导公式，选 B.
18. D 【提示】 由等比中项得 $x^2=2\times 8$，$x=\pm 4$，故选 D.
19. D 【提示】 由双曲线的标准方程可知 $a^2=9$，即 $a=3$，则实轴长 $2a=6$，故选 D.
20. D 【提示】 由任意角三角函数定义得 $\tan\alpha=\dfrac{y}{x}=\dfrac{-4}{3}=-\dfrac{4}{3}$，故选 D.
21. D 【提示】 一元二次方程 $x(x-3)=0$ 的根为 0 和 3，结合二次函数图像，得不等式解集为 $\{x|x<0\ \text{或}\ x>3\}$，故选 D.
22. B 【提示】 由 $a_{1\,012}=2\times 1\,012-1=2\,023$，故选 B.
23. A 【提示】 当 $x=1$ 时，$f(1)=\log_2 1=0$，故选 A.
24. C 【提示】 $b=1>0$，直线与 y 轴交于正半轴，又 $k=-1<0$，倾斜角为钝角，故选 C.
25. B 【提示】 由直线的斜截式得直线方程为 $y=2x-1$，故选 B.
26. D 【提示】 由圆的标准方程直接可知 D.
27. C 【提示】 由两直线平行的充要条件 $k_1=k_2$ 且 $b_1\neq b_2$ 可知选 C.

28. A 【提示】 $V=S_底\times h=3^2\times 4=36$，故选 A．

29. A 【提示】 根据分步乘法计数原理，第一步从小说中任选一种有 24 种选法，第二步从杂志中任选一种有 23 种选法，共有 $24\times23=552$（种）可能，故选 A．

30. A 【提示】 图中直线的斜率表示速度，先步行速度慢，中间吃早餐停顿了一段时间，后跑步速度快，故选 A．

二、填空题

31. 2 【提示】 由子集的概念知，集合 A 中的元素都属于集合 B 中所有，故 $a=2$．

32. $\{x\mid x\leqslant 3\}$ 【提示】 要使函数有意义，则 $3-x\geqslant 0$，故 $x\leqslant 3$．

33. 32 【提示】 $S_8=8a_1+\dfrac{8(8-1)}{2}d=8\times(-3)+\dfrac{8\times7}{2}\times2=32$．

34. ＜ 【提示】 由对数函数 $y=\log_a x$ 的单调性可得．

35. $4\sqrt{10}\pi$ 【提示】 母线 $l=\sqrt{2^2+6^2}=\sqrt{40}=2\sqrt{10}$，则 $S_侧=\pi r l=4\sqrt{10}\pi$．

36. $\dfrac{3}{5}$ 【提示】 10 张奖券中有 $1+2+3=6$（张）能中奖，中奖的概率为 $\dfrac{6}{10}=\dfrac{3}{5}$．

37. -1 【提示】 由 $-1\leqslant\sin x\leqslant1$ 可得 $-1\leqslant2\sin x+1\leqslant3$，故函数 $y=2\sin x+1$ 的最小值为 -1．

38. $\sqrt{37}$ 【提示】 $|AB|=\sqrt{(-1-5)^2+(3-2)^2}=\sqrt{37}$．

39. $\{x\mid 1<x<2\}$ 【提示】 根据交集的定义可得．

40. $\dfrac{1}{2}$ 【提示】 由题意得 $A=\dfrac{\pi}{6}$，故 $\sin A=\sin\dfrac{\pi}{6}=\dfrac{1}{2}$．

三、解答题

41. 解：(1) $q=\dfrac{a_2}{a_1}=\dfrac{6}{2}=3$．

(2) $a_4=a_1\cdot q^3=2\times 3^3=54$．

(3) $S_6=\dfrac{a_1(1-q^6)}{1-q}=\dfrac{2\times(1-3^6)}{1-3}=3^6-1=728$．

42. 解：(1) $r=\dfrac{1}{2}|MN|=\dfrac{1}{2}\times\sqrt{(-2-2)^2+(4-0)^2}=2\sqrt{2}$．

(2) 由题意得圆心为 $\left(\dfrac{-2+2}{2},\dfrac{4+0}{2}\right)=(0,2)$，所以圆的标准方程为 $x^2+(y-2)^2=8$．

(3) 圆心 C 到直线的距离 $d=\dfrac{|0-2+4|}{\sqrt{1^2+(-1)^2}}=\dfrac{2}{\sqrt{2}}=\sqrt{2}<r$，所以直线与圆相交．

43. 解：(1) 由题意得 $100=200-50m$，解得 $m=2$．

(2) 月销售额＝月销量×货价，所以月销售额 y 元与月销量 x 件之间的函数关系式为 $y=x(200-2x)=-2x^2+200x$，$0\leqslant x<100$．

(3) $y=-2x^2+200x=-2(x-50)^2+5\,000$，则当 $x=50$ 元时，月销售额 y 最大，且最大值为 5 000 元．

数学模拟卷（二）参考答案

一、选择题

1. C 【提示】 根据交集的定义，选 C．

2. A 【提示】 由 $x\in(-1,5)$ 可得 $5+x\in(4,10)$，故选 A．

3. A 【提示】 由椭圆的标准方程可知 $\dfrac{x^2}{25}+\dfrac{y^2}{9}=1$，表示焦点在 x 轴上的椭圆，故选 A．

4. A 【提示】 根据一元一次不等式的解法，选 A．

5. B 【提示】 $f(4)=\dfrac{1}{2}\times 4-3=-1$，故选 B．

数学模拟卷参考答案

6. B 【提示】 由题意知从第二项起，后一项比前一项多4，故选 B.
7. B 【提示】 根据圆柱的性质，选 B.
8. B 【提示】 根据分类加法计数原理，不同的结果有 5+2+3=10(种)，故选 B.
9. D 【提示】 根据样本的定义，选 D.
10. C 【提示】 理解为空间被两个平面所截，至多能切割成几块，故选 C.
11. C 【提示】 根据增函数的定义，选 C.
12. A 【提示】 由等差中项概念可知等差中项为 $\frac{5+15}{2}=10$，故选 A.
13. C 【提示】 函数 $f(x)=-x+3$ 的图像是一条直线，又 $x\geqslant 1$，故选 C.
14. D 【提示】 由两直线平行的充要条件 $k_1=k_2$ 且 $b_1\neq b_2$ 可知选 D.
15. B 【提示】 根据直线的点斜式方程，$k=\tan135°=-1$，直线方程为 $y-5=-x$，故选 B.
16. B 【提示】 $\log_2 16=\log_2 2^4=4$，故选 B.
17. D 【提示】 $420°=360°+60°$，故选 D.
18. C 【提示】 根据元素与集合的关系，$\frac{2}{3}$ 是有理数，故选 C.
19. A 【提示】 根据概率的概念，一等奖是 10 张奖券中的一张，故选 A.
20. B 【提示】 $120°=120\times\frac{\pi}{180}=\frac{2\pi}{3}$，故选 B.
21. B 【提示】 根据二次函数顶点式，选 B.
22. C 【提示】 $b=-2<0$，直线与 y 轴交于负半轴，又 $k=-1<0$，倾斜角为钝角，故选 C.
23. A 【提示】 要使函数有意义，则 $x-1>0$，故选 A.
24. C 【提示】 根据正弦函数的性质，其最小正周期为 2π，故选 C.
25. A 【提示】 $d=\frac{|0+0-1|}{\sqrt{1^2+1^2}}=\frac{\sqrt{2}}{2}$，故选 A.
26. A 【提示】 $\cos\theta>0$，且 $\tan\theta>0$，可知 θ 为第一象限角，故选 A.
27. C 【提示】 根据等比中项的概念知 $a_4^2=a_2a_6=4$，故选 C.
28. C 【提示】 根据指数函数和对数函数的单调性，$2^{\frac{1}{2}}>2^{-1}$，$0.4^{0.4}>0.4^4$，$\lg3<\lg10=1$，故选 C.
29. A 【提示】 将点 $M(1,-\sqrt{3})$ 代入圆的方程，可得 $1^2+(-\sqrt{3})^2=4$，所以点 M 在圆上，故选 A.
30. A 【提示】 因为对称轴 $x=-\frac{b}{2a}=-\frac{130}{2\times(-2)}=32\frac{1}{2}$，所以当 $x=32$ 或 33 时，y 有最大值为 1 612，故选 A.

二、填空题

31. 64 【提示】 $\left(\frac{1}{4}\right)^{-3}=4^3=64$.
32. $\{x\mid x<-2$ 或 $x>4\}$ 【提示】 原不等式转化为 $x-1<-3$ 或 $x-1>3$，解得 $x<-2$ 或 $x>4$.
33. $(1,+\infty)$ 【提示】 根据区间概念可得.
34. -1 【提示】 $k=\tan135°=-1$.
35. $(-3,5)$ 【提示】 点关于 y 轴对称，则纵坐标不变，横坐标变为其相反数.
36. $-\frac{3}{5}$ 【提示】 根据任意角的三角函数定义得 $r=5$，则 $\cos\alpha=\frac{x}{r}=\frac{-3}{5}=-\frac{3}{5}$.
37. $2\sqrt{2}$ 【提示】 由双曲线标准方程可得 $a^2=b^2=1$，则 $c=\sqrt{1+1}=\sqrt{2}$，故焦距为 $2\sqrt{2}$.
38. 16π 【提示】 由题意知，球的半径 $r=2$，则 $S_{球}=4\pi r^2=4\pi\times 2^2=16\pi$.
39. 121 【提示】 $100(1+10\%)^2=100\times 1.21=121$.
40. 24 【提示】 根据分步计数原理，构造一个三位数分三步完成，第一步个位数有 4 种，第二步十位数有 3 种，第三步百位数有 2 种，则共有 $4\times 3\times 2=24$(种).

47

三、解答题

41. 解：(1)圆心(1, 2)，半径 $r=\sqrt{2}$.

(2)因为直线和圆相切，所以 $d=r$，即 $\dfrac{|1+2-c|}{\sqrt{1^2+1^2}}=\sqrt{2}$，解得 $c=1$ 或 $c=5$.

42. 解：(1)由题意 $\cos\alpha=-\dfrac{4}{5}<0$，且 $\alpha\in(0,\pi)$，所以 $\sin\alpha=\sqrt{1-\cos^2\alpha}=\dfrac{3}{5}$，$\tan\alpha=\dfrac{\sin\alpha}{\cos\alpha}=-\dfrac{3}{4}$.

43. 解：(1)宽为 x 米，则长为 $(2-2x)$ 米，故 $y=x(2-2x)=-2x^2+2x$.

又 $\begin{cases} x>0 \\ 2-2x>0 \\ 2-2x<1.2 \end{cases}$，则 $0.4<x<1$，所以 y 与 x 之间的函数关系式为 $y=-2x^2+2x(0.4<x<1)$.

(2)当 $x=-\dfrac{b}{2a}=\dfrac{1}{2}$ 时，$y_{\max}=-2\times\left(\dfrac{1}{2}\right)^2+2\times\dfrac{1}{2}=\dfrac{1}{2}$.

当 $x=\dfrac{1}{2}$ 时，菜地面积最大，最大值为 $\dfrac{1}{2}$ 平方米.

数学模拟卷(三)参考答案

一、选择题

1. D 【提示】 根据并集的定义，选 D.
2. A 【提示】 $\pi\approx 3.14<4$，故选 A.
3. A 【提示】 根据区间的概念，选 A.
4. D 【提示】 根据一元一次不等式的解法，选 D.
5. A 【提示】 由 $f(1)=3\times 1-2=1$ 可知选 A.
6. A 【提示】 根据不等式的性质，不等式的两边都加上同一个数，不等号方向不变，故选 A.
7. B 【提示】 由特殊角三角函数值可得 $\cos 90°=0$，故选 B.
8. B 【提示】 由 $3^x=3^4$ 可得 $x=4$，选 B.
9. D 【提示】 由绝对值的性质，对任意 $x\in\mathbf{R}$，$|x|\geqslant 0$，所以 $|x|\leqslant -2$ 的 x 的值不存在，选 D.
10. C 【提示】 根据正角的定义，选 C.
11. A 【提示】 由方程组 $\begin{cases} y=x \\ y=2x-1 \end{cases}$ 解得 $x=1$，$y=1$，故选 A.
12. B 【提示】 $-45°=-45\times\dfrac{\pi}{180}=-\dfrac{\pi}{4}$，故选 B.
13. C 【提示】 由椭圆方程可得 $b^2=9$，则 $2b=6$，故选 C.
14. A 【提示】 由 $k=\tan 135°=-1$ 可知选 A.
15. D 【提示】 公差 $d=a_3-a_2=5-2=3$，所以 $a_5=a_3+2d=5+2\times 3=11$，故选 D.
16. C 【提示】 中点坐标为 $\left(\dfrac{-3+(-1)}{2},\dfrac{3+5}{2}\right)=(-2,4)$，故选 C.
17. B 【提示】 根据 $\pi+\alpha$ 的诱导公式，选 B.
18. A 【提示】 由等比中项公式得 $x^2=1\times 9$，进而得 $x=\pm 3$，故选 A.
19. C 【提示】 抛物线 $x^2=4y$ 的焦点在 y 轴正半轴上，且 $p=2$，焦点坐标为 $(0,1)$，故选 C.
20. D 【提示】 由任意角三角函数定义得 $\tan\alpha=\dfrac{y}{x}=\dfrac{8}{6}=\dfrac{4}{3}$，故选 D.
21. C 【提示】 原不等式化为 $(x+4)(x-2)\leqslant 0$，对应方程的根为 -4 和 2，结合二次函数图像，得不等式的解为 $-4\leqslant x\leqslant 2$，故选 C.
22. D 【提示】 $a_3=2\times 3-5=1$，故选 D.
23. C 【提示】 当 $x=0$ 时，$f(x)=\left(\dfrac{1}{3}\right)^{-1}=3$，A 项、B 项错；当 $x=-1$ 时，$f(x)=\left(\dfrac{1}{3}\right)^{-2}=9$，

D 项错；当 $x=1$ 时，$f(x)=\left(\dfrac{1}{3}\right)^0=1$，故选 C.

24. B 【提示】 $b<0$，直线与 y 轴交于负半轴，又 $k>0$，倾斜角为锐角，故选 B.
25. B 【提示】 直线过点 $(0,5)$，说明在 y 轴上的截距为 5，由斜截式得直线方程为 $y=4x+5$，故选 B.
26. C 【提示】 由圆的标准方程直接可知选 C.
27. A 【提示】 由 $k_1=k_2$ 且 $b_1\neq b_2$ 可知选 A.
28. A 【提示】 正方体四个侧面都是边长为 5 的正方形，$S=4\times 5^2=100$，故选 A.
29. C 【提示】 设男生有 x 人，则 $\dfrac{x}{x+20}=\dfrac{3}{5}$，解得 $x=30$，故选 C.
30. B 【提示】 共经过的路程为 $2+(0.6-0.5)\times 30=5(\mathrm{km})$，故选 B.

二、填空题

31. 3 【提示】 由 $A\cap B=\{3\}$ 得 B 中有元素 3，则 $t=3$.
32. $\{x\mid x>2\}$ 【提示】 要使函数有意义，则 $x-2>0$，故 $x>2$.
33. 15 【提示】 $S_5=a_1+a_2+a_3+a_4+a_5=5a_3=5\times 3=15$.
34. $<$ 【提示】 由对数函数 $y=\log_a x$ 的单调性可得.
35. 3 【提示】 由公式 $V=\dfrac{1}{3}S_{底}h$ 得 $\dfrac{1}{3}\times 2^2 h=4$，解得 $h=3$.
36. $x-y-2=0$ 【提示】 先求出斜率 $k=\dfrac{y_2-y_1}{x_2-x_1}=\dfrac{-2-0}{0-2}=1$，再由点斜式方程得 $y-0=1\times(x-2)$，化简得 $x-y-2=0$.
37. 2 【提示】 $a>0$，$y_{\max}=a\times 1+1=3$，得 $a=2$.
38. 3 【提示】 原式 $=\sqrt{(-3)^2}=|-3|=3$.
39. $\subseteq$ 【提示】 画出数轴直接可得.
40. $\pm\dfrac{\sqrt{2}}{2}$ 【提示】 因为 $\sin A=\dfrac{\sqrt{2}}{2}$，且 A 是三角形内角，所以 $A=45°$ 或 $A=135°$，故 $\cos A=\pm\dfrac{\sqrt{2}}{2}$.

三、解答题

41. 解：(1)由已知得 $a_1=a_2\div q=1$，所以 $a_6=a_1q^5=2^5=32$.

(2) $S_8=\dfrac{a_1(1-q^8)}{1-q}=\dfrac{1\times(1-2^8)}{1-2}=255$.

42. 解：(1)因为 $r=|CN|=\sqrt{(2-1)^2+(2-0)^2}=\sqrt{5}$，所以圆 C 的方程是 $(x-1)^2+y^2=5$.

(2)圆心到直线的距离 $d=\dfrac{|1+0+2|}{\sqrt{1^2+1^2}}=\dfrac{3}{\sqrt{2}}<\sqrt{5}$，即 $d<r$，所以直线与圆相交.

43. 解：(1)把 $t=5$，$h=15$ 代入函数关系式得 $a(5-10)^2+20=15$，解得 $a=-\dfrac{1}{5}$.

(2)当 $t=10$ 时，水柱喷到最大高度，最大高度是 20 m.

(3)由题意得 $-\dfrac{1}{5}(t-10)^2+20\geqslant 15$，整理得 $(t-10)^2\leqslant 25$，解得 $5\leqslant t\leqslant 15$.

答：要使水柱喷射高度不低于 15 m，则喷射时间的取值范围是 $[5,15]$.

数学模拟卷(四)参考答案

一、选择题

1. B 【提示】 $A\cap B$ 是取两个集合的公共部分，故选 B.
2. B 【提示】 **Q** 是有理数集，而 $\sqrt{2}$ 是一个无理数，不属于有理数集，故选 B.
3. C 【提示】 根据区间的概念，选 C.

4. A 【提示】 移项得 $x<5+2$，即 $x<7$，故选 A.

5. A 【提示】 $f(1)=3\times1-2=1$，故选 A.

6. A 【提示】 根据不等式的基本性质，$a<b$ 两边都乘以正数 2，不等号方向不变，故选 A.

7. B 【提示】 直接记住特殊角的三角函数值，选 B.

8. B 【提示】 由于 $3^4=81$，所以 $\log_3 81=4$，故选 B.

9. A 【提示】 原不等式化为 $|x|>1$，即 $x<-1$ 或 $x>1$，故选 A.

10. D 【提示】 根据旋转方向所得角为 $40°+(-60)°=-20°$，是第四象限的角，故选 D.

11. B 【提示】 直接解方程组 $\begin{cases} 2x+1=0 \\ y-3=0 \end{cases}$，解得 $x=-\dfrac{1}{2}$，$y=3$，故选 B.

12. D 【提示】 $15°=15\times\dfrac{\pi}{180}=\dfrac{\pi}{12}$，故选 D.

13. C 【提示】 略.

14. A 【提示】 由斜率的计算公式得 $k=\dfrac{y_2-y_1}{x_2-x_1}=\dfrac{1-0}{0-1}=-1$，故选 A.

15. A 【提示】 由于公差为 $5-2=3$，所以可直接加 3 求得，故选 A.

16. C 【提示】 根据中点坐标公式求得 $\left(\dfrac{-3-1}{2},\dfrac{3+5}{2}\right)=(-2,4)$，故选 C.

17. A 【提示】 由诱导公式得 $\sin(\pi-\alpha)=\sin\alpha$，故选 A.

18. C 【提示】 由等比中项公式得 $4^2=2x$，$x=8$，故选 C.

19. C 【提示】 根据双曲线的标准方程得 $a^2=4$，即 $a=2$，故选 C.

20. A 【提示】 根据任意角三角函数的定义，$\tan\alpha=\dfrac{y}{x}=\dfrac{m}{6}=\dfrac{4}{3}$，得 $m=8$，故选 A.

21. B 【提示】 方程 $x^2-3x=0$ 的两根为 $x_1=0$，$x_2=3$，结合二次函数图像可得不等式的解为 $0<x<3$，故选 B.

22. D 【提示】 直接代入计算 $a_2=(-1)^2\times(2+3)=5$，故选 D.

23. C 【提示】 把点坐标代入函数式得 $a^{-2}=\dfrac{1}{4}$，$a=2$，故选 C.

24. C 【提示】 $k=2>0$，直线过第一象限和第三象限，又直线在 y 轴上截距为 -3，故选 C.

25. C 【提示】 垂直于 x 轴的直线斜率不存在，直线方程为 $x=x_0$，故选 C.

26. D 【提示】 结合圆的标准方程直接可知选 D.

27. B 【提示】 直线 $x-2y+1=0$ 的斜率 $k_1=\dfrac{1}{2}$，直线 $2x+y=0$ 的斜率 $k_2=-2$，而 $k_1\cdot k_2=\dfrac{1}{2}\times(-2)=-1$，所以两直线垂直，故选 B.

28. C 【提示】 六个面的面积总和为 $2\times(2\times3+3\times4+2\times4)=52$，故选 C.

29. A 【提示】 卡号是 3 的倍数分别有 3，6，9，12，15，18，共 6 张，概率为 $6\div 20=\dfrac{3}{10}$，故选 A.

30. C 【提示】 离家 50 分钟的时间里分了 3 个时间段做不同的事情，看图容易得出答案是 C.

二、填空题

31. 4 【提示】 $A=\{x\,|\,x^2-1=0\}=\{-1,1\}$，子集有 $\varnothing$，$\{1\}$，$\{-1\}$，$\{1,-1\}$，共 4 个.

32. $\{x\,|\,x>1\}$ 【提示】 由对数函数真数要大于零，可得 $x-1>0$，即 $x>1$，所以定义域为 $\{x\,|\,x>1\}$.

33. 63 【提示】 $S_6=\dfrac{a_1(1-q^6)}{1-q}=\dfrac{1\times(1-2^6)}{1-2}=63$，也可直接算出 $a_2=a_1q=2$，$a_3=4$，$a_4=8$，$a_5=16$，$a_6=32$，然后把各项直接相加：$1+2+4+8+16+32=63$.

34. $<$ 【提示】 指数函数 $f(x)=\left(\dfrac{1}{2}\right)^x$ 在 $\mathbf{R}$ 上是减函数，所以 $\left(\dfrac{1}{2}\right)^{0.4}<\left(\dfrac{1}{2}\right)^{0.3}$.

35. π 【提示】 圆锥底面直径为2，则半径为1，因此体积为 $V=\dfrac{1}{3}\pi r^2 h=\dfrac{1}{3}\times\pi\times 1^2\times 3=\pi$.

36. $3x-y-6=0$ 【提示】 设与已知直线平行的直线方程为 $y=3x+b$，把点 $(2,0)$ 代入，得 $0=3\times 2+b$，$b=-6$，因此所求直线方程为 $y=3x-6$，即 $3x-y-6=0$.

37. $[-2,2]$ 【提示】 因为对于任何 $x\in\mathbf{R}$，都有 $-1\leqslant\sin x\leqslant 1$，所以 $-2\leqslant 2\sin x\leqslant 2$，即 $y=2\sin x$ 的值域是 $[-2,2]$.

38. 6 【提示】 原式 $=(2^3)^{\frac{2}{3}}+\lg(4\times 25)=2^2+\lg 100=4+2=6$.

39. $\dfrac{2\sqrt{2}}{3}$ 【提示】 因为 $\cos\alpha=\pm\sqrt{1-\sin^2\alpha}=\pm\sqrt{1-\left(\dfrac{1}{3}\right)^2}=\pm\dfrac{2\sqrt{2}}{3}$，又 α 是第一象限角，$\cos\alpha>0$，所以 $\cos\alpha=\dfrac{2\sqrt{2}}{3}$.

40. $60°$ 【提示】 在三角形中，$\cos A=\dfrac{1}{2}>0$，可知 A 是锐角，而满足 $\cos A=\dfrac{1}{2}$ 的锐角是 $60°$.

三、解答题

41. 解：(1)由已知各年的维修费(万元)成等差数列，记为 $\{a_n\}$，则 $a_1=0.2$，$d=0.2$. 故数列的通项公式为 $a_n=a_1+(n-1)d=0.2n$，因此 $a_6=0.2\times 6=1.2$.

答：第6年的维修费用是1.2万元.

(2) $S_8=0.2\times 8+\dfrac{8\times 7}{2}\times 0.2=7.2$.

答：使用8年的总费用是7.2万元.

42. 解：(1)把圆 C 的方程式化为标准式得 $(x-1)^2+y^2=2$，故圆心坐标为 $(1,0)$，半径为 $\sqrt{2}$.

(2)圆心到直线的距离 $d=\dfrac{|1+0+m|}{\sqrt{1^2+1^2}}=\dfrac{|1+m|}{\sqrt{2}}$，因为直线与圆相切，即 $d=r$，所以 $\dfrac{|1+m|}{\sqrt{2}}=\sqrt{2}$，整理得 $|1+m|=2$，所以 $m=1$ 或 $m=-3$.

43. 解：(1) $c=500+30\times 20=1\,100$(元).

(2)由题意可得 $x(160-2x)-(500+30x)\geqslant 1\,300$，整理得 $x^2-65x+900\leqslant 0$，即 $(x-20)(x-45)\leqslant 0$，所以 $20\leqslant x\leqslant 45$ (x 是整数).

答：当日销量在20至45范围时，日获利不少于1 300元.

数学模拟卷(五)参考答案

一、选择题

1. B 【提示】 根据交集的定义，选B.
2. B 【提示】 $\pi\approx 3.14>3$，π 不属于集合 A，故选B.
3. C 【提示】 根据区间的概念，选C.
4. A 【提示】 根据不等式的基本性质，在不等式的两边减去一个相同的数，不等号方向不变，故选A.
5. A 【提示】 由 $f(2)=2^2-2\times 2=0$，选A.
6. C 【提示】 根据一元一次不等式的解法，选C.
7. A 【提示】 根据诱导公式，选A.
8. C 【提示】 根据对数的性质，由 $\log_a a=1$ 可得 $a=2$，故选C.
9. C 【提示】 由绝对值不等式的解法，$-2<x-1<2$，解得 $-1<x<3$，故选C.
10. A 【提示】 根据角度与弧度的互换，选A.
11. D 【提示】 求 x 轴交点，令 $y=0$ 得到 $x=-1$，故选D.
12. D 【提示】 根据定义，抛物线上的点到焦点的距离等于该点到准线的距离，故选D.

13. C 【提示】 根据角的概念，$\beta=-30°+50°=20°$，故选 C.
14. C 【提示】 根据指数幂的运算法则，选 C.
15. A 【提示】 根据补集的定义，选 A.
16. C 【提示】 等差中项为 $\dfrac{6+10}{2}=8$，故选 C.
17. C 【提示】 由椭圆的标准方程得 $a^2=16$，$b^2=7$，则 $c^2=a^2-b^2=9$，得 $c=3$，且焦点在 x 轴上，故选 C.
18. A 【提示】 一元二次方程 $x^2+3x-10=0$ 的两根为 -5，2，结合二次函数求得 $x<-5$ 或 $x>2$，故选 A.
19. C 【提示】 根据加法计数原理，不同的选法有 $4+5=9$(种)，故选 C.
20. A 【提示】 根据两点间距离公式有 $|AB|=\sqrt{(3-1)^2+(-4+3)^2}=\sqrt{5}$，故选 A.
21. C 【提示】 根据等比数列定义，选 C.
22. B 【提示】 函数 $f(x)=5x+3(x\leqslant 4)$ 的图像为射线，故选 B.
23. D 【提示】 由任意角三角函数定义得 $\cos\alpha=\dfrac{x}{r}=\dfrac{-4}{\sqrt{(-4)^2+3^2}}=-\dfrac{4}{5}$，故选 D.
24. B 【提示】 将点代入直线方程可得 $m=-10$，故选 B.
25. C 【提示】 斜截式方程 $y=kx+b$ 中，k 即直线的斜率，故选 C.
26. D 【提示】 空间中没有公共点的两条直线可能平行，也可能异面，故选 D.
27. B 【提示】 由两直线的斜率乘积为 -1，可得两直线垂直，故选 B.
28. B 【提示】 连续两次抛掷一枚硬币，可能结果有四种，两次都正面朝上只有一种，所以两次都正面朝上的概率为 $\dfrac{1}{4}$，故选 B.
29. C 【提示】 将一个圆柱截成两个圆柱，表面积增加的部分即两个底面面积之和，因此该圆柱的底面积为 $20\ \mathrm{cm}^2$，体积为 $400\ \mathrm{cm}^3$，故选 C.
30. D 【提示】 A、B、C 中每个 x 都对应唯一的 y 值，但 D 中存在一个 x 对应 2 个 y 值，根据函数定义，D 错误，故选 D.

二、填空题

31. $\{x\mid x<0\}$ 【提示】 由并集概念可得.
32. $\{x\mid x\geqslant 1\}$ 【提示】 要使函数有意义，得 $x-1\geqslant 0$，故 $x\geqslant 1$.
33. $\log_2 32$ 【提示】 由对数定义可得.
34. $(2,6)$ 【提示】 由中点坐标公式可得.
35. $\pi-3$ 【提示】 $\sqrt{(3-\pi)^2}=|3-\pi|=\pi-3$.
36. ± 4 【提示】 $A=\pm\sqrt{2\times 8}=\pm 4$.
37. 4 【提示】 根据 $-1\leqslant\sin x\leqslant 1$，可得函数最大值为 4.
38. $y=-x+2$ 【提示】 根据直线的斜截式方程直接求得.
39. $\dfrac{4}{5}$ 【提示】 α 为第一象限角，则 $\cos\alpha=\sqrt{1-\sin^2\alpha}=\dfrac{4}{5}$.
40. 8 【提示】 由球的体积公式 $V=\dfrac{4}{3}\pi R^3$ 求得.

三、解答题

41. 解：(1) $\begin{cases}a_2=a_1+d=13\\ a_4=a_1+3d=9\end{cases}$，得 $\begin{cases}a_1=15\\ d=-2\end{cases}$.

(2) 由(1)可得 $a_n=15+(n-1)(-2)=-2n+17$.

又 $a_n<0$，即 $-2n+17<0$，所以 $n>\dfrac{17}{2}$.

又因为 $n\in\mathbf{N}^*$，解得 $n\geqslant 9$，$n\in\mathbf{N}^*$.

42. 解：(1)因为 $r=1$，圆心在 $(2,0)$，所以圆 C 的方程是 $(x-2)^2+y^2=1$.

(2)圆心到直线的距离 $d=\dfrac{|2-\sqrt{3}\times 0|}{\sqrt{1^2+(-\sqrt{3})^2}}=1=r$，所以直线与圆相切.

43. 解：(1)由题意得 $\begin{cases}90k+b=10\\70k+b=30\end{cases}$，解得 $\begin{cases}k=-1\\b=100\end{cases}$，所以 y 与 x 的函数表达式为 $y=-x+100(x>0)$.

(2)设定价为 x 元/件时，商店利润 $w=(-x+100)(x-30)=-x^2+130x-3\,000=-(x-65)^2+1\,225$.

当定价为 65 元时，利润最大，最大利润为 1 225 元.

数学模拟卷(六)参考答案

一、选择题

1. C 【提示】 根据交集的定义，选 C.

2. A 【提示】 $a=\sqrt{5}>2$，故选 A.

3. B 【提示】 根据区间的概念，选 B.

4. C 【提示】 根据不等式的基本性质，选 C.

5. D 【提示】 由 $f(1)=2\times 1+3=5$ 可知选 D.

6. D 【提示】 根据一元一次不等式的解法，选 D.

7. A 【提示】 根据诱导公式，选 A.

8. B 【提示】 略.

9. D 【提示】 由绝对值的性质，对任意 $x\in R$，$|x|\geqslant 0$，使 $|x-1|<0$ 的 x 的值不存在，故选 D.

10. B 【提示】 根据角度与弧度的互换，选 B.

11. B 【提示】 求直线与 y 轴的交点，令 $x=0$，得到 $y=-1$，故选 B.

12. D 【提示】 由双曲线的标准方程可知焦点在 x 轴上，且 $a^2=3$，$b^2=1$，则 $c^2=a^2+b^2=4$，所以 $c=2$，故选 D.

13. B 【提示】 根据角的概念，$\beta=\alpha-30°=0°$，故选 B.

14. C 【提示】 根据指数幂的运算法则 $ab=3^2\times 3^3=3^{2+3}=3^5$，故选 C.

15. C 【提示】 根据并集的定义，选 C.

16. B 【提示】 根据等比数列的通项公式 $a_n=a_1q^{n-1}$，得 $a_4=a_1q^3$，故选 B.

17. B 【提示】 根据抛物线的标准方程可知焦点在 y 轴的负半轴上，且 $p=4$，则准线方程 $y=\dfrac{p}{2}=2$，故选 B.

18. B 【提示】 根据一元二次不等式的解法，选 B.

19. D 【提示】 根据分步乘法计数原理，选 D.

20. C 【提示】 根据两点间距离公式，选 C.

21. C 【提示】 代入 $n=3$，故选 C.

22. D 【提示】 因为函数 $f(x)=2x+1$ 的图像是一条直线，且 $x\in N$，所以相应函数图像为离散的点，故选 D.

23. D 【提示】 由任意角三角函数定义得 $\tan\alpha=\dfrac{y}{x}=\dfrac{1}{2}$，故选 D.

24. A 【提示】 将点代入可得 $a=2$，故选 A.

25. A 【提示】 略.

26. C 【提示】 根据圆的标准方程，选 C.

27. A 【提示】 由直线间的位置关系可得，选 A.

28. B 【提示】 根据概率的定义，设红球有 x 个，$\dfrac{x}{x+2}=80\%$，解得 $x=8$，故选 B.

53

29. B 【提示】 根据球体积公式得 $V=\frac{4}{3}\pi R^3=\frac{4}{3}\pi\times3^3=36\pi$,故选 B.

30. C 【提示】 根据对数函数图像可得,选 C.

二、填空题

31. $\{x\mid x<5\}$ 【提示】 由补集的概念可得.

32. $\{x\mid x\geqslant2\}$ 【提示】 要使函数有意义,则 $x-2\geqslant0$,故 $x\geqslant2$.

33. 3 【提示】 由对数的定义可得.

34. (0,1) 【提示】 由中点坐标公式可得.

35. $3-e$ 【提示】 $\sqrt{(3-e)^2}=|3-e|=3-e$.

36. ±9 【提示】 由等比中项公式得 $G^2=3\times27$,解得 $G=\pm9$.

37. -5 【提示】 $y_{\min}=2(\sin x)_{\min}-3=-5$,故最小值为 -5.

38. $y=5x+1$ 【提示】 略.

39. $\frac{1}{2}$ 【提示】 因为 α 为第一象限角,所以 $\cos\alpha=\sqrt{1-\sin^2\alpha}=\frac{1}{2}$.

40. 96 【提示】 由正方体的表面积公式 $S=6a^2$ 可得.

三、解答题

41. 解:(1)由 $5d=a_{10}-a_5=7-17=-10$ 得 $d=-2$,所以 $a_1=a_5-4d=25$.

(2)由 $a_1=25$,$d=-2$,得 $a_n=-2n+27(n\in\mathbf{N}_+)$.

由 $a_n=-2n+27\geqslant0$,$a_{n+1}=-2(n+1)+27\leqslant0$,得 $\frac{25}{2}\leqslant n\leqslant\frac{27}{2}$,所以 $n=13$.

故当 $n=13$ 时,S_n 最大,$S_{13}=169$.

42. 解:(1)由题意 $\begin{cases}2x-y+1=0\\x+y+2=0\end{cases}$,解得 $\begin{cases}x=-1\\y=-1\end{cases}$,故两直线的交点坐标为 $(-1,-1)$.

(2)由题意得 $(x+1)^2+(y+1)^2=r^2$.
又因为圆经过原点,所以 $(0+1)^2+(0+1)^2=2$.
解得 $r^2=2$. 即圆的标准方程为 $(x+1)^2+(y+1)^2=2$.

43. 解:(1)当 $0\leqslant x\leqslant15$ 时,设 $y=kx$,把 $x=15$,$y=27$ 代入得 $27=15k$,解得 $k=\frac{9}{5}$,所以 $y=\frac{9}{5}x$.

当 $x\geqslant15$ 时,设 $y=ax+b$,将 $x=15$,$y=27$ 和 $x=20$,$y=39.5$ 代入得 $\begin{cases}15a+b=27\\20a+b=39.5\end{cases}$,解得 $\begin{cases}a=2.5\\b=-10.5\end{cases}$.

所以 $y=2.5x-10.5$.

(2)当该用户的月用水量为 21 m³ 时,应缴水费 $2.5\times21-10.5=42$(元).

数学模拟卷(七)参考答案

一、选择题

1. B 【提示】 根据交集的定义,选 B.

2. B 【提示】 $e\approx2.718<3$,故选 B.

3. C 【提示】 根据区间的概念,选 C.

4. A 【提示】 根据不等式的基本性质,不等式的左右两边同加一个数,不等号方向不变,故选 A.

5. D 【提示】 由 $f(1)=3\times1-1=2$ 可知选 D.

6. B 【提示】 $3x+5<8-2x\Rightarrow5x<3\Rightarrow x<\frac{3}{5}$,故选 B.

7. C 【提示】 由诱导公式可知选 C.

数学模拟卷参考答案

8. C 【提示】 根据指数式和对数式的互化，选 C.

9. D 【提示】 因为 $|x-1|>1$，所以 $x-1>1$ 或 $x-1<-1$，于是 $x<0$ 或 $x>2$，故选 D.

10. A 【提示】 $\begin{cases} x-y+1=0 \\ y=1 \end{cases} \Rightarrow (0, 1)$，故选 A.

11. D 【提示】 在平面直角坐标系中可表示出，故选 D.

12. D 【提示】 由椭圆的标准方程可得焦点在 y 上，且 $a^2=16$，$b^2=9$，则 $c^2=a^2-b^2=7$，所以焦点坐标为 $(0, \pm\sqrt{7})$，故选 D.

13. B 【提示】 $\dfrac{\pi}{4}=\dfrac{\pi}{4}\times\dfrac{180°}{\pi}=45°$，故选 B.

14. A 【提示】 $\dfrac{m}{n}=\dfrac{2^6}{2^3}=2^{6-3}=2^3$，故选 A.

15. A 【提示】 根据并集的定义，选 A.

16. C 【提示】 因为 $2a_5=a_1+a_9$，所以 $a_9=20-4=16$，故选 C.

17. C 【提示】 由双曲线的标准方程可知，双曲线 $\dfrac{x^2}{9}-\dfrac{y^2}{7}=1$ 的焦点在 x 轴上，且 $a^2=9$，则顶点坐标为 $(\pm 3, 0)$，故选 C.

18. B 【提示】 因为 $x(x-1)<0$，所以 $0<x<1$，故选 B.

19. B 【提示】 根据加法原理，选 B.

20. C 【提示】 $|AB|=\sqrt{(4-0)^2+(1-1)^2}=\sqrt{16}=4$，故选 C.

21. B 【提示】 代入验证，可知选 B.

22. A 【提示】 因为函数 $f(x)=2x$ 的图像是一条直线，故选 A.

23. D 【提示】 $\tan\alpha=\dfrac{y}{x}=\dfrac{4}{3}$，故选 D.

24. B 【提示】 指数函数必须经过的点为 $(0, 1)$，故选 B.

25. C 【提示】 由斜截式 $y=kx+b$ 知 $k=2$，故选 C.

26. A 【提示】 由圆的标准方程直接可得圆心坐标为 $(2, -1)$，故选 A.

27. A 【提示】 由 $k_1=k_2$ 且 $b_1\neq b_2$ 得两直线平行，故选 A.

28. D 【提示】 $P=\dfrac{1}{6}\times\dfrac{1}{6}=\dfrac{1}{36}$，故选 D.

29. B 【提示】 $V=\pi r^2 h=9\pi\times 4=36\pi$，故选 B.

30. B 【提示】 因为 $V_{锥}=\dfrac{1}{3}\pi r^2 h=72\pi$，所以 $2V_{球}=2\times\dfrac{4}{3}\pi R^3=72\pi$，解得 $R=3$，故选 B.

二、填空题

31. $\{x|x\geq 3\}$ 【提示】 由补集的定义可知.

32. $\{x|x\neq 5\}$ 【提示】 要使函数有意义得 $x-5\neq 0$，故 $x\neq 5$.

33. $3^4=81$ 【提示】 略.

34. $(5, 5)$ 【提示】 $\left(\dfrac{3+7}{2}, \dfrac{4+6}{2}\right)=(5, 5)$.

35. 3 【提示】 $\sqrt{(-3)^2}=3$.

36. ± 8 【提示】 由等比中项得 $G^2=4\times 16=64$，所以 $G=\pm 8$.

37. 1 【提示】 因为 $-1\leq -\sin x\leq 1$，所以 $y_{max}=1$.

38. $2x-y+1=0$ 【提示】 由点斜式方程得 $y-1=2(x-0)$，即 $2x-y+1=0$.

39. $\dfrac{\sqrt{3}}{2}$ 【提示】 由同角平方公式得 $\cos^2\alpha=1-\sin^2\alpha=\dfrac{3}{4}$，因为 α 为锐角，所以 $\cos\alpha=\dfrac{\sqrt{3}}{2}$.

40. 64 【提示】 设原正方体棱长为 a，则体积为 $V=a^3$，现在正方体体积为 $V'=(4a)^3=64a^3$，所以体积扩大到原来的 64 倍.

三、解答题

41. 解：(1)由题意可知，$a_1=3$，$d=3$，所以 $a_{10}=a_1+9d=3+27=30$.

(2)由 $S_n=na_1+\dfrac{n(n-1)}{2}d=3n+\dfrac{n(n-1)}{2}\times 3=165$，得 $n^2+n-110=0 \Rightarrow n=10$ 或 $n=-11$(舍).

答：这个数列的前 10 项和是 165.

42. 解：(1)由题意可知，圆 C 的标准方程为 $(x-4)^2+(y+2)^2=36$.

(2)圆心 $(4,-2)$ 到直线 $x-y-2=0$ 的距离为 $d=\dfrac{|4+2-2|}{\sqrt{1+1}}=\dfrac{4}{\sqrt{2}}=2\sqrt{2}$.

因为 $d<r$，所以直线与圆相交.

所以弦长 $=2\sqrt{r^2-d^2}=2\sqrt{36-8}=2\sqrt{28}=4\sqrt{7}$.

43. 解：(1)由题意可得 $240\times 3.4+40\times 4.6=1\,000$(元).

答：应交水费 1 000 元.

(2) $y=\begin{cases}3.4x,&0\leqslant x\leqslant 240\\240\times 3.4+(x-240)\times 4.6,&240<x\leqslant 360\\240\times 3.4+120\times 4.6+(x-360)\times 8.2,&x>360\end{cases}$

$\Rightarrow y=\begin{cases}3.4x,&0\leqslant x\leqslant 240\\4.6x-288,&240<x\leqslant 360.\\8.2x-1\,584,&x>360\end{cases}$

数学模拟卷(八)参考答案

一、选择题

1. D 【提示】 根据并集的定义，选 D.

2. C 【提示】 因为 $2>1$，所以 $a\in A$，故选 C.

3. A 【提示】 根据区间的概念，选 A.

4. B 【提示】 根据不等式的基本性质，选 B.

5. A 【提示】 由 $f(-1)=-1+1=0$ 可知选 A.

6. B 【提示】 由 $-2x>-1$ 得 $x<\dfrac{1}{2}$，故选 B.

7. B 【提示】 略.

8. D 【提示】 因为 $\log_3 a=1$，所以 $a=3^1=3$，故选 D.

9. C 【提示】 因为 $|x|>3$，所以 $x>3$ 或 $x<-3$，故选 C.

10. B 【提示】 由 $\begin{cases}x+3=0\\y-2=0\end{cases}$，得 $\begin{cases}x=-3\\y=2\end{cases}$，所以交点坐标为 $(-3,2)$，故选 B.

11. A 【提示】 $-30°=-360°+330°$，故选 A.

12. B 【提示】 由题可知抛物线的焦点在 x 轴正半轴上，且 $\dfrac{p}{2}=3$，则 $p=6$，故选 B.

13. A 【提示】 略.

14. B 【提示】 $(\sqrt{a})^2=(a)^{\frac{1}{2}\times 2}=a$，$(a^{-\frac{1}{2}})^2=a^{-1}=\dfrac{1}{a}$，$4a^{-2}=\dfrac{4}{a^2}$，$(-1)^{-1}=\dfrac{1}{-1}=-1$，所以 A、C、D 错误，B 正确，故选 B.

15. D 【提示】 根据交集的定义或结合数轴，选 D.

16. B 【提示】 根据等差数列的定义，选 B.

17. B 【提示】 方程 $4x^2+3y^2=12$ 可化为 $\dfrac{x^2}{3}+\dfrac{y^2}{4}=1$，其表示焦点在 y 轴上的椭圆，故选 B.

18. A 【提示】 因为 $(x-2)(2x+3)\leqslant 0$，所以 $-\dfrac{3}{2}\leqslant x\leqslant 2$，故选 A.

19. C 【提示】 根据乘法原理,选 C.
20. A 【提示】 $|AB|=\sqrt{(2+1)^2+(4-8)^2}=\sqrt{25}=5$,故选 A.
21. B 【提示】 观察规律,37+13=50,故选 B.
22. D 【提示】 因为 $x\in\{1,3,5,7,9,\cdots\}$,所以函数图像为离散的点,故选 D.
23. A 【提示】 $\sin\alpha=\dfrac{y}{r}=\dfrac{5}{\sqrt{(-12)^2+5^2}}=\dfrac{5}{13}$,故选 A.
24. B 【提示】 由 $a^1=2$ 得 $a=2$,故选 B.
25. C 【提示】 直线 $x=1$ 与 x 轴垂直,所以倾斜角为 90°,故选 C.
26. A 【提示】 把点代入圆的方程,则 10<16,所以点在圆内,故选 A.
27. B 【提示】 因为 $k_1\cdot k_2=2\times\left(-\dfrac{1}{2}\right)=-1$,所以两直线垂直,故选 B.
28. C 【提示】 投掷的结果有四种情况——"正正""正反""反正""反反",故选 C.
29. D 【提示】 因为 $S=4\pi R^2=144\pi$,所以 $R=6$,体积为 $V=\dfrac{4}{3}\pi R^3=288\pi$,故选 D.
30. D 【提示】 从 A 地到 B 地需要的时间为 150÷60=2.5(小时),从 B 地到 A 地,需要的时间为 150÷50=3(小时),故选 D.

二、填空题

31. $\{x|2\leqslant x\leqslant 9\}$ 【提示】 由补集的定义或数轴可知.
32. $\{x|x\geqslant 5\}$ 【提示】 要使函数有意义,则 $x-5\geqslant 0\Rightarrow x\geqslant 5$.
33. $\log_2 7$ 【提示】 由 $2^a=7$ 得 $a=\log_2 7$.
34. (2,3) 【提示】 $\left(\dfrac{3+1}{2},\dfrac{4+2}{2}\right)=(2,3)$.
35. 1 【提示】 $2^3\cdot\left(\dfrac{1}{2}\right)^3=2^3\cdot 2^{-3}=2^0=1$.
36. ±4 【提示】 设 2 与 8 的等比中项为 G,则 $G^2=2\times 8=16$,即 $G=\pm 4$.
37. 2 023 【提示】 因为 $-1\leqslant\sin x\leqslant 1$,所以 $-2\ 023\leqslant 2\ 023\sin x\leqslant 2\ 023$,即 $y_{\max}=2\ 023$.
38. $2x-y+1=0$ 【提示】 由点斜式方程得 $y-5=2(x-2)$,即 $2x-y+1=0$.
39. 150° 【提示】 略.
40. 40π 【提示】 $S=2\pi rh=8\pi\times 5=40\pi$.

三、解答题

41. 解:(1)由题意可知 $a_1=1$,$q=2$,所以 $a_6=a_1\cdot q^5=1\cdot 2^5=32$.

(2) $S_{10}=\dfrac{a_1(1-q^{10})}{1-q}=\dfrac{1-2^{10}}{1-2}=2^{10}-1=1\ 023$.

42. 解:(1)由题意可知,圆 C 的标准方程为 $(x-4)^2+(y-2)^2=16$.

(2)圆心(4,2)到直线 $x+y-4=0$ 的距离为 $d=\dfrac{|4+2-4|}{\sqrt{1+1}}=\dfrac{2}{\sqrt{2}}=\sqrt{2}$,所以 $|AB|=2\sqrt{r^2-d^2}=2\sqrt{16-2}=2\sqrt{14}$.

43. 解:(1)由题意可得 $y=x\left(800+\dfrac{600-x}{100}\times 400\right)$
$=-4x^2+3\ 200x(300\leqslant x\leqslant 600)$.

(2)由(1)知,当 $x=-\dfrac{b}{2a}=-\dfrac{3\ 200}{-8}=400$ 时,$y_{\max}=640\ 000$(万元).

答:当票价定为 400 元时,收入最大,最大收入为 640 000 万元.

数学模拟卷(九)参考答案

一、选择题

1. C 【提示】 $A \cap B$ 为取 A 与 B 的公共元素组成的集合，故选 C.

2. A 【提示】 元素与集合的关系只有 $\in$ 和 $\notin$，因为 $e<4$，故选 A.

3. C 【提示】 有等号一端用中括号，没等号一端用小括号，故选 C.

4. A 【提示】 根据移项变号，两边同时除以一个正数，不等号不变，故选 A.

5. C 【提示】 $f(0)=0^2-2\times 0+2=2$，故选 C.

6. D 【提示】 根据不等式的性质，不等式的两边同时乘以同一个负数，不等号方向改变，所以 D 不正确，故选 D.

7. A 【提示】 由余弦的诱导公式可知选 A.

8. C 【提示】 $\log_2 a=1$ 等价于 $a=2^1=2$，故选 C.

9. B 【提示】 $\dfrac{\pi}{3}=\dfrac{\pi}{3}\times\left(\dfrac{180}{\pi}\right)°=60°$，故选 B.

10. D 【提示】 由已知可得斜率 $k=-2$，故选 D.

11. C 【提示】 令 $x=0$，得 $y=1$，所以与 y 轴的交点坐标为 $(0,1)$，故选 C.

12. C 【提示】 由 $|x|\leqslant 1$ 得 $-1\leqslant x\leqslant 1$，故选 C.

13. C 【提示】 角的始边为 x 非负半轴，负角按顺时针方向旋转，画图可知选 C.

14. C 【提示】 抛物线的焦点在 y 轴的正半轴上，且 $p=4$，则其准线方程为 $y=-2$，故选 C.

15. B 【提示】 由 $a_4=a_2 q^2$ 得 $q^2=4$，$q=\pm 2$，故选 B.

16. D 【提示】 $a_5=3\times 5-1=14$，故 D.

17. C 【提示】 $3^{-2}=\dfrac{1}{9}$，$2^0=1$，$\lg 10^2=2$，$2^2\cdot 2^3=2^5$，故选 C.

18. D 【提示】 由双曲线的标准方程可知 $a^2=4$，$b^2=5$，则 $c^2=a^2+b^2=9$，得 $a=2$，$b=\sqrt{5}$，$c=3$，所以离心率 $e=\dfrac{c}{a}=\dfrac{3}{2}$，故选 D.

19. D 【提示】 由 $(x-12)(x-20)>0$ 得 $x<12$ 或 $x>20$，故选 D.

20. C 【提示】 $\tan\alpha=\dfrac{y}{x}=-\dfrac{3}{4}$，故选 C.

21. B 【提示】 因为 $x\leqslant 2\,023$，所以是射线，故选 B.

22. A 【提示】 现从袋内任取一个球分三种情况即分为 3 类，所以用分类计数原理(加法原理)有 $5+8+10=23$，故选 A.

23. D 【提示】 $f(0)=3^0=1$，所以过点 $(0,1)$，故选 D.

24. B 【提示】 根据中点公式可得 $(-1,-1)$，故选 B.

25. B 【提示】 由直线的斜截式方程 $y=kx+b$ 可得 $y=-x+2$，故选 B.

26. A 【提示】 由 $(x-a)^2+(y-b)^2=r^2$ 的圆心坐标为 (a,b)，半径为 r，可得圆心为 $(1,3)$，半径为 4，故选 A.

27. C 【提示】 由 $k_1=4$，$k_2=5$ 得 $k_1\neq k_2$，$k_1 k_2\neq -1$，所以相交但不垂直，故选 C.

28. C 【提示】 点数共有 1，2，3，4，5，6，所以点数为 3 的情况只有 1 种，于是概率为 $\dfrac{1}{6}$，故选 C.

29. B 【提示】 由球的表面积公式 $S_{球}=4\pi r^2=4\pi\times 1^2=4\pi$ 可知选 B.

30. A 【提示】 因为面试人数为 60 人，估计拟录取人数在 10 至 60 之间，所以应代入第二段，即 $2x+10=60$，$x=25$，故选 A.

二、填空题

31. 2 或 3 【提示】 若 $A\subseteq B$，即属于 A 的元素一定属于 B，则 $a=2$ 或 $a=3$.

32. $A \cup B = \{x | x < -1$ 或 $x > 2\}$ 【提示】 求 A 并 B 就是求 A 与 B 的所有元素,画数轴可得,$A \cup B = \{x | x < -1$ 或 $x > 2\}$.

33. $>$ 【提示】 对数函数 $y = \log_2 x$,底数 $2 > 1$,$y = \log_2 x$ 为增函数,因为 $m > n > 0$,所以 $\log_2 m > \log_2 n$.

34. 3 或 -3 【提示】 由两点间的距离公式可得 $AB = \sqrt{(1-1)^2 + (b-0)^2} = 3$. 解得 $b = 3$ 或 $b = -3$.

35. $(-1, +\infty)$ 【提示】 要使函数有意义,则 $\begin{cases} x+1 \geqslant 0 \\ x+1 \neq 0 \end{cases}$,即函数定义域为 $(-1, +\infty)$.

36. $y = -x + 2$ 【提示】 解法一:由点斜式方程可得 $y - 2 = -(x - 0)$,即 $y = -x + 2$. 解法二:由已知可得直线的斜率为 -1,在 y 轴的截距为 2,由斜截式方程可得直线方程为 $y = -x + 2$.

37. 30 【提示】 因为 10,A,50 成等差数列,所以 $2A = 10 + 50 = 60$,即 $A = 30$.

38. 101 【提示】 当 $\sin 10x = 1$ 时,函数 $y = \sin 10x + 100$ 有最大值为 101.

39. $\pm\frac{\sqrt{3}}{2}$ 【提示】 因为 $\sin A = \frac{1}{2}$,A 为三角形内角,所以 $A = 30°$ 或 $A = 150°$,得 $\cos A = \pm\frac{\sqrt{3}}{2}$.

40. 12π 【提示】 由圆柱的体积公式可得 $V_{圆柱} = \pi r^2 h = \pi \times 2^2 \times 3 = 12\pi$.

三、解答题

41. 解:(1)此数列的第 8 项为 -1.
(2)观察此数列可得:项数为奇数的各项相加和为 1,项数为偶数的各项相加和为 0,所以此数列前 10 项的和为 0.

42. 解:(1)由已知可得,圆 C 半径的长为 2.
(2)圆的方程为 $(x-1)^2 + (y-2)^2 = 4$.
(3)直线 $x - y + 3 = 0$ 与圆 C 的位置关系为相交,理由如下.
由已知得圆心坐标为 $(1, 2)$,半径为 2,圆心到直线的距离为 $d = \frac{|1-2+3|}{\sqrt{1^2+(-1)^2}} = \frac{2}{\sqrt{2}} = \sqrt{2}$,$d < r$,所以直线与圆相交.

43. 解:(1)把 $x = 1$,$y = 6$ 代入 $y = -2x + p$,得 $6 = -2 \times 1 + p$,解得 $p = 8$.
(2)$S = xy = x(-2x + 8) = -2x^2 + 8x$.
当 $x = -\frac{8}{2 \times (-2)} = 2$ 时,面积 S 最大,最大面积为 8.
(3)$S = -2x^2 + 8x > 6$,化简得 $x^2 - 4x + 3 < 0$.
解得:$1 < x < 3$.
所以宽度 x 的取值范围为 $(1, 3)$.

数学模拟卷(十)参考答案

一、选择题

1. D 【提示】 $A \cup B$ 为取 A 与 B 的所有元素组成的集合,故选 D.

2. B 【提示】 元素与集合的关系只有 $\in$ 和 $\notin$,故选 B.

3. C 【提示】 有等号一端用方括号,没等号一端用圆括号,故选 C.

4. B 【提示】 A 选项 $x < 2$,B 选项 $x > 2$,C 选项 $x \geqslant 2$,D 选项 $x \leqslant 2$,故选 B.

5. A 【提示】 把 x 用 1 代入解析式得 $f(1) = \frac{1-1}{1+1} = 0$,故选 A.

6. C 【提示】 a 为正数,b 为负数,异号两数相乘积为负,所以 C 不正确,故选 C.

7. C 【提示】 由正弦的诱导公式 $\sin(180°-\alpha) = \sin\alpha$ 可知 C.

8. B 【提示】 $\log_2 a = 0$ 等价于 $a = 2^0 = 1$，故选 B．

9. B 【提示】 $45° = 45 \times \dfrac{\pi}{180} = \dfrac{\pi}{4}$，故选 B．

10. D 【提示】 由已知可得 $k = -1$，又因为 $\tan 135° = -1$，所以倾斜角为 $135°$，故选 D．

11. A 【提示】 令 $x = 0$，得 $y = 2$，所以与 y 轴交点坐标为 $(0, 2)$，故选 A．

12. C 【提示】 因为不等式的解为 $-2 < x < 2$，故选 C．

13. B 【提示】 根据象限角的定义，$100°$ 角的终边在第二象限，故选 B．

14. D 【提示】 由双曲线的标准方程可知 $a^2 = 16$，$b^2 = 9$，则 $c^2 = a^2 + b^2 = 25$，得 $a = 4$，$c = 5$，所以离心率 $e = \dfrac{5}{4}$，故选 D．

15. B 【提示】 $a_4 = a_2 q^2 = 10 \times 2^2 = 40$，故选 B．

16. A 【提示】 $a_5 = 2 \times 5 - 7 = 3$，故选 A．

17. B 【提示】 $2^{-1} = \dfrac{1}{2}$，$\pi^0 = 1$，$\lg 10^2 = 2$，$(2^2)^3 = 2^6$，故选 B．

18. A 【提示】 由椭圆标准方程知 $a^2 = 25$，$b^2 = 16$，则 $c^2 = a^2 - b^2 = 9$，得 $c = 3$，所以焦距 $2c = 6$，故选 A．

19. B 【提示】 因为方程 $(x + 3)(x - 10) = 0$ 的解为 $x = -3$ 或 $x = 10$，结合二次函数图像，得不等式解集为 $\{x \mid -3 < x < 10\}$，故选 B．

20. C 【提示】 $r = \sqrt{4^2 + (-3)^2} = 5$，$\sin\alpha = \dfrac{y}{r} = \dfrac{-3}{5} = -\dfrac{3}{5}$，故选 C．

21. B 【提示】 因为一次函数 $f(x) = 3x + 4$ 的图像是一条直线，当 $x \geq 2\,023$ 时，所求函数的图像变成了一条射线，故选 B．

22. B 【提示】 现从袋内各取一个球分三步完成，由分步计数原理可得 $3 \times 4 \times 5 = 60$，故选 B．

23. D 【提示】 将选项代入函数解析式中，发现 D 选项满足 $f(0) = \left(\dfrac{1}{3}\right)^0 = 1$，即过点 $(0, 1)$，故选 D．

24. D 【提示】 根据中点公式 $\left(\dfrac{x_1 + x_2}{2}, \dfrac{y_1 + y_2}{2}\right)$ 可得中点为 $(-1, 1)$，故选 D．

25. D 【提示】 由直线的点斜式方程 $y - y_0 = k(x - x_0)$，可得 $y - 1 = 2(x + 1)$，故选 D．

26. A 【提示】 由 $(x - a)^2 + (y - b)^2 = r^2$ 的圆心坐标为 (a, b)，半径为 r，可得圆心为 $(-1, 2)$，半径为 3，故选 A．

27. B 【提示】 由 $k_1 = 2$，$k_2 = -\dfrac{1}{2}$ 得 $k_1 k_2 = -1$，所以垂直，故选 B．

28. C 【提示】 点数共有 1，2，3，4，5，6，点数为偶数有 3 种情况，故概率为 $\dfrac{3}{6} = \dfrac{1}{2}$，故选 C．

29. A 【提示】 由圆锥的体积公式得 $V_{圆锥} = \dfrac{1}{3}\pi r^2 h = \dfrac{1}{3}\pi \times 1^2 \times 6 = 2\pi$，故选 A．

30. C 【提示】 初步判断人数在 30 人以上，若人数为 33 人，则 $33 \times 120 = 3\,960$（元），故选 C．

二、填空题

31. 3 【提示】 若 $A \cap B = A$，则 $A \subseteq B$，即属于 A 的元素一定属于 B，则 $a = 3$．

32. $[2, +\infty)$ 【提示】 要使函数有意义，则 $x - 2 \geq 0$，即函数定义域为 $[2, +\infty)$．

33. < 【提示】 指数函数 $y = \left(\dfrac{1}{3}\right)^x$，底数 $\dfrac{1}{3} < 1$，为减函数，因为 $m > n$，所以 $\left(\dfrac{1}{3}\right)^m < \left(\dfrac{1}{3}\right)^n$．

34. $A \cap B = \{x \mid 1 < x < 2\}$ 【提示】 交集就是求 A 与 B 的公共元素，画图示可得 $A \cap B = \{x \mid 1 < x < 2\}$．

35. $\sqrt{5}$ 【提示】 由两点间的距离公式可得 $|AB| = \sqrt{(3 - 1)^2 + (2 - 1)^2} = \sqrt{5}$．

36. ± 20 【提示】 因为 10，G，40 成等比数列，所以 $G^2 = 10 \times 40 = 400$，即 $G = \pm 20$．

37. 15 【提示】 当 $\sin x = -1$ 时，函数 $y = -10\sin x + 5$ 有最大值 15．

38. 2 【提示】 由 $Ax+By+C=0$ 的斜率为 $k=-\dfrac{A}{B}$,可得直线 $2x-y+3=0$ 的斜率为 $k=2$.

39. $\sqrt{3}$ 【提示】 因为 $\cos A=\dfrac{1}{2}$,A 为三角形内角,所以 $A=60°$,故 $\tan A=\sqrt{3}$.

40. 76 【提示】 长方体的表面积为 $S=[(2\times4)+(2\times5)+(4\times5)]\times2=76$.

三、解答题

41. 解:(1)由题 $a_1=-3$,$d=3$,$a_6=a_1+5d=-3+15=12$,从而此数列的第 6 项为 12.

(2)因为 $a_{10}=a_1+(10-1)d=-3+9\times3=24$,所以 $S_{10}=\dfrac{10(a_1+a_{10})}{2}=\dfrac{10\times(-3+24)}{2}=105$,从而此数列前 10 项的和为 105.

42. 解:(1)因为 $|CM|=\sqrt{(1-1)^2+(-1-0)^2}=1$,所以半径 CM 的长为 1.

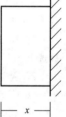

(2)由题圆心为 $(1,-1)$,半径为 1,所以圆的方程为 $(x-1)^2+(y+1)^2=1$.

(3)直线 $x-y-1=0$ 与圆 C 的位置关系为相交,理由如下.
由已知得圆心坐标为 $(1,-1)$,半径为 1,圆心到直线的距离为 $d=\dfrac{|1-(-1)-1|}{\sqrt{1^2+1^2}}=\dfrac{1}{\sqrt{2}}=\dfrac{\sqrt{2}}{2}$,因为 $\dfrac{\sqrt{2}}{2}<1$,所以直线与圆相交.

43. 解:(1)设这个苗圃园垂直于墙的一边的长为 x 米,平行于墙的一边的长为 y 米,则 $y=30-2x$,得 $\begin{cases}30-2x>0\\30-2x\leqslant18\end{cases}$,解得 $6\leqslant x<15$,所以自变量 x 的取值范围为 $[6,15)$.

(2)由题可知 $S=xy=x(30-2x)=-2x^2+30x$ $(6\leqslant x<15)$.

当 $x=-\dfrac{30}{2\times(-2)}=\dfrac{15}{2}$ 时,S 有最大值,$S=\dfrac{15}{2}\times15=\dfrac{225}{2}$.

答:垂直于墙的一边的长为 $x=\dfrac{15}{2}$ 米时,这个苗圃园的面积最大,这个最大值为 $\dfrac{225}{2}$ 平方米.

数学模拟卷(十一)参考答案

一、选择题

1. A 【提示】 根据交集的定义可知选 A.

2. B 【提示】 因为 $\pi>3.14$,所以 $\pi\notin A$,故选 B.

3. D 【提示】 根据区间的定义,含等号的用中括号,不含等号的用小括号,故选 D.

4. A 【提示】 $2x\geqslant6$,$x\geqslant3$,故选 A.

5. B 【提示】 $f(1)=-1^2+1+1=1$,故选 B.

6. A 【提示】 因为 $a<b$,两边同时乘以 -1,不等号方向改变,所以 $-a>-b$,故选 A.

7. B 【提示】 根据诱导公式有 $\sin(180°+\alpha)=-\sin\alpha$,故选 B.

8. C 【提示】 因为 $\lg a=1$,所以 $10^1=a$,则 $a=10$,故选 C.

9. C 【提示】 $\dfrac{\pi}{6}=\dfrac{\pi}{6}\times\dfrac{180°}{\pi}=30°$,故选 C.

10. D 【提示】 此直线为斜截式,所以 $k=-3$,故选 D.

11. B 【提示】 令 $x=0$ 得 $y=3$,所以与 y 轴交点坐标为 $(0,3)$,故选 B.

12. D 【提示】 因为 $|x|<3$,所以 $-3<x<3$,故选 D.

13. D 【提示】 $270°<320°<360°$,故选 D.

14. C 【提示】 公比 $q=\dfrac{a_2}{a_1}=\dfrac{-3}{1}=-3$,故选 C.

15. A 【提示】 由题意可知 $2a=8$，得 $a=4$，又离心率 $e=\dfrac{c}{a}=\dfrac{1}{2}$，得 $c=2$，则 $b^2=a^2-c^2=16-4=12$，所以椭圆的标准方程为 $\dfrac{x^2}{16}+\dfrac{y^2}{12}=1$，故选 A.

16. C 【提示】 因为 $2a_4=a_1+a_7$，所以 $a_7=2\times 6-3=9$，故选 C.

17. D 【提示】 A 中 $4^{-1}=\dfrac{1}{4}$，B 中 $\sqrt{4}=2$，C 中 $\sqrt{(-4)^2}=4$，故选 D.

18. C 【提示】 由抛物线的标准方程知 $2p=4$，得 $p=2$，所以准线方程为 $y=-\dfrac{p}{2}=-1$，故选 C.

19. C 【提示】 方程一元二次方程 $(x+4)(x-2)=0$ 的两个根为 -4 和 2，结合二次函数图像，该不等式的解为 $-4\leqslant x\leqslant 2$，故选 C.

20. C 【提示】 $\tan\alpha=\dfrac{y}{x}=\dfrac{-2}{1}=-2$，故选 C.

21. B 【提示】 因为一次函数 $f(x)=-2x+1$ 的图像是直线，又 $x\geqslant 3$，所以相应函数的图像为射线，故选 B.

22. D 【提示】 由分步乘法计数原理得 $6\times 8=48$，故选 D.

23. D 【提示】 由中点坐标公式有 $\left(\dfrac{x_1+x_2}{2},\dfrac{y_1+y_2}{2}\right)$，故选 D.

24. B 【提示】 将选项代入函数解析式，发现 B 选项满足 $f(-1)=\left(\dfrac{1}{4}\right)^{-1}=4^1=4$，故选 B.

25. D 【提示】 由点斜式方程 $y-0=3(x+2)$ 可知选 D.

26. B 【提示】 因为圆的标准方程为 $(x-a)^2+(y-b)^2=r^2$，所以圆心为 $(-1,2)$，半径 $r=\sqrt{3}$，故选 B.

27. A 【提示】 直线 $2x+y+1=0$ 可以化成 $4x+2y+2=0$，所以两条直线平行，故选 A.

28. C 【提示】 其中一枚骰子的点数恰好是另一枚骰子点数的 2 倍的情况为 $(1,2)$，$(2,1)$，$(2,4)$，$(4,2)$，$(3,6)$，$(6,3)$，共 6 种，而总的可能为 $6\times 6=36$ 种，所以 $P=\dfrac{6}{36}=\dfrac{1}{6}$，故选 C.

29. B 【提示】 $V=\dfrac{1}{3}S_{底}h=\dfrac{1}{3}\times 2\times 2\times 3=4$，故选 B.

30. C 【提示】 由题意知先快后慢，故选 C.

二、填空题

31. 2 【提示】 由题意可知 $a=2$.

32. $\{x|x\neq 3\}$ 【提示】 因为分式的分母不为零，所以 $x-3\neq 0$，$x\neq 3$，将其写成集合或区间形式即可.

33. $>$ 【提示】 可代入特殊值，比如 $m=2$，$n=1$.

34. $\{x|x>1\}$ 【提示】 画数轴，由并集的概念取大范围.

35. $\sqrt{2}$ 【提示】 $|AB|=\sqrt{(2-1)^2+(6-7)^2}=\sqrt{2}$.

36. $\pm 2\sqrt{2}$ 【提示】 由等比中项公式得 $a^2=2\times 4=8$，所以 $a=\pm 2\sqrt{2}$.

37. 2 【提示】 当 $\sin x=-1$ 时，y 有最小值，即 $y_{\min}=3-1=2$.

38. $x-y+1=0$ 【提示】 因为 $k=\tan 45°=1$，再由点斜式方程可得 $y-2=x-1$，即 $x-y+1=0$.

39. $\dfrac{3}{5}$ 【提示】 因为 A 为锐角，所以 $\cos A=\sqrt{1-\sin^2 A}=\dfrac{3}{5}$.

40. 14 【提示】 $S_{表}=S_{底}+S_{侧}=2\times 1\times 1+4\times 1\times 3=14$.

三、解答题

41. 解：(1) 因为数列 -1，3，7，11，$\cdots$ 是以 -1 为首项，4 为公差的等差数列，所以 $a_8=a_1+7d=-1+7\times 4=27$.

(2) $S_8 = \dfrac{8(a_1+a_8)}{2} = 4\times(-1+27) = 104$.

42. 解：(1)圆心$(0, 1)$，半径$r=1$.

(2) l：$y-4=x$，即$x-y+4=0$.

(3)因为$d = \dfrac{|-1+4|}{\sqrt{1+1}} = \dfrac{3}{\sqrt{2}} = \dfrac{3\sqrt{2}}{2} > r$，所以直线与圆相离.

43. 解：(1)当窗框宽为2 m时，窗框高为$\dfrac{10-2\times 3}{2} = 2$(m)，所以面积为$2\times 2 = 4$(m^2).

(2)当窗框宽为x(m)时，窗框高为$\dfrac{10-3x}{2}$(m)，所以面积$y = x \cdot \dfrac{10-3x}{2} = -\dfrac{3}{2}x^2 + 5x$，$0<x<\dfrac{10}{3}$.

(3)因为对称轴$x = -\dfrac{5}{2\times\left(-\dfrac{3}{2}\right)} = \dfrac{5}{3}$，所以$y_{\max} = \dfrac{5}{3}\times\dfrac{10-3\times\dfrac{5}{3}}{2} = \dfrac{5}{3}\times\dfrac{5}{2} = \dfrac{25}{6}$(m^2).

答：当窗框宽$x=\dfrac{5}{3}$m时，透光面积最大，最大面积为$\dfrac{25}{6}$m^2.

数学模拟卷(十二)参考答案

一、选择题

1. C 【提示】 $\{1，3，5\}\cap\{2，3，4\}=\{3\}$，故选C.
2. D 【提示】 因为$\pi>3$，所以$3\in\{x\mid x<\pi\}$，故选D.
3. B 【提示】 根据区间的定义，中括号表示取得到，故选B.
4. B 【提示】 $f(0)=1-0=1$，故选B.
5. C 【提示】 移项得$3x\leqslant 6$，$x\leqslant 2$，故选C.
6. A 【提示】 $a>b$，移项得$a-b>0$，故选A.
7. A 【提示】 根据诱导公式有$\tan(\pi+\alpha)=\tan\alpha$，故选A.
8. D 【提示】 因为$\log_2 a=3$，所以$2^3=a$，于是$a=8$，故选D.
9. B 【提示】 $45°=45\times\dfrac{\pi}{180}=\dfrac{\pi}{4}$，故选B.
10. C 【提示】 斜截式方程x前面的系数就是斜率，故选C.
11. B 【提示】 联立$\begin{cases}x-y+3=0\\x=1\end{cases}$，将$x=1$代入$x-y+3=0$，得$y=4$，所以交点坐标为$(1, 4)$，故选B.
12. B 【提示】 移项得$|x|>3$，解得$x>3$或$x<-3$，故选B.
13. C 【提示】 $-120°$是沿x轴正半轴顺时针方向旋转$120°$，故选C.
14. C 【提示】 略.
15. A 【提示】 $d=\dfrac{a_4-a_2}{4-2}=\dfrac{4}{2}=2$，故选A.
16. B 【提示】 $a_5=2^{5-1}=2^4=16$，故选B.
17. B 【提示】 根据双曲线的标准方程知$a^2=25$，即$a=5$，所以长轴长$2a=10$，故选B.
18. C 【提示】 方程一元二次方程$x(x-2)=0$的两个根为0和2，结合二次函数图像，该不等式的解为$x>2$或$x<0$，故选C.
19. A 【提示】 B中$2^2\cdot 2^3=2^5$，C中$(2^2)^3=2^6$，D中$\log_2 8=3$，故选A.
20. C 【提示】 $r=\sqrt{3^2+4^2}=5$，$\cos\alpha=\dfrac{x}{r}=\dfrac{3}{5}$，故选C.
21. C 【提示】 $x\geqslant 1$是有单侧边界的无数个连续的点，故选C.

22. B 【提示】 由分步计数原理得 $7×9=63$，故选 B.

23. B 【提示】 将选项带入函数解析式，发现 B 选项满足 $f(-1)=\left(\dfrac{1}{3}\right)^{-1}=3^1=3$，故选 B.

24. C 【提示】 根据中点坐标公式 $\begin{cases}1=\dfrac{2+a}{2}\\-2=\dfrac{3+b}{2}\end{cases}$，解得 $\begin{cases}a=0\\b=-7\end{cases}$，故选 C.

25. A 【提示】 因为 $k=\tan45°=1$，再由点斜式方程 $y-3=x+2$ 可知选 A.

26. D 【提示】 因为圆的标准方程为 $(x-a)^2+(y-b)^2=r^2$，所以当圆心为 $(-1,-2)$，半径为 2 时圆的标准方程为 $(x+1)^2+(y+2)^2=4$，故选 D.

27. B 【提示】 直线 $ax-y=0$ 可以化成 $y=ax$，两直线平行，斜率相等，$a=-2$，故选 B.

28. D 【提示】 $V_{锥}=\dfrac{1}{3}S_{底}h=\dfrac{1}{3}×2×2×9=12$，故选 D.

29. A 【提示】 y 轴表示到学校的距离，小兰先步行再乘车，应该先慢后快，中间有等待，故选 A.

30. C 【提示】 设红球有 x 个，由题意可得方程 $\dfrac{x}{x+2}=\dfrac{5}{6}$，解得 $x=10$，故选 C.

二、填空题

31. 3 【提示】 由题意可知 $a=3$.

32. $\{x|x\ne-2\}$ 【提示】 因为分式的分母不为零，所以 $x+2\ne0$，$x\ne-2$，将其写成集合或区间形式即可.

33. $<$ 【提示】 因为 $y=\left(\dfrac{1}{2}\right)^x$ 是减函数，所以自变量越大函数值越小.

34. $\{x|x\le2\}$ 【提示】 由补集定义可得.

35. -2 【提示】 由等差中项公式得 $2×2=a+6$，解得 $a=-2$.

36. 3 【提示】 由题意将点 $(-1,b)$ 代入 $2x+y-1=0$，得 $-2+b-1=0$，解得 $b=3$.

37. $\dfrac{4}{5}$ 【提示】 因为 A 为锐角，所以 $\sin A=\sqrt{1-\cos^2 A}=\dfrac{4}{5}$.

38. 1 【提示】 函数 $y=a+2\sin x$ 的 $y_{\max}=a+2=3$，解得 $a=1$.

39. 0 或 4 【提示】 因为 $|AB|=3$，所以 $\sqrt{(2-m)^2+(0-\sqrt{5})^2}=3$，整理得 $(2-m)^2=4$，解得 $m=0$ 或 $m=4$.

40. 4π 【提示】 $V_{圆锥}=\dfrac{1}{3}\pi r^2 h=\dfrac{1}{3}\pi×2^2×3=4\pi$.

三、解答题

41. 解：(1)因为数列 $-2,1,a,7,\cdots$ 是等差数列，所以 $2a=1+7=8$，解得 $a=4$.

(2)因为 $a_1=-2$，$d=3$，所以 $S_8=8a_1+\dfrac{8×7}{2}d=8×(-2)+28×3=68$.

42. 解：(1)因为圆心 $(1,0)$，半径 $r=2$，所以圆的标准方程为 $(x-1)^2+y^2=4$.

(2)因为点 $M(0,b)$ 在圆上，所以 $(0-1)^2+b^2=4$，解得 $b=±\sqrt{3}$.

(3)因为 $d=\dfrac{|1+3|}{\sqrt{1+1}}=\dfrac{4}{\sqrt{2}}=2\sqrt{2}>r$，所以直线与圆相离.

43. 解：(1)因为框架宽度为 $x(\mathrm{m})$，框架高为 $\dfrac{8-4x}{3}(\mathrm{m})$，所以 $y=x\cdot\dfrac{8-4x}{3}=-\dfrac{4x^2}{3}+\dfrac{8x}{3}$，$0<x<2$.

(2)因为对称轴 $x=-\dfrac{\dfrac{8}{3}}{2×\left(-\dfrac{4}{3}\right)}=1$，所以 $y_{\max}=-\dfrac{4}{3}+\dfrac{8}{3}=\dfrac{4}{3}(\mathrm{m}^2)$.

答：当框架宽 $x=1\mathrm{~m}$ 时，框架面积最大，最大面积为 $\dfrac{4}{3}\mathrm{m}^2$.